hänssler

Volkhard und Gerlinde Scheunemann

EIN LEBEN LANG – GLÜCK UND GEBORGENHEIT?

Bibel, Ehe und Familie

Die Deutsche Bibliothek – CIP-Einheitsaufnahme

Ein Leben lang – Glück und Geborgenheit: Bibel, Ehe und Familie / Volkhard u. Gerlinde Scheunemann. – 8. Aufl. – Neuhausen/Stuttgart: Hänssler, 1995
(TELOS-Bücher; 1218: TELOS-Paperback)
ISBN 3-7751-0660-X
NE: Scheunemann, Volkhard; Scheunemann Gerlinde:; GT

8. Auflage 1995
Bestell-Nr. 71.218
TELOS-Paperback 1218

Umschlaggestaltung: Daniel Dolmetsch
Printed in Germany

Inhaltsverzeichnis

	Vorwort	9
I.	Einführende Gedanken	11
II.	Gottes Entwurf der Ehe Volkhard Scheunemann	14
III.	Warum bis zur Ehe warten? Volkhard und Gerlinde Scheunemann	32
IV.	Das Männliche und das Weibliche – Gottes Gabe und Gnade Volkhard Scheunemann	54
V.	Die göttliche Bestimmung der Frau Gerlinde Scheunemann	60
VI.	Ehren und Lieben – Einander zum Mann- und Frausein helfen Volkhard Scheunemann	79
VII.	Von der inneren und äußeren Schönheit – Zum Thema: Selbstannahme Volkhard und Gerlinde Scheunemann	99
VIII.	Vom Leibverständnis der Bibel Volkhard Scheunemann	119
IX.	Der Weg zur leiblichen Vereinigung in der Ehe Gerlinde und Volkhard Scheunemann	134
X.	Gottes und unser Vatersein Volkhard Scheunemann	159
XI.	Erziehen im Auftrag Gottes Volkhard Scheunemann	184
XII.	Verantwortungsbewußte Elternschaft Gerlinde Scheunemann	197
XIII.	Das Wort Gottes in der Familie Gerlinde Scheunemann	208
XIV.	Ehe auf Lebenszeit – Zum Thema Ehescheidung Volkhard Scheunemann	224
XV.	Ohne Ehe leben Volkhard Scheunemann	242
XVI.	Weiterführende Gedanken	246

Als wir uns vor 25 Jahren kennenlernten,
wäre uns nicht eingefallen,
daß wir einmal etwas zum Thema Ehe und Familie
schreiben würden.
Wir können nur weitergeben, was wir empfangen haben.
Deswegen soll unsere Widmung dem gelten,
der uns füreinander bestimmte
und nach der elterlichen Vorbereitung aneinander und
miteinander wachsen ließ,
in bergendem Erbarmen,
durch viel Vergebung,
durch die Begegnung
mit älteren und jüngeren Freunden,
mit Büchern,
vor allem aber
mit sich selbst und seinem Wort –
um Mann und um Frau und um Eltern zu werden,
die durch seinen Mund ermächtigt sind.
Was vom Mund des Gerechten gesagt ist,
erbitten wir für uns und für dieses Buch:
„ . . . sein Mund ist ein Brunnen des Lebens,
seine Zunge ist kostbares Silber,
und seine Lippen erquicken viele."
(Spr 10, 11.20.21)

Vorwort

Die hier gesammelten Vorträge möchten versuchen, Lebenshilfen zu geben in einer Zeit, da um Ehe und Familie soviel Unkenntnis und Desorientierung aufgebrochen ist. Sie möchten anreizen, über Mannsein und Frausein, über Vater- und Muttersein so nachzudenken, wie die Bibel es sieht. Die Bibel gewinnt in unseren Tagen eine ganz neue Aktualität, leider erst, nachdem viel Verwüstung und Schaden angerichtet worden ist. Was Vatersein und Muttersein, was Sohn- und Tochtersein bedeutet, erfahren wir erst in der Schrift, denn es sind Schöpfungsgedanken Gottes, an deren Originalität und Effektivität kein Reformversuch auch nur von ferne herangekommen ist. Wie Familie und Ehe zu verstehen sind, muß uns ganz neu an der Hand dessen bewußt werden, der die Ehe gestiftet und die Familie entworfen hat. Dieser göttliche Entwurf hat zeitlose Gültigkeit. Das hat sich unter den verschiedensten sozialpolitischen Bedingungen auf allen Kontinenten erwiesen, wo und wann immer die Bibel bekannt wurde. Es gibt im animistischen Raum wie auch im Raum der Weltreligionen nichts Vergleichbares.

Diese Fundamente biblischer Linien und Gedanken zu den Themen Ehe und Familie wieder hervorzugraben war das Ziel zweier Familienfreizeiten, die im Sommer 1980 in Zusammenarbeit zwischen dem WEC International und den Glaubenswerken von Krelingen und Adelshofen durchgeführt wurden. Es wurde ein gemeinsames Ringen, in dem wir uns aus viel Zerbruch, Not und Verwirrung zurücktasteten zu dem verbindlichen Grund der Bibel. Es wurde deutlich, wie weit wir als Volk und Kirche abgetrieben und in welche *Verwüstung* wir auch als einzelne hineingeraten sind. Es ist wichtig, diesen Hintergrund beim Lesen des weiteren im Auge zu behalten, da es sich beim Gesagten mehr um eine Gemeinschaftsarbeit als um eine Schreibarbeit handelt. Dieses und der Sprechcharakter des Vorgetragenen wurde im Folgenden beibehalten, da es unsere Zeit in Indonesien nicht erlaubt, eine vollständige Umarbeitung vorzunehmen. Das mag in literarischer Hinsicht zu bedauern sein, kann aber auf der anderen Seite zur Lebendigkeit des Stoffes beitragen. Da wir beide gemeinsam sprachen, haben sich teilweise Wiederholungen nicht vermeiden lassen. Mögen sie vertiefend wirken.

Keineswegs erheben die Themen Anspruch auf Vollständigkeit. Sie wollen vielmehr Anstöße vermitteln, selber in der Schrift weiterzuforschen, wollen Männern und Frauen Mut machen, miteinander und mit den Kindern über das Gesagte zu sprechen und vor allem es zu praktizieren und auszuleben, um „zu schmecken, wie gütig der Herr ist" (Ps 34,9).

Dies wäre der rechte alternative Lebensstil in unseren Tagen.

Batu/Indonesien,
im März 1981

I. Einführende Gedanken

„Siehe, euer Haus soll euch wüste gelassen werden“ (Mt 23,38).

Wie über Israel, so hat sich auch über uns dieses Wort Jesu erfüllt. Unser Land und Volk ist gezeichnet von den Spuren der Verwüstung. Weil wir unseren Platz unter den bergenden Fittichen göttlicher Ordnungen nicht einnehmen wollten, weil wir Sein Wort verdächtigt und entstellt haben, wurden unsere Häuser, Ehen und Familien wüst und öde. Diese Spuren der Verwüstung haben sich tief eingegraben in die Gesichter der Frauen und Männer, Jungen und Mädchen, ja schon in die Gesichter der Kinder. Die Um-Modellierung des Menschen in schleichender und auch offen-brutaler Kulturrevolution – wie es schon einmal genannt wurde – hat ein geistiges Trümmerfeld und geistliches Chaos hinterlassen, vergleichbar der wirtschaftlichen Katastrophe Rotchinas nach zehnjährigem kulturrevolutionärem Taumel.

„Europa wurde unter dem Kreuz“ (August Winnig). Unsere Dome und ihre Städte sind Stein und Raum, sind Form und Ordnung gewordener Geist, sind Zeugen eines Lebensgefühls und einer Kultur, die sich bewußt auf den Geboten Gottes aufbaute und in ihnen verankert war. Wer einmal Gelegenheit gehabt hat, andere Kontinente und Kulturen kennenzulernen, kann nur dankbar staunen, wie sehr das Licht und Salz des Evangeliums die europäische Kultur durchdrungen, ja erst ermöglicht und heimisch, zu einem Zuhause gemacht hat.

Nun haben wir dieses Zuhause verwüstet. Wir wurden die „Unbehausten“ (Nietzsche) und Ungeborgenen, die ewig Experimentierenden und schließlich Verstümmelten. Es gibt keines der 10 Gebote, das nicht ummodelliert und umfunktioniert worden ist. Unsere bürgerliche Rechtsprechung verließ den festen Grund göttlichen Rechts und vertraute sich dem humanistischen Treibsand an. Wahrlich, es blieb kein Stein auf dem anderen, so wie Jesus es zuvor gesagt hat (Mt 24, 2). Der innere Zerfall ist offenkundig, und der äußere Zusammenbruch ist nur noch eine Frage der Zeit.

Dies ist die Situation, in der wir leben.

Jesus nennt es eine Zeit der Wehen (Mt 24, 8). Wehen bereiten Schmerzen. Und doch erwecken Wehen auch Hoffnung. Sie sind notwendige Vorboten der Geburt der neuen Welt, des kommenden Gottesreiches. Als Jesus aus dem Tempel ging und die jüdische Theologie sich selbst überließ, lehrte Er seine Jünger auf dem Ölberg. Er sprach über die Endzeit. Er sprach von dem Kommen falscher Christusse, von Heilbringern, die im Namen der Humanität neue Modelle menschlichen Zusammenlebens als heil- und glückbringend anpreisen würden. Er sprach davon, daß man versuchen würde, den Greuel der Verwüstung bis an die heilige Stätte voranzutreiben (Mt 24, 15). Heiligstes würde man zerstören und mit neuen Idolen und Programmen ersetzen, die zum Anti-Gott erhoben, zur Schändung der heiligen Stätte, der Bibel und der Gebote Gottes führen würden. Er sprach von dem Überhandnehmen des Unglaubens und von dem tödlichen Erkalten der Liebe. Er sprach aber auch davon, daß das Evangelium vom Reich bis zum Ende in aller Welt erschallen würde, in den letzten Tagen besonders unter den erwachenden Völkern. Jesus sprach von uns und unserer Zeit.

All dieses lehrte Jesus auf dem Ölberg, dem Ort Seiner Inthronisation und Machtergreifung in den Himmeln – der uns umfassenden, unsichtbaren Welt – aber auch dem Ort Seiner Wiederkunft und sichtbaren Machtergreifung hier auf Erden (vgl. Apg 1, 6). So wird für uns der Ölberg zum Ort, wo wir den Grund für die Erschütterungen der Familien und Ehen in unseren Tagen verstehen lernen, wo uns Jesus eine endzeitliche Sicht vermittelt und uns froh macht mit dem Hinweis auf Seine Wiederkunft. So können Christen nicht in das Lamentieren unserer Tage einstimmen. Sie wissen: „Das muß also geschehen“ (Mt 24, 6). Die Saat muß aufgehen und muß geerntet werden. Sie wissen aber auch, daß sie mit dem Psalmisten mitten im Ungestüm des Meeres, vor dem die Berge einzustürzen drohen, mitten in der Umbruchstimmung der Welt singen dürfen:

„Dennoch wird die Stadt Gottes fein lustig bleiben mit ihren Brünnlein, da die heiligen Wohnungen des Höchsten sind. Gott ist bei ihr drinnen, darum wird sie fest bleiben. Gott hilft ihr früh am Morgen“ (vgl. Ps 46, 3–8).

Es hängt alles davon ab, ob wir in dieser Gottesstadt heimisch, ob wir auf dem Gottesberg gegründet sind. Unser Zuhausesein lebt elementar von der Verbindung zu dieser heiligen Stätte, zu den Brunnen und Wohnungen des Höchsten. Diese „heilige Stätte“ mit ihrem Lebensbrunnen und ihren unerschütterlichen Fundamenten ist für uns als neutestamentliche Gemeinde das Wort der Bibel. Ist unsere Verbindung zu ihr gestört und ist sie als heilige Stätte zerstört, gibt es für uns auch kein Zuhause mehr. Es besteht ein sehr tiefer Zusammenhang zwischen unserer Anerkennung und Annahme der göttlichen Leitlinien für Freundschaft, Ehe und Familie und dem Finden von Geborgenheit und Ruhe, dem Entdecken eines wahren Zuhauses hier auf dieser Erde.

Die Gottesstadt auf dem Berge kann nicht verborgen bleiben (Mt 5, 14). So sollten gerade Christen in den Erschütterungen und Verwüstungen dieser Welt richtungweisend sein – hin auf die schönere, kommende Gottesstadt. Schon jetzt leben sie in ihr und gehen gleichzeitig durch die Wehen dessen, was zukünftig sein soll. Sie wissen um die zeitliche Begrenzung des gegenwärtigen, gottlosen Taumels.

„Siehe, euer Haus soll euch wüste gelassen werden . . .
bis ihr sprecht: Gelobet sei, der da kommt im Namen des Herrn!“
(vgl. Mt 23, 38–39).

II. Gottes Entwurf der Ehe

„Und Gott der Herr sprach:
Es ist nicht gut, daß der Mensch allein sei.“ 1.Mose 2, 18

Ehe ist nicht ein Einfall des Menschen. Ehe ist auch nicht eine Erfindung der Gesellschaft, sondern Ehe ist ein Geschenk, ein Entwurf Gottes. Bevor es Gesellschaft, bevor es Menschen gab, hat Gott die Ehe erdacht und den Menschen für die Ehe erschaffen. So ist sie kein Produkt der Gesellschaft, sondern umgekehrt, die Gesellschaft ist ein Produkt der Ehe, die Frucht der göttlichen Gedanken um Ehe und Familie.

Gott hat die Ehe als etwas Beglückendes für den Menschen gedacht. Und was haben wir daraus gemacht! Es gibt so wenig glückliche, beglückende Ehen. Deswegen besteht in unseren Tagen bei jung und alt ein großes Orientierungsbedürfnis, ein tiefes Verlangen nach Rückorientierung: „Gott, wie hast Du die Ehe gemeint, für mich, für uns, für den Menschen?“

Im folgenden stütze ich mich auf das grundlegende Buch von Walter Trobisch „Mit Dir“, dessen Gedanken ich fortzuführen versuche. Es ist eines der wichtigsten Bücher für die, die geheiratet haben oder heiraten möchten.

In Mt 19,4–6 unterstreicht Jesus, wie Gott am Anfang die Ehe gemeint hat: „Habt ihr nicht gelesen, daß, der im Anfang den Menschen geschaffen hat, schuf sie als Mann und Weib und sprach: ‚Darum wird ein Mensch Vater und Mutter verlassen und an seinem Weibe hangen, und werden die zwei ein Fleisch sein‘? So sind sie nun nicht mehr zwei, sondern ein Fleisch. Was nun Gott zusammengefügt hat, das soll der Mensch nicht scheiden.“

Hier erfahren wir von drei Elementen, die zur Ehe gehören: das Verlassen, das Anhangen und das Ein-Fleisch-Werden. In diesen drei Worten ist umschrieben, was Ehe ist. Es ist hier als Dreieck gezeichnet, man kann es auch als Zelt sehen, als Heim.

Die biblische Ehe:

Verlassen

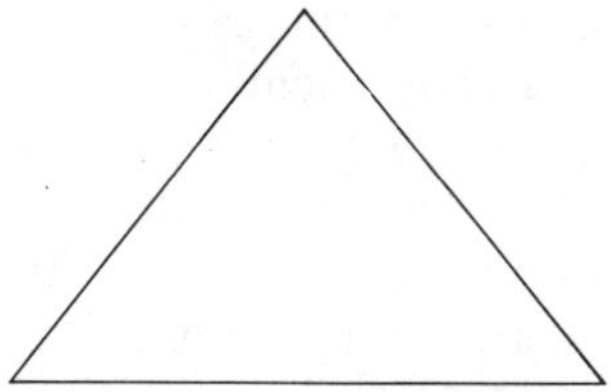

Anhangen | Ein-Fleisch-Werden

Das Verlassen bedeutet den öffentlich-rechtlichen Akt der Ehe, bei uns im asiatischen Raum noch ganz deutlich durch den Hochzeitszug, durch das Abholen der Braut durch den Bräutigam, gekennzeichnet (siehe auch das Gleichnis Jesu von den zehn Jungfrauen in Mt 25). Hier geschieht nichts heimlich. Die Ehe braucht einen rechtlichen Status, denn sie ist nicht nur für zwei Menschen da. Die Ehe braucht vor allen Dingen die göttliche Sanktion, den göttlichen Schutz, denn sie ist eine Stiftung Gottes und geht als solche über das Vermögen des Menschen.

Also:	Verlassen	– der öffentlich-rechtliche Aspekt der Ehe	(Öffentlicher Bereich)
	Anhangen	– der persönliche Aspekt der Ehe	(Persönlicher Bereich)
	Ein-Fleisch-werden	– der leiblich-geschlechtliche Aspekt der Ehe	(Intim-Bereich)

Über das letztere schweigt die Bibel nicht, und worüber die Bibel redet, müssen auch wir reden, vor allem die Eltern zu ihren Kindern, aber auch die Eheleute untereinander. Eltern sollten dieses Gebiet nicht dem Sexualkundeunterricht überlassen. Sie können es ja viel besser, und vor allem: Gott als Erfinder der Ehe kann es viel besser. Wer mit seinem Partner und mit seinen Kindern die Bibel wirklich liest, findet wertvollstes Material zur Erklärung geschlechtlicher Vorgänge bis hin zum Verstehen des Zyklus und der fruchtbaren und unfruchtbaren Tage der Frau, wie wir es bei Davids Berechnung, die eine Fehlrechnung wurde, in 2 Sam 11,4 finden.

Man kann die obigen drei Aspekte auch das Element der Treue und des Treuegelöbnisses, das Element der Liebe und das Element der leiblichen Einheit der Ehe nennen. Man könnte sogar noch weiter gehen und vom Geist, von der Seele und dem Leib der Ehe sprechen. Manchmal kommt es mir vor, als ob hinter dem Dreieck die göttliche Trinität sichtbar würde: Vater, Sohn und Heiliger Geist. Paulus spricht davon: „Wer dem Herrn *anhanget*, der ist *ein Geist* mit Ihm", in auffallender Entsprechung der Verbindung von Mann und Frau (vgl. 1 Kor 6, 16–17). Es ist ein großes Geheimnis. Hier wird Leibliches zum Gleichnis und Sinnbild des Geistlichen: Wer unter dem Ja, dem Wohlgefallen des Vaters Christus anhanget, wird ein Geist mit Ihm und erfährt tiefste Gemeinschaft.

So gehören diese drei Elemente der Ehe zusammen, untrennbar und tief verankert in Gottes eigenem Wesen. Jede Ehe, die meint, es besser zu wissen als Gott, und eines der Elemente vernachlässigt, sei es „den alten Zopf" des rechtlichen Zusammensprechens und des Gelöbnisses – Trobisch spricht von der gestohlenen Ehe –, sei es das liebevolle Anhangen, das nur für die Zeit des ersten Kennenlernens und für die Flitterwochen gelte, weil man jetzt nicht mehr so sentimental sei, sondern „nüchterner" – Trobisch spricht von der leeren Ehe –, oder sei es die sexuelle Gemeinschaft, die man nicht mehr brauche, die Kinder seien ja nun da – so entsteht die hungrige Ehe. Wer also widerrechtlich meint, nur mit zweien oder einem Aspekt der Ehe auskommen zu können, der wird niemals erfahren, was Ehe ist, ja, er wird nicht nur die Ehe, sondern auch Gott und sich selbst verlieren. Dies gilt ganz besonders für das unverbindliche Zusammenleben vor und außerhalb der Ehe.

1. Verlassen – was heißt das?

Vater und Mutter verlassen kann, wer sich auf Vater und Mutter verlassen konnte. Kinder werden Vater und Mutter verlassen. Sie sind Gäste im Hause ihrer Eltern. Sie kommen und gehen. Nur die Eheleute bleiben. Wer sich an die Kinder kettet, den Sohn zum Ersatz für den Mann, die Tochter zum Ersatz für die Frau macht, weil man ja viel besser mit ihnen reden könne, der macht seine Kinder eheunfähig. Es ist die Hauptaufgabe der Eltern, ihre Kinder auf das Verlassen vorzubereiten. Weil dieser Satz so wichtig ist, sage ich ihn noch einmal: Verantwortliche Elternschaft besteht darin, die Kinder zu befähigen, daß sie Vater und Mutter verlassen können. Kinder werden zum Verlassen erzogen. Wer kann verlassen? Wer verläßlich geworden ist!

Wo lernen Kinder Verläßlichkeit? An ihrem Vater und an ihrer Mutter. Ganz besonders der Sohn soll durch und an seinen Eltern Verläßlichkeit, Treue, Durchstehvermögen und Ausdauer lernen, um einmal verlassen und anhangen zu können. Welche Verantwortung hat Gott den Eltern gegeben! Sie können ihre Kinder für die Ehe tauglich oder untauglich machen, wie Jesus sagte: „Etliche enthalten sich der Ehe, weil sie von Menschen zur Ehe untauglich gemacht sind" (Mt 19,12).

Was macht junge Menschen unfähig zur Ehe? Was macht junge Ehen so anfällig und häufig so kurzlebig? Eine der häufigsten Ursachen ist, daß die Kinder an ihren Eltern keinen Orientierungspunkt gehabt haben. Kinder, die ohne Beziehung zum Vater oder zur Mutter aufwachsen, werden innerlich geschädigt und haben es schwer, selbst Vater und Mutter, ja Mann und Frau zu werden.

Die Bibel sagt sehr treffend: „Der Kinder Ehre sind ihre Väter" (Spr 17,6). Haben Sie gewußt, wie hoch Sie als Vater bei ihren Kindern im Kurs stehen? Eigenartigerweise nicht die Mütter, vielleicht, weil sie ohnehin mehr „dran" sind. Was Kinder begeistert, sind ihre Väter. Diesen Schwerpunkt einer Familie kann nichts ersetzen: kein Fernsehen, kein Geld, kein Spielzeug, kein Schlaraffenlandleben. Man hört häufig, heute seien die Kinder so früh selbständig, sie brauchten die Eltern gar nicht mehr. Das stimmt nicht. Ein Kind ist erst dann „mündig", wenn es sich von dem „Mund" des Vaters und der Mutter lösen kann, wenn es die Weisung bekommen und die Lebensweisheit empfangen hat, die es zum Verlassen, zum Selbständigwerden nötig hat. Denn: „Ein törichter Sohn ist seines Vaters Herzeleid" (Spr 19,13). Unsere deutsche Sprache ist da sehr ehrlich: Mündig kann nur werden, wer den Mund „genossen" hat, wie auch ein Säugling nur *ent*-wöhnt werden kann, wenn er sich *ge*-wöhnt, wenn er sich an der Mutterbrust sattzusaugen gelernt hat. Den Mund „genießen". Ganz bestimmt auch den Kuß. Aber was hier gemeint ist, ist der redende, der sich an den Sohn und an die Tochter mitteilende Mund des

Vaters. Das ist die Ehre, das ist der Schwarm, das ist die Freude unserer Kinder: der sich mitteilende Vater.

Allerdings macht die Bibel hier nicht halt. Die Begeisterung für den Vater sollen wir Väter ummünzen und zur Begeisterung für Gott sublimieren. Verlassen und sich im Leben zurechtfinden kann letztlich nur, wer den himmlischen Vater gefunden, wer gelernt hat, sich auf Ihn zu verlassen. Die Brücke zum himmlischen Vater wird durch den irdischen Vater *ge*-baut oder *ver*-baut. Also nicht: Laß nur die Mutter zur Kirche gehen. Nein: Beten und Bibellesen und die Bibel erklären ist primär die Aufgabe des Vaters. Die Hinführung zu Gott dem Vater sollte schon sehr früh beginnen. Als Jesus mit 12 Jahren in den Tempel kam, hätte Er dort bleiben können. Mit 12 Jahren war ein jüdischer Junge religionsmündig. Maria und Joseph hatten Jesus darauf vorbereitet, in der Welt zu leben, die Gott gehört, und sich im Tempel des Vaters zurechtzufinden. Sie hatten ihren Sohn mündig gemacht, daß Er den himmlischen Vater kannte und sagen konnte: „Wisset ihr nicht, daß ich sein muß in dem, das meines Vaters ist?“ (Lk 2,49).

So ist es die Hauptaufgabe von uns Eltern, unsere Kinder mündig zu machen, sie zum Verlassen fähig zu machen, so daß sie auf den Mund des Vaters und der Mutter verzichten können, weil sie den Mund Gottes kennengelernt haben.

„Ich danke Dir, Du wahre Sonne,
daß mir Dein Glanz hat Licht gebracht.
Ich danke Dir, Du Himmelswonne,
daß Du mich froh und frei gemacht.
Ich danke Dir, *du güldner Mund,*
daß Du mich machst gesund.“

J. Scheffler

Verlassen, um anzuhangen

Wer verläßt, möchte wieder anhangen. Aber wem? Wie finde ich die Richtige? Wie finde ich den Richtigen? Das weiß nur Gott. Wer daher vor der Wahl zur Ehe Gott nicht kennengelernt hat, sieht sich übermenschlichen Schwierigkeiten gegenüber oder begibt sich leichtsinnig auf Glatteis. Verlassenkönnen beinhaltet, den oder die Richtige finden zu können, und das geht über unser

Vermögen. Das hat sich Gott vorbehalten. „Haus und Habe vererben die Eltern, aber *eine verständige Ehefrau kommt vom Herrn*" (Spr 19,14). Die können weder Eltern noch Geld, weder Horoskop noch Suchanzeige in der Zeitung beschaffen. Die Ehefrau kommt vom Herrn – das wird in Sprüche 31 noch deutlicher gesagt: „Wem eine tüchtige Frau *beschert* ist, die ist viel edler als die köstlichsten Perlen. Ihres Mannes Herz darf sich auf sie verlassen, und Nahrung wird ihm nicht mangeln. Sie tut ihm Liebes und kein Leid ihr Leben lang" (Spr 31,10–12).

Wer zusammenpaßt, weiß nur Gott, denn Er schafft die Menschen füreinander. Und so wie Gott Eva dem Adam zugeführt hat (1 Mose 2,22), so tut Er es bis heute. Gott hat das Hauptinteresse daran, daß die Richtigen zusammenfinden. Wie wichtig ist es deshalb, daß wir als Kinder und Jugendliche Gott als Vater kennenlernen und bereit werden, diese wichtige, tief ins Personsein reichende Entscheidung mit Ihm zu besprechen und von Ihm zu empfangen! Das ist nur auf der Grundlage eines erprobten Vertrauensverhältnisses zu Gott möglich. Deswegen: Richtig „verlassen" kann ein junger Mann erst, wenn er auf anderen Lebensgebieten Gottes Führung erfahren hat, wenn er von Kind auf mit Gott lebt. Dann kann er auch zu der entscheidenden Gewißheit kommen: Gott hat uns zueinander geführt, unsere Ehe ist von Gott „zusammengefügt" (Mt 19,6). Was Gott zusammenfügt, hat Bestand und kann nicht geschieden werden. In diesem Zusammenhang ist der Satz von D. Bonhoeffer zu verstehen: „Nicht Liebe hält die Ehe, sondern die Ehe trägt eure Liebe." Unsere menschliche, schwankende Liebe braucht das Ja Gottes, braucht die Gewißheit, von Gott zusammengefügt zu sein, braucht einen höheren Halt, wie er in der Formel einer vor Gott geschlossenen Ehe zum Ausdruck kommt: . . .bis daß der Tod euch scheide.

Das Treuegelöbnis vor dem Altar ist kein altmodischer Zopf, auf den man verzichten kann. Unser menschliches Ja zueinander bedarf eines Dritten, bedarf eines Zeugen. Es bedarf auch der menschlichen Zeugen. Ehe kann nicht abhängig gemacht werden von unseren Gefühlen. Ehe braucht das Gelöbnis auf Gedeih und Verderb. So realistisch sieht es die Bibel. So wird Ehe zur Ehe. Was auch geschehen mag, ich stehe zu dir. Welche Entspannung bringt das in die Ehe hinein! Wie hieß es doch in den Sprüchen: „Sie tut ihm Liebes und kein Leides *ihr Leben lang*" (Spr 31,10).

Das Geschenk einer solchen Frau, die auch von ihren Eltern zur Frau erzogen worden ist, ist unbezahlbar. Mann und Frau sind eines Versprechens wert, und Gott schützt sie, indem Er die Ehe unscheidbar macht.

So gehört zum Verlassenkönnen auch die Reife zum Treuegelöbnis. Zu dieser Gewißheit darf, ja muß es kommen. Gott macht es uns manchmal nicht leicht. Und doch muß alles der Vorbereitung für die Ehe dienen, und es ist nicht vergeblich, was da gelitten, gebetet und gewartet wird. Lieber keine Ehe als eine Ehe, in der man nicht weiß, daß sie von Gott zusammengefügt worden ist. Lieber ehelos bleiben als sich das Leben zur Hölle zu machen. Denn Scheidung ist kein Ausweg, sondern immer ein Holzweg. Gott hat nicht erlaubt, mit der Ehe herumzuexperimentieren. Dazu ist die Ehe zu kostbar, und die Wunden einer zerstörten Ehe gehen zu tief. Scheidung übersteigt das Verantwortungsvermögen des Menschen. Wir sprechen darüber noch später.

Wem anhangen?

Zum „Richtigen“ oder zur „Richtigen“ gehört auch, daß Er und Sie eines Geistes, eines Glaubens sind. Denn Ehe ist nicht nur eine leibliche und seelische Verbindung, sondern primär eine geistliche. Eines Glaubens zu sein gewährleistet das Fundament der Ehe, bedeutet, das Heim auf dem Felsen des Wohlgefallens Gottes und nicht auf dem Treibsand menschlicher Sympathie aufzubauen (vgl. Mt 7,24–27). Deswegen spricht die Bibel deutlich: „Ziehet nicht am fremden Joch mit den Ungläubigen!“ (2 Kor 6,14). Laßt euch nicht in der Ehe unter ein Joch mit Ungläubigen spannen! „Was hat das Licht für Gemeinschaft mit der Finsternis? Oder was für einen Teil hat der Gläubige mit dem Ungläubigen?“ (2 Kor 6,15). Und Paulus unterstreicht in 1 Kor 7,39: Heiraten ja – „nur daß es in dem Herrn geschehe!“ Nur wer sich dieser Ordnung Gottes unterstellt, kann eine geordnete Ehe erwarten, weiß sich von Gottes Willen zusammengefügt.

Wann verlassen?

Zum Verlassen gehört das Verlassenkönnen, Gottes Führung erkennen können, aber auch auf eigenen Füßen stehen können, also eine gewisse Reife. Das ist sicherlich auch in wirtschaftlicher Hinsicht gemeint. Die Jungverheirateten sollten in der Lage sein, ein eigenes Heim – wie bescheiden auch immer –, ein eigenes Zuhause zu gründen und zu führen. So haben wir hier einen indirekten Hinweis für den Zeitpunkt, wann ein junger Mann seine Eltern verlassen kann. Wir sollten es gar nicht so eilig haben mit der Heirat. Lieber etwas Spannung aushalten – die von Gott her ganz positiv zu sehen ist, wir sprechen darüber im folgenden Kapitel – als sich zu übernehmen mit einem verfrühten Zusammenleben. Etwas Distanz ist hier viel gesünder und erspart uns tausend psychische Probleme. In Spr 24,27 heißt es deswegen: „Richte *erst* draußen deine Arbeit aus und bearbeite deinen Acker; danach gründe dein Haus." Und im Schwabenland hörte ich den humorvollen Satz: „Früher hieß es bei uns: ‚Erst den Stall und dann die Kuh.'"

Verlassen heißt ziehen lassen

Zum Verlassen gehört auch das Ziehenlassen. Viele junge Ehen kommen nicht zu sich selbst und werden keine echten Ehen, weil die Eltern hineinfunken und oft gar nicht wissen, welch gefährlichen Zündstoff sie zwischen die Eheleute bringen. Dabei meinen sie es gut: „Ach, die jungen Leute, die schaffen es nicht allein. Man muß ihnen noch mit Rat und Tat zur Seite stehen." Mit Rat und Tat ja, aber nicht automatisch, nicht in direkter Verantwortung! Diese Zeit ist vorbei, es sei denn, daß die Eheleute darum bitten. Hier haben es besonders die Mütter schwer. Unversehens mischen sie sich ein. Da sollten die Väter auf der Hut sein und die junge Ehe schützen. Vor allem aber gilt das für den jungen Mann, dem es als Haupt aufgetragen ist, seine Frau und seine Familie zu schützen, auch vor zuviel Liebe der Eltern.

Über ihre Ehe haben die Eheleute selbst zu bestimmen. So will Gott es. Das Haupt der jungen Frau ist nicht ihre Mutter oder ihre Schwiegermutter, sondern der Sohn, der Mann. Jede junge Ehe ist dankbar für den Rat der Eltern – wenn er aus angemessener Distanz angeboten wird. Die Eltern sollten sich früh darin üben, loszulassen, ihre Kinder ziehen zu lassen. Wir sagten schon, daß Kinder nur Gäste im Haus der Eltern sind. Wie häufig geschieht es, daß infolge einer unerfüllten Ehe die Mutter sich an den Sohn und der Vater sich an die Tochter klammert! Das ist dann eine Hypothek, die in die neue Ehe eingebracht wird. Wenn hier nicht die Nabelschnur durchschnitten oder die Ersatzverbindung aufgelöst wird, besteht die Gefahr, daß die neue Pflanze verkümmert, daß eine junge Ehe verkrüppelt, weil es niemals zu einem echten Anhangen und Einswerden kommt. Deswegen: Verantwortlich für die junge Ehe sind die Eheleute und nicht die Eltern. Zur Verantwortung der Eltern gehört es, für ihre Kinder zu beten und ihnen rechte Ratgeber zu sein.

2. Anhangen – wie macht man das?

Anhangen – hier schlägt das Herz der Ehe. In Seiner liebenden Fürsorge hat Gott den Menschen zur Zweisamkeit geschaffen in einer kalten, gefahrvollen Welt, wie es unübertrefflich im Predigerbuch ausgedrückt ist:

„So ist's ja besser zu zweien als allein; denn sie haben guten Lohn für ihre Mühe. Fällt einer von ihnen, so hilft ihm sein Gesell auf. Weh dem, der allein ist, wenn er fällt! Dann ist kein anderer da, der ihm aufhilft. Auch, wenn zwei beieinander liegen, wärmen sie sich; wie kann ein einzelner warm werden? Einer mag überwältigt werden, aber zwei können widerstehen, und eine dreifache Schnur reißt nicht leicht entzwei.“ Pred 4,9–12

Geteilte Freude ist doppelte Freude. Geteilter Lohn ist doppelter Lohn. Vieles läßt sich leichter zu zweit tragen als allein. Und wenn einer gefallen ist, läßt ihn der andere nicht liegen, er hilft ihm wieder auf.

In ihrer realistischen Art weiß die Bibel, daß wir fallen, daß wir überwältigt werden können. Sie weiß aber auch, daß zwei, die gelernt haben, offen voreinander zu sein, widerstehen können, daß eine dreifach gedrehte Schnur nicht zu zerreißen ist. Verstehen wir den verhaltenen Hinweis auf den unsichtbaren Dritten, dessen jede Ehe bedarf? Die durchbohrte Hand Jesu und die Objektivität Seines Wortes sind in der Lage, eine emotional geladene Atmosphäre zu neutralisieren. Wo Jesus und die Vergebung unter Seinem Kreuz – auch die siebenmal siebzigmalige Vergebungsbereitschaft (Mt 18,22) – in einer Ehe anzutreffen ist, wird sie unzerreißbar wie eine dreifache Schnur. Um Verzeihung bitten und vergeben können erhält die Liebe frisch und bewahrt sie vorm Erkalten. Denn wenn zwei zueinander stehen, erwärmen sie sich, wie wenn sie beieinander liegen.

Ohne Liebe kein Anhangen

Echte Liebe ermöglicht das Anhangen. Nicht eine flüchtige Sympathie, nicht ein aufwallendes und wieder in sich zusammensinkendes Gefühl, sondern Liebe, die in der ewigen Bestimmung Gottes verankert ist, die an die göttliche, *ewige* Liebe angeschlossen ist. Von dieser Liebe sagt die Bibel, sie sei stark wie der Tod, ihre Leidenschaft sci unwiderstehlich wie das Totenreich. „Ihre Glut ist feurig und *eine Flamme des Herrn“,* so daß auch viele Wasser der Enttäuschung sie nicht auslöschen und widerwärtige Ströme sie nicht ertränken können (vgl. Hld 8,6–7). Liebende müssen lernen, diese „Flamme des Herrn“ zu entzünden und zu erhalten. Luther hat gesagt: „Wer Feuer haben will, muß auch den Rauch leiden.“ Anhangen will gelernt sein, die göttliche Flamme zu übertragen will erbetet sein. Da geht es ohne Rauch nicht ab, der in die Augen beißt und sie zum Tränen bringt. Es sollte sich keiner entmutigen lassen. Liebe will gelernt, Liebe will gewollt („du sollst lieben“, Mk 12,30–31), Liebe will entzündet sein! Und wohl uns, wenn nach dem schnellen Verbrennen des Strohs und Reisigs die schwereren Scheite der göttlichen Bestimmung füreinander und des tieferen gegenseitigen Verstehens da sind und zum Glühen kommen. Dann läßt auch der Rauch nach, und die Wärme wird spürbarer. Jede Ehe wird eine mehr oder weniger lange Rauchphase durchmachen müssen. Je besser das Material vorbereitet ist, das wir mitbringen, je mehr es an der liebenden Sonne und wärmenden Flamme des Herrn „getrocknet“ ist, desto schneller wird das Feuer entfacht; und wenn nach den ersten Jahren die schweren Scheite zu glühen anfangen, ist die Sturm- und

Drangzeit der Ehe vorüber, und alles wird leichter, gelöster, entspannter, richtiger.

Doch will dieses Feuer auch erhalten sein. Ein Dreifaches ist dazu nötig. Oben sahen wir schon: Liebende leben von der Vergebung. So heißt ein Buchtitel, und die Aussage ist richtig (vergleiche neben Mt 18,21–22 noch Mt 6,14–15 und Mk 11,24–26!). Zweitens leben Liebende von der Bereitschaft, einander anzunehmen, und zum dritten leben sie von dem Gespräch.

Anhangen, weil angenommen

Anhangen ist ein Lernprozeß. Ich muß mir immer wieder neu sagen: Du hast eine Frau geheiratet, und eine Frau hat das Recht, anders zu sein als du. Umgekehrt muß sich die Frau klarmachen: Du hast einen Mann geheiratet, und ein Mann hat das Recht, Mann zu sein. Achtet einander im Anderssein, würdigt einander und laßt euch ergänzen! Tyrannisiert einander nicht, indem ihr den anderen so haben wollt, wie ihr seid! Das ist Vergehen (Irregehen) an den Schöpfungsordnungen Gottes. „Nehmet einander an", sagt die Bibel. „Ja, das wollen wir ja auch, wenn nur mein Mann nicht ewig . . ., wenn nur meine Frau nicht immer . . ." Doch der biblische Satz ist noch nicht zu Ende. Wir müssen die Bibel ausreden lassen. Der vollständige Satz lautet: „Nehmet einander an, gleichwie uns Christus hat angenommen" (Röm 15,7). Wie hat Jesus uns angenommen? Hat Er gewartet, bis wir vollkommen waren? Er nahm uns so an, wie wir waren, mit ganzer Zuwendung und ohne Bedingungen. Das ist das Große an Jesus. Das ist Gnade. Denn nur die ganze, gnädige Zuwendung, nur das bedingungslose Ja Jesu zu mir ermöglicht meine bedingungslose Hingabe und Willigkeit. Annahme, Zuspruch und Zutrauen entfalten die Kraft zur Änderung und Besserung. Wollen wir, daß der andere sich ändert, müssen wir ihn zunächst annehmen. Mit anderen Worten heißt das, daß *wir* uns ändern müssen, uns und unsere Haltung ihm gegenüber ändern: Ja, du gehörst zu mir und ich gehöre zu dir, ganz, völlig, für immer. Erst dieses Ur-Ja erweckt das Ur-Vertrauen, ohne welches eine Ehe immer auf schwankenden Füßen steht. Partner wollen sich ja ändern. Sie sind auch bereit, schlechte Angewohnheiten zu lassen, wenn ihnen das nicht als Bedingung entgegentritt, sondern wenn es Geschenk sein darf. (Nicht alle uns unliebsamen Erscheinungen am Partner sind *schlechte* Angewohnheiten, oft sind es nur *andere* Gewohnheiten. Mann und Frau sind anders und dürfen es auch sein, wie wir schon sahen.)

Anhangen – der Weg, um Mann und Frau zu werden

„Nehmet einander an!" Es geht also um das Akzeptieren und nicht um Kritisieren. Wer das verstanden hat, dringt zum Geheimnis des Anhangens vor. Denn der Schöpfer hat der Frau die Schlüssel in die Hand gegeben, den Mann zum Mann zu machen, wie auch umgekehrt der Mann die Frau zur Frau machen soll. Hier wird das tiefe Wort von Martin Buber wahr: „Ich bin durch dich." Und wir können fortfahren: Ich bin durch dich, weil wir durch Dich, Vater, sind. Das kann nur auf der Grundlage des uneingeschränkten „Ja", der bedingungslosen Zuwendung und des herzlichen Treuegelöbnisses geschehen.

„Dû bist mîn, ich bin dîn:
des solt dû gewis sin.
Dû bist beslozzen
in mînem herzen
verlorn ist daz slüzzelîn:
Dû muost immer drinne sîn."

So haben es die Alten gesungen. Welch ein Geständnis! Welch ein geballtes Jauchzen steckt in diesen Zeilen: Nichts kann uns scheiden, nichts! Weil du für mich bist, und wir können's noch tiefer sagen: Weil Gott für uns ist, kann nichts gegen uns sein, kann uns nichts scheiden!

Röm 8,31–39: das ist der Jubelgesang der Angenommenen. Das darf auch der tiefe, gründende Unterton unseres gegenseitigen Annehmens sein.

Weil Gott für uns ist, bin ich für dich.
Weil Gott Seines Sohnes nicht verschont hat, will ich auch meiner nicht schonen.
Weil Gott mir alles schenkte, kann ich mich verschenken.

Weil Gott gerecht macht, will ich nicht mehr beschuldigen.
Weil Christus mich vertritt, will ich nicht verurteilen.

Nichts kann uns scheiden
von der Liebe Gottes,
voneinander.

In allem überwinden wir weit,
weil wir geliebt sind.

Und wir sind gewiß – in uns ist es gewiß:
über uns,
über Tod und Leben
steht
die Liebe Gottes,
verbürgt in Christus Jesus,
unserm Herrn.

Nichts kann uns scheiden. Es ist die Aufgabe des Anhangens, alles Scheidende, alles Trennende ins Licht zu bringen.

Anhangen heißt: sich mitteilen

Meinungsverschiedenheiten gehören zur Ehe wie das Wasser in die Suppe. Daß man Dinge anders sieht, ist natürlich. Meinungsverschiedenheiten wollen angehört, bedacht und ausgetragen werden. Das ist möglich, wenn wir die göttlichen Spielregeln beachten und wenn das grundsätzliche Ja zum anderen da ist. Dann kann man sich lieben, auch wenn man anderer Meinung ist, man kann die Verschiedenheit austragen, sozusagen mit ihr schwanger gehen, bis die erlösende Stunde anbricht, bis die Lösung kommt. Zu den göttlichen Spielregeln gehört vor allem das Wie des Sprechens und das Wann des Sprechens. Darüber muß später ausführlicher gesprochen werden.

Man kann nicht anhangen, ohne zu sprechen. Wenn das Gespräch in der Ehe erstirbt, wird die Ehe leer. Dann stirbt auch die Liebe. Es gibt verschiedene Ursachen, die das Gespräch zum Schweigen bringen. Eine weitverbreitete ist: nicht Zuhören können oder wollen. Grundvoraussetzung des Gesprächs ist, zu horchen, so lange, bis man das wahre Anliegen des anderen erhorcht, das sich hinter vielen Worten verbergen mag, manchmal dem Sprechenden selbst unbewußt. Zuhören können, zuhören wollen und ausreden lassen! Weil wir gemeinhin diese Kunst verlernt haben, gibt es in Eheseminaren die Übung: Statement – Restatement – Agreement. Behauptung – Wiederholen der Behauptung – Übereinstimmung, als Hilfe zum Zuhören, zum Erwägen, zum Annehmen, zum Gespräch. Doch kann diese Übung nur weiterhelfen, wenn wir zuvor in der grundsätzlichen Annahme des anderen zur Ruhe und Gelassenheit gekommen sind.

Eine tiefere Ursache des absterbenden Gesprächs kann darin liegen, daß wir noch nicht gelernt haben, ins Licht zu kommen, um über *alles* sprechen zu können. Schon eine verheimlichte Zeit vor der Ehe, vor dem gegenseitigen Kennenlernen mag ein Hemmschuh sein. Heimlichkeiten unter Ehepartnern wirken zersetzend und lähmend. Anhangen heißt: im Licht wandeln dürfen, alles sagen dürfen, weil mein Partner zu mir steht, weil er mich licbt. Liebe ist das Gewand, unter dem ich entblößt sein darf. Kein anderes Gewand ermöglicht diese Offenheit und ganze Wahrheit. Ich kann meiner Frau alles sagen, weil ich weiß, sie hält zu mir. Auch meine Schwachheiten, meine Anfechtungen. Freilich gehört dazu eine gewachsene, eine erwachsene, eine gestandene und gereifte Liebe. Wir müssen lernen, je nach Tragfähigkeit unserer Liebe ins Licht zu kommen, ohne Wahrheitsfanatismus. Bei Christus ist Wahrheit immer mit Liebe gepaart, und eines hält mit dem anderen Schritt. Es braucht Zeit, aber das Ziel wollen wir uns nicht verrücken lassen: Wir dürfen wahr werden und wahr sein unter dem Mantel der Liebe, in dem Kleid des göttlichen Lichts. Wie könnte auch einer dem anderen aufhelfen, und wie könnten zwei zusammen widerstehen, wie es eingangs in Pred 4 hieß, wenn sie nicht miteinander sprechen können – mit wärmenden Worten in Licht und Wahrheit!?

So lernen wir uns zu entspannen, und das ist die Grundlage jedes weiteren, tiefergehenden Gespräches. Auch wenn ich als Mann einmal grob oder als Frau scharfzüngig gewesen bin: Sie hat mich trotzdem lieb und hilft mir aus dem Wirrwarr meiner Gedanken; er steht zu mir und hilft mir aus dem Gefängnis meiner Gefühle heraus. So macht uns die Wahrheit frei und bringt uns weiter. Aber nur die schützende, umbetende Wahrheit, in Treue und ernstem Ringen gesagt. Diese Wahrheit finden wir bei Jesus (Joh 8,31–36). Er selbst ist die Wahrheit (Joh 14,6).

Ohne Worte kein Verstehen

In meinem letzten Gespräch mit Frau Trobisch – sie ist ja seit einem Jahr Witwe – machte sie mir zur Auflage: Sage überall, wo du hinkommst, nur ein Baby habe das Recht, verstanden zu werden, ohne zu sprechen.

Erwachsene müssen ihren Gefühlen in Worten Ausdruck verleihen. Wie soll eine Frau das Türzuschlagen ihres Mannes verstehen, und wie soll ein Mann das Schluchzen seiner Frau in den Kissen des Schlafzimmers begreifen, wenn sie sich nicht ausdrücken, den Druck herauslassen, aber eben nicht in unverständlichen Emotionen oder gar Aggressionen, sondern in verständlichen Worten! Warum werden wir mißverstanden? Weil wir nicht zu reden verstehen! Wir müssen reden. Nicht erst warten, bis der Wekker Alarm läutet, sondern gleich, wenn uns etwas „auf den Wekker geht". Wir müssen aussprechen, was uns verletzt hat. Häufig ist der andere ganz überrascht, daß er etwas Verletzendes gesagt oder getan hat. Er war sich dessen gar nicht bewußt. Wie soll er es erraten? Wie soll er das Igelgesicht seiner Frau interpretieren können? Wir müssen uns ausdrücken, um einander zu verstehen, um uns aufeinander einzustellen. Wer will schon dem anderen absichtlich weh tun!

Eine Frau darf ihren Mann an die Hand nehmen und ihn hineinführen in die verschlungenen Wege ihrer Empfindungen, in den Garten ihrer Seele, aber auch in den Kleinkram des Alltags, und ein Mann umgekehrt seine Frau in die rauchenden Gedanken und Pläne, in Ärger und Freude all dessen, was er unternimmt. Nur ein Baby hat das Recht, verstanden zu werden, ohne zu reden!

Was haben wir früher alles miteinander besprechen können vor der Ehe! Tage genügten nicht, es ging bis in die Nächte hinein. Und wieviele Briefseiten wurden beschrieben! Wie sprudelte das Gespräch, quellfrisch und erquickend! Und nun? Was hat den Quell verschüttet? Die Kinder? Die Arbeit? Mißverständnisse?

Wir müssen uns Zeit nehmen zum Gespräch, zum Formulieren unserer Gefühle, unserer Enttäuschungen, unserer Kämpfe und unseres Versagens. Aufgestautes darf abgetragen, Verklemmtes entspannt und Erstarrtes aufgetaut werden. Dafür sollte uns unsere Zeit nicht zu kostbar sein. Im Gegenteil: Der fließende Austausch in der Ehe macht uns elastischer bei der täglichen Arbeit und läßt sie leichter von der Hand gehen.

Wir fassen noch einmal zusammen: Anhangen – das ist das Herz der Ehe.

Liebende leben von der Vergebung.
Liebende leben von der gegenseitigen Annahme.
Liebende leben vom Gespräch.

3. Ein Fleisch werden – wann geschieht das?

Die Bibel nennt die leibliche Vereinigung als drittes Element der Ehe, als Folge von Verlassen und Anhangen. Diese Reihenfolge ist sehr bezeichnend. Wir sahen, daß im Anhangen das Herz der Ehe schlägt, im Einswerden von Mann und Frau in Gedanken, Worten und Werken. Anhangen heißt lieben. Liebe entfaltet sich nur auf dem Boden der Treue. Ohne sie welkt die Liebe dahin wie eine abgeschnittene Blume. Das Einsgewordensein in der Liebe drängt dann zur leiblichen Vereinigung als Ausdruck des Einsseins. Wohlgemerkt: Leibliche Vereinigung ist nicht Mittel, um eins zu werden, sondern Ausdruck des Einsgewordenseins. Die Bibel sagt: „Können etwa zwei miteinander wandern, sie seien denn einig untereinander?“ (Am 3,3). Einigsein im Herzen ermöglicht das Einswerden im Leibe. Die verbindliche Zweierschaft der Ehe dient dazu, die Glut und das Glück der Nacht aufzufangen und über einen ganzen Tag, ja, ganze Wochen weiterstrahlen zu lassen. Wilde Glut ist zerstörerisch, frißt um sich und verbrennt.

Kein alternativer Lebensstil möglich

So ist es sehr wichtig, zu sehen, daß das Ein-Fleisch-Werden in die Ehe gehört und nicht ein Experimentierfeld vor der Ehe darstellt. Ich weiß, daß ich hier etwas ganz Unmodernes sage. Doch sollten wir uns nicht einreden oder einreden lassen, daß unser heutiges Sexualverhalten modern sei. Das gab es in Sodom und Gomorra auch schon, sogar bis hin zur Homosexualität (vgl. 1 Mose, 19). Nur mit dem Unterschied, daß Sodom und Gomorra vernichtet wurden, und was wird aus Deutschland werden? Gott läßt es sich nicht bieten, daß Seine Schöpfung verdorben und umfunktioniert wird. Die Bibel sagt: Wer die Erde verdirbt, den wird Gott verderben (vgl. Offb 11, 18 und 19, 2), ebenso gilt: Wer den Menschen verdirbt und umfunktioniert, den wird Gott liquidieren (vgl. 1 Kor 3, 17). Es handelt sich um eine Lügenparole, wenn heute ein sogenannter „alternativer Lebensstil" proklamiert wird. Im Licht der Bibel ist das kein Lebens-, sondern ein Verwesungsstil.

Liebe ist wie der Tod

Die Bibel vergleicht die Liebe mit dem Tod (vgl. Hld 8,6).

Liebe ist nicht ausprobierbar, wie man auch mit dem Tod nicht experimentieren kann. Sterben können wir nur einmal. Lieben auch. Liebe, die über die Hintertür der leiblichen Vereinigung ausprobiert wird, zieht immer Verwesungsgeruch nach sich. Liebe, die sich verplempert, wird niemals zur Erfüllung gelangen.

Liebe ist aber auch wie das Feuer (vgl. Hld 8,6) – kein offenes Feuer, sondern ein Herdfeuer, nicht jedermann einsichtig und unter freiem Himmel, sondern in der Geborgenheit des Zeltes und im Schutz des Herdes. Ist der Herd nicht da, das Zelt der Ehe noch nicht gebaut, wird dieses Feuer unbezähmbar, frißt gierig um sich und verzehrt alles, was ihm in den Weg kommt. Wie viele Jugendliche sind mit achtzehn oder zwanzig Jahren schon ausgebrannte Ruinen! Ja, wir mußten erfahren, „was es für Jammer und Herzeleid bringt, den Herrn, unseren Gott, zu verlassen, und ihn nicht zu fürchten" (Jer 2, 19), weil wir alles besser wußten, weil wir uns nicht erziehen, zu Gott hinziehen lassen wollten (Jer 2, 30). Dennoch sagt der Herr: „Kehrt zurück, ihr abtrünnigen Kinder, so will ich euch heilen von eurem Ungehorsam." Vergleiche und lese Jer 3,22–4,4! Weil hier so viel verwüstet worden ist, müssen wir über den leiblichen Bereich der Ehe noch ausführlicher sprechen.

III. Warum bis zur Ehe warten?

„. . . und Gott brachte sie zu ihm.“ (1 Mose 2,22)

„Es gibt einige Freundschaften, die im Himmel beschlossen sind und auf Erden vollzogen werden.“

Matthias Claudius

Sexualität ist kein Konsumbereich

Wozu die lange Wartezeit zwischen zwölf und zweiundzwanzig nach dem Aufbrechen der Pubertät und der frühen Geschlechtsreife? Gott mutet uns diese Wartezeit zu, damit wir reifen – für die Ehe reifen. Am Meistern der Sexualität entscheidet es sich, ob ein Junge zum Mann und ein Mädchen zur Frau wird. Die Gabe der Sexualität in den Jugendlichen ist von Gott nicht als Konsumgut gemeint, sondern als Trainingshilfe, als Ansporn zur Reife, um Mann oder Frau zu werden. Ohne dieses fordernde Training bleibt ein Junge in seiner Entwicklung stehen, wird zum Männlein, und das Mädchen wird zur Puppe.

Es ist das Urbedürfnis eines jeden Mädchens, sich einem Mann anvertrauen und sich anlehnen zu können, ja, ihn auch anzuschwärmen. Der junge Mann muß lernen, sich dieses Vertrauens würdig zu erweisen, es nicht zu zerstören oder zu verspielen. Später, nach der Warte- und Wüstenzeit, soll es einmal von ihm und seinem Mädchen heißen: „Wer ist sie, die heraufsteigt von der Wüste und *sich lehnt* auf ihren Freund?“ (Hld 8,5).

Die Anlehnung und die Anerkennung, die ein junges Mädchen braucht, sollte es zunächst bei seinem Vater finden. Wenn wir mehr natürliche Väter hätten, die als solche für ihre Töchter da sind, hätten wir mehr gestandene junge Mädchen. Sie würden nicht auf jeden Jungen hereinfallen, weil sie Halt und Geborgenheit, ja auch Bewunderung bei ihrem Vater bereits gefunden haben. Umgekehrt hätten wir mehr abwägende und behutsame junge Männer, wenn wir mehr Mütter hätten, die ihren Söhnen sagten: „Tu keinem Mädchen an, was du deiner Mutter auch nicht gewünscht hättest.“ Ein gesundes, tiefgehendes Verhältnis zu ihren Eltern ist die beste Orientierungshilfe für die Kinder.

Das Kapital der Ehe

Das Verlangen, sich anzuvertrauen und später auch, sich zu verschenken, ist das große Kapital, das eine Frau in die Ehe einbringt. Die Altersstufe von zwölf bis zweiundzwanzig Jahren braucht ein junger Mann, um sich beherrschen zu lernen, damit er dieser kostbaren Gabe würdig wird. Wer gelernt hat, sich selbst zu meistern, kann auch eine Ehe führen. Vor den Meisterjahren – auch hier fällt keiner vom Himmel – stehen die Lehrlings- und Gesellenjahre. Nur wer gelernt hat, über sich selbst Herr zu sein, kann andere führen und „herr“-lich machen. Zwischen den Worten „beherrscht“ und „herrlich“ besteht ein tiefer, nicht nur sprachlicher Zusammenhang. So ist Selbstbeherrschung das Kapital, das der Mann in die Ehe einbringt.

Der ist ein Mann, der sich beherrschen kann

Über die Bedeutung der Jahre zwischen zwölf und zweiundzwanzig für die jungen Männer heißt es in der Bibel: „Ermahne die jungen Männer, daß sie sich in Zucht halten!“ (Tit 2, 6). Das ist alles, was den jungen Männern gesagt wird, kurz, aber sehr umfassend. Nur der ist ein Mann, der gelernt hat, sich zu beherrschen, das sexuelle Verlangen, das Gefühl, den Zorn, den Zweifel und die körperliche Kraft. Dem vertraut sich ein junges Mädchen gerne an.

Aber Beherrschung will gelernt sein. Ein Mädchen sollte wissen: Das fällt keinem jungen Mann in den Schoß. Manchmal sind es schwere Lehrjahre, Trainingsjahre! Helft ihm darin! Verführt ihn nicht! Im Hohenlied 4, 9 heißt es: „Du hast mir das Herz genommen mit einem einzigen Blick deiner Augen.“ Welche Kraft ist hinter dem Blick der Augen verborgen! Das muß man wissen. Ein Mädchen muß lernen, die Kraft seiner Augen nicht zu verspielen, es muß lernen, sich so zu verhalten, daß es nicht „vernascht“ wird.

Als Gott Adam und Eva den Auftrag gab, ihren Lebensraum, die Erde, menschlich zu gestalten – man nennt es den Kulturauftrag in Analogie zum Missionsauftrag –, sagte Er: „Seid fruchtbar, mehret euch und herrschet!“ Diese Reihenfolge ist sehr bezeichnend. Nur wer seine Fruchtbarkeitsfähigkeit, sein sexuelles Begehren zu beherrschen gelernt hat, kann sich die Erde untertan machen, kann einen Beruf meistern. Bewältigung des eigenen Körpers und der Geschlechtlichkeit ermöglicht die Bewältigung der beruflichen Aufgaben und Lebenshärten. An dieser Stelle wird die Notwendigkeit der Vorbereitung für den jungen Mann – nämlich sich beherrschen zu lernen – besonders deutlich.

Ein Ritt auf einem ungezähmten Pferd

Das ist keine einfache Sache. Sie gleicht einem Ritt auf einem ungezähmten Pferd. Immer steht man in Gefahr, heruntergeworfen zu werden. Als ich meinem Pferde am Halse hing, fand ich den Weg zum Glauben, weil ich zugeben mußte, daß ich es nicht schaffte, daß ich eher mich und andere ins Verderben brachte. In Psalm 119,9 heißt es: „Wie wird ein *junger Mann* seinen Weg unsträflich gehen? Wenn er sich hält an deine Worte.“ Die Worte Gottes sind nicht nur die geschriebenen Texte der Bibel, sondern das Wort Gottes wurde Person, ist der Herr Jesus. Wer sich an Ihn hält, dem wird es gelingen, wie Luther sang: „Er sprach zu mir, halt dich an mich, es soll dir jetzt gelingen!“ Wie groß ist die Verantwortung der Eltern, ihre Kinder an die Worte und Gebote Gottes heranzuführen, ihnen Jesus wert zu machen!

Vorehelicher Geschlechtsverkehr – etwas Normales?

Wie sehr haben wir uns verunsichern lassen! Zuerst gegenüber der Bibel und jetzt im Hinblick auf Ehe und Familie. Dabei sind diejenigen, die so sicher reden, selbst zutiefst verunsichert. Sonst würden sie nicht so viel experimentieren. Mit dem Leben aber läßt sich nicht herumexperimentieren, solange noch eine Spur von Verantwortungsbewußtsein in uns ist. Vorehelicher Geschlechtsverkehr gilt heute als selbstverständlich; es wird behauptet, Sexualbeziehungen unter Jugendlichen seien etwas Normales, Enthemmendes. Wer hier nicht mitmache, werde gehemmt und verklemmt. Gerade das Gegenteil ist der Fall! Wer sich enthemmt, wird hemmungslos, wen keine Hemmungen mehr halten, gleitet ab in den Zwang zur Lust, gerät in Abhängigkeit. Zuchtlosigkeit führt zur Zügellosigkeit und Wildheit, bedeutet Absinken in tierisches Verhalten, ist Endstufe der Unfreiheit. Wer sich auslebt, ist kein Mann, sondern wird zum Hampelmann. Wer sich vernaschen läßt, erfährt niemals Erfüllung.

Langweilig, schal und öde ist das Leben geworden, weil die Meisterung, weil das Beherrschenlernen fehlt. Eine verführte Psychologie, von erkrankten und gottfernen Menschen entwickelt, hat das Sexualverhalten unseres Volkes in die Irre geführt und pervertiert, hat es der Besessenheit durch unreine Dämonen ausgeliefert. Wir sind dabei, uns geschlechtlich invalid zu machen und uns der Männer und Frauen zu berauben. Wollen wir ein Volk von Betthäschen, Püppchen und Playboys werden? Ist es nicht bezeichnend, daß unter Verliebten das Kosewort „baby" immer häufiger wird?

Für Liebeleien zu schade

Wie gesund und heilend wirken demgegenüber die Linien der Schrift. Sie sagt: Es tut dem Manne gut! Sie sagt sogar: „Es ist eine unbezahlbare Erfahrung für einen Mann, daß er das Joch in seiner Jugend trage." Das wirft ihn auf den Herrn. Das lehrt ihn Ausdauer und „geduldig sein, und auf die Hilfe des Herrn hoffen" (Klgl 3,26–27).

Gott mutet uns die Spannungen der Pubertätszeit zu, daß wir uns an ihnen erproben. Nur durch Erprobung werden wir Männer. Ein junges Mädchen spürt ganz genau heraus, ob ein junger Mann gekniffen, oder ob er sich diesem Test gestellt hat. Dem Erprobten vertraut es sich an, und dieses Vertrauen stärkt das Verantwortungsbewußtsein des Mannes. Sie ist ihm dann für Liebeleien zu schade. Nur so kann der Ellenbogenzwang, das Sich-behaupten-Müssen zwischen den Geschlechtern aufhören, dieser nackte Existenzkampf, der heute bis in die Ehe vorgedrungen ist, und an dem sie zerbricht. Nur so ersteht wieder wahre Humanität, die den andern achtet und ehrt, sogar höher als sich selbst.

Die Augen beherrschen

Gott hat den Mann so geschaffen, daß er für Schönheit empfänglich ist. Deswegen ist die Frau vielleicht auch schöner als der Mann und von Gott mit einem ausgesprochenen Schönheitssinn begabt, um sich und ihre Umgebung zu schmücken. Nun meine ich nicht nur Form und Farbe, Figur und Kleidung. Es gibt eine tiefere, innere Schönheit. Die Bibel nennt sie die Schönheit „des verborgenen Menschen des Herzens" (1 Petr 3,4), die *„unvergänglich"* ist. Sie drückt sich aus in der Klarheit und Wärme der Augen, der Stimme, im Klang des Lachens, im beschwingten oder verhaltenen Schritt, im Helfen, in Dienstbereitschaft und in vielem anderen mehr. Äußere und innere Schönheit gehören zusammen. Eine dient der anderen, und die unvergängliche hilft der vergänglichen auf.

Je befriedigter ein Mann in seiner Ehe ist, desto unanfälliger ist er nach außen. Denn das, was sich Eheleute durch Jahre an Verstehen und gegenseitiger Wertschätzung aufgebaut haben, ist so wertvoll, ist ein solches Geschenk, daß es unantastbar bleiben muß. Nur ein Tor verschleudert dieses Gut (Spr 5, 20–23). Ein reifer Apfel ist wertvoller als ein grüner. Weil Männer sehr leicht durch die Augen beeinflußbar sind, müssen sie lernen, ihre Augen zu beherrschen. Wie wirkt unser Blick? Lüstern oder beschenkend? Herabziehend oder erhebend? Wer mit Jesu Hilfe seine Sexualität meistern konnte, bekommt Augen, die segnen, die auch einen schönen Menschen segnen und ihn nicht begehren, für ihn danken, daß Gott ihn geschaffen hat und für ihn beten, daß er bewahrt bleibt. Hiob sagte: „Ich habe einen Bund gemacht mit meinen Augen, daß ich nicht lüstern blickte auf eine Jungfrau" (Hiob 31,1).

Sich zu beherrschen lernen, lernen, nicht ungeschickt zu sein, lernen, nicht gleich zu erröten, das alles braucht Zeit. An die Beherrschung der Geschlechtskraft hat die Bibel fundamental gebunden, daß ein Junge zum Mann wird. In diesem Kampf, Mann zu werden, darf er Jesus erfahren. Denn: „Ohne mich könnt ihr nichts tun" (Joh 15,5). Derselbe Geist, der Jesus befähigte, beherrscht zu leben, wird auch unser Teil und Erbe, wenn Jesus uns zu Söhnen und Töchtern Gottes gemacht hat. In 2 Tim 1,7 wird der Heilige Geist „ein Geist der Kraft, der Liebe und der Zucht" genannt. In Galater 5,22 wird „Selbstbeherrschung“ als eine „Frucht des Geistes“ bezeichnet. Dieser Heilige Geist ist unser herrliches Erbe. „Seid ihr aber Christi, so seid ihr ja Erben“, Erben des „verheißenen Geistes“ (vgl. Gal 3,14.29).

Ein Wort an junge Mädchen

Es ist wunderbar, jung zu sein. Die Welt liegt vor uns und damit das Leben in seiner ganzen Fülle und Schönheit, in dem Reichtum, den Gott für uns geschaffen hat. Verheißungsvoll, lockend.

Und zugleich ist es sehr schwer, jung zu sein. Es ist die Zeit, in der die Weichen für unser zukünftiges Leben gestellt werden.

Dabei hängt zum erstenmal so viel von unserer eigenen Entscheidung ab! Wo vorher die Eltern für uns bestimmten, wo wir uns führen lassen konnten, wird nun immer mehr Verantwortung für eigene Entscheidungen von uns selbst verlangt. Dabei sind wir umgeben von einem Stimmengewirr an Angeboten und Verlokkungen, ja, von einer Übermacht an Verführung. Und *eine* Fehlentscheidung in diesen Jahren kann katastrophale Folgen für unser ganzes Leben haben.

Nehmt euch Zeit, um euch zu orientieren, bevor ihr folgenschwere Schritte tut! Nehmt das wunderbare Angebot der Freiheit, der freien Entscheidung so ernst, daß ihr sie euch nicht abnehmen laßt von der Menge, „von dem, was die andern tun“, von dem, was „modern“, was „in“ ist.

Wenn du Jesus nachfolgst, mußt du den Mut haben, ganz bewußt gegen den Strom zu schwimmen. „Sei ein lebendiger Fisch, schwimme doch gegen den Strom! Auf und wag es frisch, Freude und Sieg sind dein Lohn.“ Als Christen lassen wir uns nicht mit der Menge treiben. Wir haben unsere Marschordnung, die Gültigkeit besitzt, die zuverlässig ist, die uns den Weg zeigt: den Weg, auf dem wir das Leben gewinnen, es bewahren und erhalten können, und auf dem wir ans Ziel kommen.

Was ist denn deine Zielvorstellung? Du möchtest glücklich werden, nicht wahr? Wir alle haben eine tiefe Sehnsucht nach Glück, eine so tiefe Sehnsucht nach Leben, gerade als junge Menschen. Und das auf dem Hintergrund der tödlichen Bedrohung unserer Welt. Wie oft will uns um dieser Spannung willen die

Hoffnungslosigkeit überfallen! Ist nicht letztlich alles sinnlos? – „Lasset uns essen und trinken“ – unser Leben genießen, samt Sex und allem, was es bietet –, „denn morgen sind wir tot!“

Diese Sirenenklänge unserer Zeit sind machtvoll! Und wie manches verheißungsvolle Schicksal, wie manches Lebensschiff ist schon an ihren Klippen zerschellt. Höre nicht auf sie! Die Folgen sind tödlich!

Nimm das Wort Jesu ernst! Auch heute noch verheißt Er Leben, überströmendes Leben, die Fülle des Lebens!

Ich war dabei, mein Leben wegzuwerfen

„Als junger Mensch habe ich die Gebote Gottes noch nicht richtig verstanden. Sie weckten in meinem Herzen Mißtrauen gegenüber Gott; ich dachte, daß damit mein Leben begrenzt und beschnitten würde: Dieses darf ich nicht und jenes ist verboten. Gott sei Dank, daß Er mich trotzdem festgehalten hat. Ich wäre sonst zu Schaden gekommen und zuschanden geworden. Als im Alter von zwanzig Jahren der Herr die Führung in meinem Leben übernahm, erschrak ich darüber, wieviel jungen Männern ich ein Leid angetan hatte, weil ich Gottes Gebote nicht ernstgenommen hatte.

In Titus 2 steht, was junge Frauen zu lernen haben: ‚Zuchtvoll sein . . . sittlich, keusch . . .‘ Luther erklärt das sechste Gebot, das ja durchaus nicht nur für Verheiratete gilt, daß wir ‚keusch und züchtig seien in Worten und Werken‘.

Es ist für ein junges Mädchen etwas Faszinierendes, wenn es seine Anziehungskraft auf junge Männer entdeckt. Die Versuchung liegt sehr nahe, damit zu spielen, junge Männer an sich zu locken, an sich zu binden – natürlich nicht verbindlich, nur zum Spiel, zur Unterhaltung, zur Selbstbestätigung. Und dann, wenn der junge Mann auf feste Beziehungen drängt, kann man ihn fallenlassen.

Als mir bewußt wurde, was ich getan hatte, hat der Herr mein Herz darüber zerbrochen. Ich dachte, daß ich es nicht verdient hätte, danach noch einen Mann zu bekommen, der mir treu wäre, mit dem ich eine Ehe nach dem Willen Gottes führen könnte.

Aber gerade da habe ich erfahren, was Vergebung ist! Daß Gott tatsächlich alle Sünden, die wir Ihm bekennen, vergibt und uns von aller Ungerechtigkeit reinigt (1 Joh 1, 7–9).

Darum möchte ich dir Mut machen, wenn dir bewußt wird, daß du schon manches verfahren hast in deinem Leben! Du brauchst deswegen nicht zu verzweifeln. Du kannst ebenso wie ich zu dem kommen, der verspricht: ‚Ich mache alles neu!‘ Es ist kaum faßbar und doch wahr. Der Herr Jesus bietet auch dir einen Neuanfang an!

Danach erlebte ich auch, was der Geist Gottes in unseren Herzen ausrichtet. Er ist ein Geist der Zucht, ein Geist, der uns in Zucht nimmt. Wo ich vorher gespielt hatte, betete ich von da an jeden Tag und auf all meinen Wegen: ‚Herr, nimm Du meine Augen in Zucht. Beherrsche Du meine Bewegungen. Hilf Du mir, daß ich nicht bewußt oder unbewußt junge Männer an mich ziehe und an mich binde.‘

Ich war so dankbar, als ich anfing zu verstehen, daß es gar nicht unsere Aufgabe ist, unseren Lebenspartner selbst zu suchen. Gottes Wort macht dazu ganz klare Aussagen.“

Gott kennt unsere tiefsten Sehnsüchte

Das, was wir so oft als Sonntagsschulgeschichte abtun, hat uns so viel zu sagen! In 1 Mose 2, 18 ff heißt es: „Gott der Herr sprach: Es ist nicht gut, daß der Mensch allein sei. Ich will ihm eine Gehilfin machen, die um ihn sei.“

Gott weiß um das tiefste Bedürfnis des Menschen, den Er gemacht hat. Darum erschafft Er Eva – dem Adam ganz unbewußt. Ihn versenkt Er derweil in Schlaf. Die Zubereitung seiner künftigen Gehilfin ist Gottes wunderbares Geheimnis und Seine Überraschung für ihn.

Und noch einmal ergreift Gott die Initiative und geleitet Eva zu Adam. Wäre unsere gegenwärtige Praxis in Gottes Sinne gewesen – ich glaube, Er hätte Eva hinter einem der vielen Bäume des Paradieses versteckt und zu Adam gesagt: „Such sie dir!“

Nein, „*was Gott vereint hat,* das soll der Mensch nicht scheiden“! Gott will vereinen – nämlich die beiden, die Er füreinander geschaffen hat. Wenn wir lernten, Ihm diese wichtige Aufgabe zu überlassen, gäbe es später bei den in jeder Ehe auftauchenden Schwierigkeiten nicht so schnell den grundsätzlichen, nagenden Zweifel: Sind wir eigentlich füreinander bestimmt? Passen wir denn zusammen?

Was Gott füreinander geschaffen und vereint hat, das paßt zusammen, auch in und nach allen Umgestaltungsprozessen des Lebens.

Wenn wir im Vertrauen auf Gottes Wort wissen, wie Gott sich das Begegnen der Partner gedacht hat, dann werden wir als junge Menschen ruhig. Dann können wir warten. Dann erleben wir es auch, daß in einer heiligen Stunde der Begegnung Gott unsere Augen füreinander auftut und wir im tiefsten Herzen aufjubeln wie Adam: „Das ist sie (er)! Bein von meinem Bein und Fleisch von meinem Fleisch!" (Dabei hatte Adam nie zuvor eine Frau gesehen!)

Wenn ein junges Mädchen das erfaßt hat: Die Begegnung mit meinem Lebenspartner ist Gottes Angelegenheit, dann braucht es nicht zu locken und zu ziehen oder zu verführen. Dann braucht es auch keine Angst zu haben, daß es „sitzenbleibt" oder daß seine Freundinnen ihm zuvorkommen – oder was immer ein Herz bedrängen kann. Im Umgang mit Gott wird sie Ihm so vertrauen lernen, daß unter Umständen sogar der Sonderauftrag des Alleinbleibens sich ihr eröffnet, ohne sie zu erschrecken. Als göttliche Berufung, zu der ihr die Freudigkeit und Kraft geschenkt werden. Unsere Welt braucht ja dringend nicht in Familien eingebundene mütterliche Liebe! Und wen der Herr dazu beruft, der ist nicht „sitzengeblieben", sondern geehrt, einen besonderen Beitrag zum Bau Seines Reiches zu leisten.

In diesem Vertrauen zu Gott und zur Richtigkeit Seines Planes mit unserem Leben – sei es in der Ehe oder Ehelosigkeit – erhalten wir die Freiheit, uns sorgfältig vorzubereiten auf die Aufgaben, die Gott uns zugedacht hat.

Es gibt so vieles zu lernen

„Lehrt die jungen Frauen ... Kinder lieben ... häuslich sein ...", faßt Paulus im 2. Kapitel des Titusbriefes zusammen. Und ich wünschte, das „Lob der guten Hausfrau" in Sprüche 31 hätte ich schon als junges Mädchen mit Bewußtsein gelesen.

Der Stand der Hausfrau wird ja in unserer Zeit geringgeachtet. „Nur Hausfrau", so hört man es oft, wenn man nach dem Beruf einer Frau fragt. Dabei sind Hausfrau und Mutter die beiden wichtigsten und vielseitigsten Berufe einer Frau. Wieviel Verantwortlichkeit liegt darin! Man muß lernen dabei, etwas leisten, tüchtig sein, die Aufgaben beherrschen, so daß ihre Ausübung Freude macht. Es ist so wichtig, daß eine Hausfrau nicht mit Minderwertigkeitsgefühlen im Alltagstrott untergeht, sondern die enorme Wichtigkeit ihrer Aufgaben erkennt und sie kreativ auffaßt.

Man muß einmal ganz bewußt Sprüche 31 lesen und sich klarmachen, was diese Frau alles leistet. Sie ist außerhalb und innerhalb ihres Hauses versiert: Vom geschickten Einkauf für Küche und Haushalt bis zur guten Kapitalanlage in Immobilien kennt sie sich aus. Sie versteht sich auf alle Arten von Handarbeit, zieht sich geschmackvoll an und stattet ihr Haus wohnlich aus. Sie ist verantwortungsbewußter Personalchef für ihre eigenen Angestellten, eine fähige Erzieherin ihrer Kinder und sozial engagiert. Ihr selbständiges, zuverlässiges Wirtschaften unterstützt die Karriere ihres Mannes. Und sie genießt seine und ihrer Kinder Anerkennung und Lob.

Da soll keiner sagen, eine Frau könne sich als Hausfrau und Mutter nicht voll entfalten! Das sei Sklavenarbeit! Sprüche 31 zeichnet nicht das Bild einer Sklavin, sondern dort sieht man eine selbständige, aktive, kreative Frau, zufrieden, erfüllt, diszipliniert und fähig, kraftvoll mitten im Leben zu stehen.

Laßt euch nur nicht den Kopf verdrehen durch die leeren Parolen und hohlen Lügen unserer Zeit! Wie manche Frau, die Haus und Kinder verließ, um sich im Beruf „selbst zu verwirklichen", muß zu spät feststellen, daß die wirkliche Chance zur Selbstverwirklichung vor ihren Füßen lag. Sie war blind dafür – zu ihrem eigenen Schaden und zum Schaden der Kinder, der Ehe, der Familie – der Gesellschaft!

Das heißt nun durchaus nicht, daß ein junges Mädchen keinen

Beruf erlernen sollte. Viele Fähigkeiten, die ihr als Hausfrau und Mutter von Nutzen sein werden, kann sie dort ausbilden und üben. Auf jeden Fall sollte sie diese Zeit nützen, um alle Gaben zu entfalten, die Gott ihr geschenkt hat – ganz besonders solche, die sie später als Hausfrau und Mutter gebrauchen kann (und welches Können wäre da *nicht* verwendbar!). Wenn erst Haushalt und Kinder ihre Rechte fordern und der tägliche Rhythmus uns einspannt, bleibt für einige Jahre nicht viel Kraft und Zeit für anderes übrig. Dann sind wir ganz gefordert.

Unser Text aus dem Titusbrief macht uns auf die wichtigsten Aufgaben der Frau aufmerksam: Sie soll lernen, ihren Mann und die Kinder zu lieben. Lieben heißt: bereit sein zum Opfer, bereit sein zu bedingungslosem Helfen. Und darauf sollten wir uns rechtzeitig einstellen! Ein Beruf, der vor allem unter den Aspekten gewählt wird, daß er mir möglichst wenig abverlangt, dafür aber viel gibt – viel freie Zeit, viel Geld zur Erfüllung meiner persönlichen Wünsche –, könnte zu einer Haltung des Anspruchs, des Forderns führen, die der Hingabefähigkeit und Opferbereitschaft, die in Haushalt und Familie nötig sind, diametral entgegengesetzt ist.

Uns ist weithin das Geheimnis Jesu verlorengegangen: daß der sein Leben gewinnt, der bereit ist, es zu verlieren. Und es ist doch wahr, daß wirkliches Glück nicht im Habenmüssen, sondern im Gebenkönnen liegt.

Darum sollten wir schon früh in dieser Richtung Gelegenheiten wahrnehmen, zum Beispiel zu einem diakonischen Jahr in Krankenhäusern und Pflegeheimen oder in kinderreichen Familien – da, wo wir die weiblichste aller Gaben entdecken und entfalten können: das Helfen und Pflegen und Hegen. Wo wir selbst feststellen können, daß Geben seliger ist als Nehmen, und wo wir frei werden von der Konsumhaltung, wo wir erkennen, daß es unserer Bestimmung zur „Gehilfin“, zur „Mutter alles Lebendigen“ am tiefsten entspricht, diesen Dienst am Leben zu leisten.

Das alles erwächst letztlich organisch aus einem persönlichen Leben mit Jesus. Und das ist das Allerwichtigste in der Zeit unserer Vorbereitung: daß wir lernen, an Jesu Hand zu gehen. Ihn müssen wir kennenlernen und Vertrauen zu Ihm fassen. Er muß unsere erste Liebe sein.

Dann können wir auch nur einen Mann heiraten, der in gleicher Weise zu Ihm gehört. Das setzt aber ein Gefestigtsein im Glauben voraus, weil wir sonst den andern nicht erkennen und prüfen können. Zu viele Mädchen lassen sich betrügen oder betören durch Versprechen, die ein junger Mann in der Zeit des Verliebtseins nur allzu schnell zu geben bereit ist. Nach der Eheschließung kommt dann die bittere Enttäuschung: daß kein gemeinsamer Kirchgang, kein gemeinsames Gebet möglich ist, daß man im Wichtigsten nicht übereinstimmt.

Wer sich aber von Jesus führen läßt – sei es nun in die Ehe oder in die Ehelosigkeit –, der wird keine Enttäuschung erleben. Er schenkt erfülltes Leben.

Wir möchten hier ein mutmachendes Zeugnis eines jungen Mädchens einfügen.

Ich wollte auch gern einen Mann

„Als ich siebzehn oder achtzehn Jahre alt war, dachte ich: ‚Nun wird es Zeit, daß ich mir einen Mann suche.' – Andere hatten längst einen Freund, ich war noch immer allein. Wenn es bei uns im Jugendkreis hieß, wir sollten warten, darum beten . . . dann habe ich immer gedacht: ‚Wer verheiratet ist, hat gut reden!' In diesem Kreis stand das Verhältnis von jungen Mädchen zu jungen Männern fünfzehn zu drei. Da waren also gar keine Aussichten, überhaupt ‚einen abzukriegen'. Das hört sich heute ein bißchen lächerlich an, aber für die Mädchen damals war es schon recht schwer, dann aufrichtig zu sagen: ‚Herr Jesus, wir warten auf Dich, daß Du uns den Mann schickst.' Ich habe ehrlich darum gebetet, aber die Zeit verging ohne eine Antwort. Und der Wunsch nach einem Mann war immer noch da.

Dann wurde ich Krankenschwester; und in dieser Zeit hatte ich eine Zeitlang einen Freund. Ich merkte aber, daß dieses Verhältnis nicht das war, was Jesus von mir wollte. Nach einem Jahr lösten wir die Beziehung und gingen wieder auseinander. Obwohl der junge Mann auch Christ war, konnte ich doch nie ein ganzes Ja zu ihm finden.

Während meiner Bibelschulzeit sprach dann der Herr ganz deutlich zu mir. Er zeigte mir, daß ich falsche Motive hatte und daß Er zuerst einmal etwas ganz anderes von mir wollte: daß ich

Ihm ganz vertrauen lernte. Ich sollte nicht nach Männern Ausschau halten, sondern Gott zutrauen, daß Er mir zu Seiner Zeit den Mann schicken würde, der der Richtige für mich war. Vorher sollte ich Gottes Wort gründlich kennenlernen und dazu all die praktischen Dinge, die eine Hausfrau und Mutter braucht. Damit tauchten viele Fragen in mir auf. Ich wurde offen für das, was Gott mir gab. Wenn wieder Heiratswünsche aufkamen, betete ich: ‚Herr, nimm diese Gedanken weg. Ich will erst einmal Dir ganz nachfolgen.'

Im letzten Jahr sagte ich dem Herrn: ‚Ich bin auch bereit, ehelos zu bleiben und mit Dir ganz allein auszukommen' – weil ich erkannt hatte, daß Jesus genügt. In den folgenden Monaten erfuhr ich dann immer mehr, daß man nicht erst durch Verlobung und Heirat glücklich wird, sondern dadurch, daß man Jesus hat. Er gibt mir alles, wenn ich in Seinem Dienst stehe.

Und dann – schenkte der Herr mir einen Mann, obwohl ich eigentlich nicht mehr damit gerechnet hatte. Er kam auf mich zu und fragte mich. Zuerst dachte ich: ‚Nein, das kommt nicht in Frage!' Aber dann wurde mir klar: Jetzt ist Gottes Plan dran, der Herr hat mich bis hierher geführt, so ist auch das jetzt von Ihm. Nun konnte ich ‚ja' sagen!

Ich möchte es einfach weitergeben, daß es sich lohnt, auf Jesus zu warten und Ihm ganz zu vertrauen. Dann wird es wirklich sehr gut."

In seinem Weihnachts-Bildband „Zwölf Nächte" hat Jörg Zink tiefe, wahre Worte über die entscheidenden Jahre vor der Ehe gefunden. Er schreibt: „Was ist denn eine Jungfrau? Ein körperlich unberührter Mensch? Ganz sicher nicht nur dies, oder nicht notwendig dies. Jungfräulichkeit – Frömmigkeit im besten Sinne – das entscheidet sich im Herzen. Ein Mensch ist gemeint, der nicht alles auf einmal und nicht mehreres nebeneinander will, sondern eines allein, das Wichtige. Eindeutig sein, nur eine Liebe haben, der einen Liebe und dem Schicksal, das in ihr liegt, zugewandt sein, aufgespart für das Große, nicht verbraucht und verschüttet an die kleinen Chancen, nicht jedem Willen gehorsam, auch nicht mehreren, sondern letztlich nur einem, das ist gemeint.

Es ist kaum zeitgemäß, von Jungfräulichkeit als etwas Sinnvollem und Schönem zu reden, aber es ist notwendig. Denn gemeint ist die junge Frau, die Zeit hatte, ein Mensch zu werden, ehe sie

Mutter wird, und die nicht ein Weibchen zu werden braucht, die aus eigenem Willen sich dem hinzugeben vermag, dem ihr Herz gehören soll, und die das Schwere am Schicksal der Mutter verstehen und bejahen kann, weil sie zuvor ihr Mädchenhaftes verstanden und bejaht hat" (s. op. cit. S. 63).

Frühe Freundschaften

Die Zeit vor der Ehe sind Lehr- und Wanderjahre. Es war ein guter Brauch vergangener Jahrhunderte, daß die Gesellen von Meister zu Meister gingen, ehe sie sich selbständig machten und ein eigenes Geschäft gründeten. Diese Freiheit und dieser Freiraum sind auch vor der Ehe unbezahlbar.

Wir leben in einer Zeit, in der es üblich ist, so schnell wie möglich Freundschaften anzufangen. Freundschaften aber binden, sonst sind es keine Freundschaften. Von daher meine Bitte: Übernehmt euch nicht! Gewährt euch Freiheit und Freiraum, ohne euch zu binden! Freiheit gewähren heißt: Distanz halten können. Die Jahre zwischen zwölf und achtzehn sind uns gegeben, um einander kennenzulernen, ohne sich zu nahe kommen zu müssen – sei es im Klassenverband oder in Gruppenarbeit und -spiel. Die Bibel weckt Mut zur Distanz, die nicht verklemmt, sondern frei macht. Der junge Mensch braucht die Zeit vor zwanzig, um zu sich selbst zu kommen, um sich selbst zu finden. Bindet er sich zu früh, hat er nichts zu geben, kann nicht beschenken, kann höchstens Unausgereiftes und viele Probleme beim anderen abladen. Ein junges Mädchen oder ein junger Mann sollten uns aber als Schuttabladeplatz zu schade sein. Dann kommen zu den eigenen Nöten noch die unbewältigten Probleme des andern. Ist es da verwunderlich, daß die Last zu schwer wird und viele unserer Jugendlichen überreizt, nervös, ja in ihrer Seele krank werden? Deswegen noch einmal: Übernehmt euch nicht! Für die Bindung und Belastung einer Freundschaft ist Reife not-wendig. Und legt euch nicht zu früh fest! Wir sollten viele Menschen kennenlernen, aus der Distanz heraus.

Freundschaft ist noch keine Ehe. Zur Ehe gehört das Versprechen, das Gelöbnis. Die Konsequenzen eines Versprechens kann man erst überschauen, wenn man über zwanzig Jahre alt ist. Es geht ja um ein Versprechen auf Lebenszeit. Wie sagten die Alten doch: „Drum prüfe, wer sich *ewig* bindet, ob sich auch Herz zum Herzen findet; das Glück ist kurz, lang währt die Reu." Ebenso ist die Sexualgemeinschaft Gottes Gabe für die Ehe und nicht für die Freundschaft, auch nicht für die Verlobungszeit. Geschlechtsverkehr ist die tiefste Form der Bindung. Vor der Ehe vollzogen, zerstört und unterhöhlt er die Ehe. So macht es die Bibel zum Ziel der Jahre des Erwachsenseins, des Reifgewordenseins, daß ein jeder in Selbstbeherrschung und Zucht („Heiligung") und ohne außerehelichen Geschlechtsverkehr („Unzucht") „sein eigen Weib zu gewinnen suche, nicht in gieriger Lust, wie die Heiden, die von Gott nichts wissen" (1 Thess 4, 3–5).

Ein Beispiel des schrittweisen Kennenlernens

Unübertroffen ist das schrittweise Sichkennenlernen im Hohenlied der Liebe beschrieben. Es ist das Handbuch für alle Verlobten. In Kap. 2, 3 wird der Freund mit einem Apfelbaum unter den wilden Bäumen verglichen, mit einem Baum, der etwas zu schenken hat und dessen Frucht zur Süße gereift ist. Jedes Gespräch, jede bewundernde Begegnung steht auf dem Boden des gegenseitigen Versprechens, des Gelobthabens. In Vers 16 des gleichen Kapitels heißt es: „Mein Freund ist mein, und ich bin sein." Nicht von ungefähr zieht unsere Sprache einen weiten Bogen von *geloben = glauben* zu *lieben* und *loben.* Es entstammt alles einer Sprachwurzel, einer Bewegung. Das Geloben öffnet den Weg zum Loben, zum Lobpreis. Ganz wichtig erscheint auch die Verbindung von „herzen" und „liebkosen" in Vers 6 mit der beschwörenden Bitte in Vers 7, das sexuelle „Aufwecken" nur nicht vor der Zeit vorzunehmen. Diese flehentliche Bitte wird noch zweimal wiederholt, nämlich in Kap. 3, 5 und dann sogar in Kap. 8, 4, kurz vor der Hochzeitsnacht. Die geschlechtliche Liebe braucht ihre Zeit, die Zeit des Wachsens, wie ein Falter in seiner Puppe. Sie darf nicht verfrüht geweckt werden, sonst wird sie zerstört. Und dann ist es soweit, Kap. 8, 5: „Unter dem Apfelbaum weckte ich dich", unter dem Baum jugendlicher Reife und des Schutzes im Vergleich zu dem wilden Baum in Kap. 2, 3. Und ganz bezeichnend: Die sexuelle Weckung wird in Verbindung mit der Mutter gesehen (also nicht nur privates, individuelles Glück), ja, sogar mit den Wehen der Mutter. Weckung und Weh, Zeugung und Geburt gehören ganz tief zusammen. Eines ist unvollkommen ohne das andere. Und beide bedürfen des tragenden Siegels, der inneren und öffentlichen Zusage; deswegen gleich im folgenden Vers die Aussage: „Lege mich wie ein Siegel auf dein Herz, wie ein Siegel auf deinen Arm." So kommt zum Geloben, zum Sich-Verloben des Herzens das öffentliche Bekenntnis des sichtbaren Siegels auf dem Arm. Damit ist das Versprechen „besiegelt". Und dieses Siegel darf kein Dritter, darf nur der Tod brechen.

Voller Wertschätzung klingt auch das Bekenntnis des verlobten Freundes, der über seine Braut sagt: „Meine Schwester, liebe Braut, du bist ein verschlossener Garten, eine verschlossene Quelle, ein versiegelter Born" (4,12)! *Kein öffentlicher Garten,* zu dem jeder beliebige Zutritt hat! Sondern ein geschützter, umzäunter Quell und ein versiegelter Born. Den Schlüssel zu der Tür und ihrem Schloß trägt das Mädchen, die Braut, und sie kann ihn nur einem Manne geben. Hat sie ihn vergeben, bedarf sie des Siegels, des verantwortlichen Verwaltens des Mannes, oder sie ist fortan ungeschützt, einer schloßlosen Tür vergleichbar. Wer über den Zaun und die Mauer in den Garten und zur Quelle dringt, raubt und mordet, vergeht sich nicht nur am Geschöpf, sondern an seinem Schöpfer.

Schweigt die Bibel zum außerehelichen Geschlechtsverkehr?

Es werden immer wieder Stimmen laut, die behaupten, daß die Bibel über vor- und außerehelichen Geschlechtsverkehr nichts Bestimmtes aussage. Wir haben schon gesehen, daß das Ein-Fleisch-Werden im Stiftungswort der Ehe an die Ehe gebunden ist (vgl. Mt 19,5 + 6 und 1 Mose 2,24). Diese Verse sind schon deutlich genug. Es sollen aber noch andere, einschlägige Stellen zitiert werden.

Ich beginne mit 5 Mose 22, 13–22. Hier wird der mögliche Fall geschildert, daß ein Mann seiner Frau überdrüssig geworden ist und ihr deswegen etwas Schändliches nachsagt: Sie war keine Jungfrau mehr, als ich zu ihr kam. Dann sollen „Vater und Mutter des Mädchens *die Zeichen ihrer Jungfräulichkeit* nehmen und vor die Ältesten der Stadt im Tor bringen ... Und der Vater des Mädchens soll zu den Ältesten sagen: Ich habe diesem Mann meine Tochter zur Frau gegeben; nun ist er ihrer überdrüssig geworden und legt ihr Schändliches zur Last und spricht: ‚Ich habe deine Tochter nicht als Jungfrau gefunden.' Hier aber sind die Zeichen der Jungfräulichkeit meiner Tochter. Und sie sollen *die Decke* vor den Ältesten der Stadt ausbreiten" (V. 15–17).

Jedes junge Mädchen hat von Gott ein natürliches Zeichen der Jungfräulichkeit bekommen, eine kleine Haut, die den Mund zur Gebärmutter verschließt. In der Hochzeitsnacht, wenn das Glied des Mannes diese Haut durchstößt, geschieht eine leichte Blutung, die auf der Hochzeitsdecke ihre Spuren hinterläßt. Diese Decke wurde in Israel von den Eltern des Mädchens als Beweis ihrer Jungfräulichkeit aufbewahrt. Denn Geschlechtsverkehr war nur in der Ehe erlaubt. War der Mann erwiesenermaßen im Unrecht, so wurde er mit harten Schlägen und schwerer Geldbuße belegt, weil er den Ruf „einer Jungfrau in Israel" geschändet hatte. Hatte aber das Mädchen die Zeichen der Jungfräulichkeit wirklich verloren, so mußte sie zu Tode gesteinigt werden. Vorehelicher Geschlechtsverkehr galt als „Hurerei" und als eine „Schandtat in Israel" (V. 20–21). Warum diese harte Strafe? Das wird im folgenden erklärt. „Wenn aber jemand ein verlobtes Mädchen auf freiem Felde trifft und ergreift sie und wohnt ihr bei, so soll der Mann allein sterben, der ihr beigewohnt hat, aber dem Mädchen sollst du nichts tun, denn sie hat keine Sünde getan, die des Todes wert ist, sondern dies ist so, wie wenn jemand sich gegen seinen Nächsten erhöbe und ihn totschlüge. Denn er fand sie auf freiem Felde, und das verlobte Mädchen schrie, und niemand war da, der ihr half" (V. 25–27). Warum muß hier der junge Mann des Todes sterben? Weil in Gottes Augen Beraubung der Jungfräulichkeit einem Mord gleichkommt, und auf Mord steht Todesstrafe. *„Dies ist so, wie wenn jemand sich gegen seinen Nächsten erhöbe und ihn totschlüge"* (V. 26). Wer die Jungfräulichkeit eines Mädchens raubt, ohne ihr den Schutz und die Rechte einer Ehefrau zu geben, begeht Mord in des Schöpfers Augen. Das wird in der folgenden Erzählung noch eindringlicher geschildert.

2 Sam 13, 1–20: Amnon hat sich in seine schöne Halbschwester Thamar verliebt, eine Verbindung, die nach V. 13 in Israel trotz

des Verbotes in 3 Mose 18 und 20 noch üblich gewesen zu sein scheint. Amnon ist der typische Vertreter eines noch pubertierenden Liebhabers, für den Liebe gleichbedeutend ist mit „einem Mädchen etwas antun" (V. 2). Auf den niederträchtigen Rat seines „Freundes" und „erfahrenen" Vetters Jonadab stellt sich Amnon krank, um sich von Thamar aufwarten zu lassen. David hat bei der merkwürdigen, eigentlich recht vielsagenden Bitte seines Sohnes als Vater „nicht geschaltet". Die Begebenheit nimmt ihren verhängnisvollen Lauf, zumal auch Thamar völlig ahnungslos zu sein scheint. Als sie fliehen will, ist es zu spät (V. 14). Amnon ergreift sie im einsamen Zimmer. Doch nun wehrt sie sich tapfer. Sie verweist nach außen auf die Umwelt und nach oben auf Gott: „Nicht doch, mein Bruder, *schände* mich nicht, denn *so tut man nicht in Israel*. Tu nicht *solch eine Schandtat!*" Dann weist sie auf sich selbst und ihren Halbbruder: „Wo soll ich mit *meiner Schande* hin? Und *du* wirst in Israel sein *wie ein Ruchloser*." Und dann weist sie auf den rechten Weg: „Rede aber mit dem König, der wird mich dir nicht versagen." Wie klar Thamar spricht und gar nicht verletzend! Es sind Worte eines edlen Mädchens! Doch gegenüber der Brachialgewalt Amnons ist sie wehrlos. „Er ergreift sie, überwältigt sie und wohnt ihr bei" (V. 14). Und nun wird etwas Erschreckendes geschildert: Überdruß und Widerwille gegen das Mädchen steigt in Amnon auf, verzehrt die Zuneigung, die er zuvor für Thamar empfunden hat, und wird so übermächtig, daß er Thamar von sich stößt, ohne auf ihre Klage zu achten: „Daß du mich von dir stößt, dieses *Unrecht* ist *größer* als *das andere*, das du an mir getan hast." Zum Beraubtsein kommt das Gefühl der Halt- und Schutzlosigkeit, ja der Ehrlosigkeit in Israel. Sie hat sich selbst im tiefsten verloren. Jungfrau ist sie nicht mehr, aber Frau auch nicht. Was ist sie? In einer Symbolhandlung macht sie deutlich, was sie fühlt. Sie zerreißt ihr königliches Kleid und entblößt ihren Busen – sie wurde ja entkleidet –, streut Asche auf ihr Haupt, verunstaltet sich mit dem Zeichen der Trauer um einen Verstorbenen und stimmt ihren eigenen Todesgesang an; es sind die Todesschreie einer Gemordeten.

So interpretiert die Bibel vorehelichen Geschlechtsverkehr. Es ist Raubmord. Und auf Mord steht Todesstrafe. Bis heute. Wir erleiden den Tod unseres geistlichen Lebens, wie sehr wir uns auch winden und drehen und gar die Bibel verdrehen. Nur dem Ehrlichen steht die Tür zur Vergebung offen.

In 1 Mose 34 wird der voreheliche Geschlechtsverkehr Sichems mit Dina als „Schandtat an Israel“ bezeichnet, *die „nicht geschehen durfte“* (V. 7). Sichem hatte Dina „Gewalt angetan“ (wörtlich: sie niedergebeugt, V. 2). Er mußte – wenn auch auf hinterlistige Weise – mit seinem Leben büßen.

Auch das Überreden einer Jungfrau zum Beischlaf – Überreden im Sinne von „Betören“, die „Torheit eines Mädchens ausnutzen“, wie es wörtlich heißen müßte – blieb in Israel nicht ohne Folgen, wie wir es in 2 Mose 22, 15–16 lesen. Vor- und außerehelicher Geschlechtsverkehr ist Torheit und Schandtat in einem. Denn wie zur Jungfrau der Schmuck, so gehört zur Braut der Gürtel (vgl. Jer 2, 32, Schleier ist ungenau übersetzt). „Ist es denkbar, daß eine Braut ihren Gürtel, das Zeichen ihrer Bräutlichkeit, vergißt?“ fragt der Prophet. Die Bedeutung des Gürtels sollten wir Deutschen vom Nibelungenlied her kennen. Der Gürtel symbolisiert die Jungfräulichkeit der Braut, ist geradezu ihr Statussymbol. Er durfte nur vom Bräutigam gelöst werden.

Man könnte noch Sprüche 7 anführen, die Schilderung von der Überlistung eines jungen Mannes durch eine wilde, gewandte Frau. Die Verführung auf ihr Bett wird mit dem Abführen eines Stieres zur Schlachtbank verglichen, oder „wie ein Hirsch, der ins Netz rennt, bis ihm der Pfeil die Leber spaltet; wie ein Vogel zur Schlinge eilt *und weiß nicht, daß es das Leben gilt*“ (V. 22–23). Das Haus der Unbändigen „ist der Weg ins Totenreich, da man hinunterfährt in des Todes Kammern.“ Wieder taucht der Hinweis auf den Tod auf. Vergleiche auch Spr 5, 23: „Er wird sterben, weil er Zucht nicht wollte“, weil er die Distanz verlor.

Dieselbe klare Stellungnahme finden wir im Neuen Testament. Schon der begehrende Blick stellt ein geschlechtliches Vergehen dar (Mt 5, 28). Neben der bekannten Stelle in 1 Kor 6, 12–20 heißt es in den Versen 9 und 10 zuvor: „Lasset euch nicht irreführen! Weder die Unzüchtigen noch die Ehebrecher werden das Reich Gottes ererben.“ Unzucht ist in der Bibel das Wort für den freien, vor- und außerehelichen Geschlechtsverkehr. Auch 1 Thess 4, 3–8 sagt deutlich genug: „Meidet den außerehelichen Geschlechtsverkehr!“ Jeder soll *ein,* sein eigen Weib zu gewinnen suchen. Gott wacht darüber und ist ein Vergelter. „Wer dies nun *verachtet,* der verachtet nicht Menschen, sondern Gott, der Seinen Heiligen Geist in euch gibt“ (V. 8). Das bedeutet Verachtung der wertvollsten Gaben, ja Verachtung des Lebens.

Hebr 13,4: „Die Ehe soll in Ehren gehalten werden *bei allen* und das Ehebett unbefleckt, denn die Unzüchtigen und Ehebrecher wird Gott richten."

Die Bibel anerkennt nur *ein* Bett, *eine* Stätte für die leibliche Vereinigung, das ist das Ehebett. Alle anderen Orte sind Stätten der Unzucht. Deswegen soll *bei allen* die Ehe in Ehren gehalten werden und das Ehebett „unbefleckt". Und in den letzten Kapiteln der Bibel heißt es noch einmal, daß die Unzüchtigen außerhalb des Gottesreiches und der neuen Welt stehen, ja, daß ihr Platz sogar im feurigen Schwefelmeer, dem Ort der ewigen Strafe, sein wird (Offb 21,8; 22,15). Kann es deutlicher gesagt werden, von Mose bis zur Offenbarung, kann es gellender ausgerufen werden?!

Und Partnertausch?

Nach allem Ausgeführten ist kaum noch etwas zu sagen. Wenn das Ehebett „unbefleckt" bleiben soll, dann hat es keinen Platz für einen Dritten. In Spr 5, 17 heißt es ausdrücklich: „Habe du sie (deine Frau) *allein,* und kein Fremder mit dir!" Viel-Ehe und Viel-Götterei sind in der Bibel eng verbunden. Eines zieht das andere nach sich. So heißt es in Jes 57, 8: „Du hast dich von mir abgewandt und *aufgedeckt dein Lager, es bestiegen und weit gemacht.* Du hast dich mit ihnen verbunden, liebtest ihr Lager und buhltest mit ihnen." Was hier über die Viel-Götterei gesagt ist, gilt auch für die Viel-„Ehe". Beide Formen kennen keine Treue und kein Vertrauen, lähmen die Willenskraft und bringen die Liebe zum Verwesen. Denn der Nährboden der Liebe ist die Treue. Und das Treibmittel der Liebe ist der Wille. „Du sollst lieben!"

1 Tim 3, 2.12 macht einem Christen zur Pflicht, „eines Weibes Mann" zu sein. (Diese Verse gelten aufgrund des allgemeinen Priestertums des Neuen Testamentes jedem Christen.)

Spr 6, 32 sagt frei heraus: „Wer mit einer Verheirateten die Ehe bricht, *der ist von Sinnen;* wer sein Leben ins Verderben bringen will, der tut das." Nach 5 Mose 22, 22 steht auf Partnertausch die Todesstrafe. Was hier über die Ehefrau gesagt ist, gilt gleicherweise auch für den Ehemann, wenn eine Frau in seine Ehe eindringt. Beide Beteiligten sollen sterben, denn „die *Ehe soll in Ehren ge-*

halten werden bei allen" (Hebr 13, 4). Deswegen ist eine Frau an ihren Mann *gebunden, solange der Mann lebt*. „Wenn sie nun eines anderen Mannes wird, solange ihr Mann lebt, *wird sie eine Ehebrecherin geheißen*" (Röm 7, 2–3).

Weswegen diese Härte und Kompromißlosigkeit?

Die Ehe ist die Brunnenstube des Lebens, für die Ehepaare (vgl. Spr 5, 15–19!) wie für die Kinder. Wer die Ehe entheiligt, verkrüppelt Partner, Eltern und Kinder, verwüstet das Geschöpf und verhöhnt den Schöpfer.

Ich erinnere mich noch der grausamen Fotos der „Contergan-Kinder". Readers Digest brachte vor 2 Jahren ebenso schreckliche Bilder aus Japan, wo Quecksilber über den Abfluß einer Fabrik ins Meer abgeleitet worden war und, über Fische als Nahrungsmittel, Embryos im Mutterleib entstellt hatte: Eine hübsche Mutter badete ihr verblödetes Kind und hielt es auf ihren Armen. Was für ein Madonnenbild des 20. Jahrhunderts! Was für ein Bild des Elends! Genauso entstellen wir unsere Kinder, wenn die Ehe nicht mehr geheiligt wird. Sie werden zu seelisch Geschädigten, ja, zu seelischen Krüppeln oft fürs ganze Leben. „Contergan-Kinder" einer ehezerstörerischen Gesellschaft! Deswegen hat Gott einen harten und festen Zaun um Ehe und Familie als Brunnenstube des Lebens und Schöpfungswerkstatt der Menschheit gezogen. Es soll uns ja keiner einreden, er habe einen besseren Trick gefunden für die Zeit vor der Ehe, in der Ehe oder ohne Ehe und außerhalb der Ehe. Es rächt sich alles. Die Bibel sagt: „Wer das Wort verachtet, muß dafür büßen" (Spr 13, 13).

Homosexualität – ein Irrweg

In der Bibel wird Homosexualität als „Greuel" bezeichnet (3 Mose 18, 22) und mit dem Tode geahndet. „Wenn jemand bei einem Manne liegt wie bei einer Frau, so haben sie getan, was ein Greuel ist, und beide sollen des Todes sterben. Blutschuld lastet auf ihnen" (3 Mose 20, 13). Wieder entspricht die Härte der Strafe der Härte des Vergehens. Sie bleiben einander ihre Geschlechtsbestimmung schuldig – werden schuldig am Leben des anderen. Sie vergeuden nicht nur ihre Zeugungskraft, sondern töten das Mannwerden und Mannsein ab. Homosexualität kommt der Entmannung gleich. Ähnlich ist es mit der lesbischen Liebe.

Im Röm 1, 26–27 wird Homosexualität eine „schändliche Lust" genannt. „Darum hat sie auch Gott *dahingegeben in schändliche Lüste:* denn ihre Weiber haben verwandelt den natürlichen Umgang in den unnatürlichen; desgleichen auch die Männer haben verlassen den natürlichen Umgang mit dem Weibe und sind aneinander entbrannt in ihren Lüsten und haben *Mann mit Mann Schande getrieben* und den Lohn ihrer Verirrung, wie es ja sein mußte, an sich selbst empfangen." In 1 Kor 6, 9–10 wird noch einmal betont, daß „Lustknaben" (so muß die Übersetzung des griechischen „malakoi" in üblicher griechischer Verwendung lauten) und *„Homosexuelle"* (arsenokoitai: Beischläfer von Männern oder von Männlichen, so wörtlich) von der Teilhabe am Gottesreich ausgeschlossen sind.

Wo sind wir hingeraten mit unseren Sexualpraktiken vor der Ehe, in der Ehe und ohne Ehe! Unsere Gesellschaft ist entsetzlich verpsychologisiert. Wir meinen, alles, was wir uns ausgedacht haben, sei so viel menschlicher als Gottes Ordnungen: Dabei ist es vielfach sehr unmenschlich und unrealistisch. Wenn Gottes Wort wieder „wie ein scharfes, zweischneidiges Schwert Seele und Geist scheidet", erwachen wir für die Wirklichkeit. Wir merken dann, daß wir nicht vom Lustprinzip leben können. Nicht alles, was Lust bereitet, ist gut, und nicht alles, wozu wir keine Lust haben, ist schlecht. Es gibt erhebende und niederziehende Lust, aufbauende und zerstörende, schadende, schändliche und beglükkende Lust, dämonisierte und göttlich inspirierte Lust. Und wir müssen lernen, zu unterscheiden und uns zu versagen. Zinzendorf hat es so geradeheraus gesagt:

„Wenn nun kam eine *böse Lust,*
so dankt ich Gott, daß ich nicht mußt.
Ich sprach zur Lust, zum Stolz, zum Geiz:
Dafür hing unser Herr am Kreuz."

„Der Schaden ist verzweifelt böse" (Jer 30, 12). Und gerade deswegen brauchen wir Genesung, wie der Herr im folgenden sagt: „Ich will dich wieder gesund machen und deine Wunden heilen" (Jer 30, 17). Pervertierte Sexualpraktiken sind Zeichen der Verworfenheit (Röm 1, 26), des Dahingegebenseins. Nur durch Ihn, der sich verwerfen ließ, durch Jesus Christus, werden wir Angenommene (Röm 8, 32).

IV. Das Männliche und das Weibliche Gottes Gabe und Gnade

„Drei Dinge sind mir zu wundersam,
und vier verstehe ich nicht:
des Adlers Weg am Himmel;
der Schlange Weg auf dem Felsen;
des Schiffes Weg mitten im Meer
und des Mannes Weg beim Weibe.“ Spr 30, 18–19

Gottes Fülle, aufgefangen im Mann und in der Frau

Als Gott sich den Menschen zu Seinem Bilde schuf, gestaltete Er sie als Mann und als Frau (1 Mose 1, 27). Erst im Zusammenklang von beiden Daseinsformen war der Mensch imstande, die Fülle Gottes aufzufangen und widerzuspiegeln. Hier stehen Mann und Frau ganz gleichwertig nebeneinander. In beide hat der Schöpfer etwas von Sich selbst eingeprägt, hineingebildet – in jeden etwas, das der andere nicht hat. Sowohl das Männliche als auch das Weibliche entstammt Gott, und Er hat es dem Menschen zur Entfaltung anvertraut. Nur so sind Mann und Frau schöpferisch. Wer das Männliche und das Weibliche, das Mütterliche und Väterliche nicht schätzt, das eine unter- und das andere überschätzt, verschätzt und vergeht sich an Seinem Schöpfer.

In Gott ist beides zu finden und hat beides seinen Platz. In Jes 9, 5 kann Jesus der „Ewig-Vater“ und der „Gott-Held“ genannt werden, und im selben Buch heißt es später: „Ich will euch trösten, wie einen seine Mutter tröstet“ (66, 13). Oder in Ps 27, 10: „Mein Vater und meine Mutter verlassen mich, aber der Herr nimmt mich auf.“

Mann und Frau sind einander zum Trost gegeben, um den Dienst des Heiligen Geistes, des Trösters und Fürsprechers, aneinander wirksam werden zu lassen. Sie sind sich zum gegenseitigen Beistand gegeben (vgl. nochmals Pred 4, 9–12). Und sie sind sich auch zum gegenseitigen Lob und zur Ermutigung gegeben. Sie sollen einander das Gegenüber sein, wie es in 1 Mose 2, 18 wörtlich heißt: „Ich will ihm eine Gehilfin schaffen *als sein Gegenüber.*“

Denn: „Wie sich im Wasser das Angesicht spiegelt,
so ein Mensch im Herzen des anderen.“ Spr 27, 19

Treffend drückt die Bibel aus, was in unseren Tagen Martin Buber in dem Satz zusammengefaßt hat: „Ich bin durch dich.“ Erst im Gegenüber findet der Mann und die Frau zu sich selbst, und beide haben die hohe Berufung, einander als Mann und Frau zu bestätigen und zur Entfaltung zu bringen. Ja, im Anschluß an 1 Petr 4, 10–11 könnte man vom Männlichen und vom Weiblichen geradezu als von einem Charisma, von einer *Gnadengabe,* sprechen, so daß Mann und Frau berufen sind, einander mit der Gabe *zu dienen,* die sie empfangen haben, mit ihrem Mannsein und Frausein.

Dennoch bleiben sich Mann und Frau im letzten ein Geheimnis. Ihr Weg führt sie zu hoch in die Höhe des Himmels und zu tief in den Abgrund des Meeres, als daß ein Menschenleben ausreichte, ihre Spannweite zu ermessen. Ja selbst in dem schroffen Gegensatz von hartem Felsen und sich windender und geschmeidiger Schlange (vgl. Spr 30, 19) sind Mann und Frau einander gegeben und zugetan, wie es von Menschen nicht zu verstehen und zu ergründen ist. „Es ist mir zu wundersam.“

So kann auch im folgenden nur versucht werden, roh zu skizzieren, was Gott an Reichtum in Mann und Frau hineingelegt hat. Daß sich dabei die Linien in vielem überschneiden, muß wegen der umfangreichen Kombinationsbreite zwischen dem Männlichen und Weiblichen als vorausgesetzt gelten. Dennoch sind deutliche Grundwesenszüge in ihrer Verschiedenartigkeit erkennbar.

Ein Fragment

Das Männliche:

Es ist gerade und direkt; ist Linie und Strahl; aufrecht, nach oben gerichtet. Liebt das Formlose, Légère; legt Wert auf den Inhalt, die Sache, den Kern. Liebt das Weite, die Fremde, das Erobern. Lebt mit dem Leibe, ist geist-orientiert, idealistisch, nach vorn schauend, prophetisch. Denkt nach-denkend und erwägend und deshalb zeitbeanspruchend! Möchte verantwortungsbewußt sein und beherrscht. Ist Knabe und Mann in einem, Jüngling und Weiser. Schützt, ernährt, führt und leitet dienend, geduldig, mit langem Atem, zum Leiden bereit.

Ist voll Glaubens, mutig, widerstrahlend und ausstrahlend; segnend, nicht niederziehend, erhebend, nicht erniedrigend, kraftvoll zum Guten, ritterlich. Ist klare, starke und kosende Hand. Liebt die Berührung und ist selbst leicht berührt. Verbirgt sich hinter Oberflächlichkeiten; liebt Humor und Witz, den Schlag auf die Pauke, den Trompetenstoß.

Bedarf des geöffneten Auges für die Kleinigkeiten des Lebens und die Schönheiten am Wegesrand. Neigt zur Verschwiegenheit und Introversion. Ist Freude oder Trauer; liebt das Ausgeglichene, das Gleichmaß, die Balance, das Recht.

Ist Himmel und Sonne, Blitz und Donner, Wolke, Luft und Wind . . . und was nicht noch alles!

Das Weibliche:

Es ist bestimmt durch die Form, die Rundung, den Kreis; legt wert auf die Form, ist formbetont! Lebt im Leibe, ist erdverbunden, lebensfördernd.

Ist Ranke, sucht die klare Ausrichtung, möchte Vertrauen schenken, sich anlehnen und gelassen sein. Sucht das Verschmelzen, die Umarmung; empfängt, trägt, gebiert, ist dem Leben verpflichtet, dem Schöpfer nah. Verlangt nach Geborgenheit, wünscht das Heim, macht es zu einem Zuhause, macht es wohnbar und schön.

Ermuntert durch Kleinigkeiten und läßt sich selbst dankbar durch kleine Aufmerksamkeiten ermuntern. Erfreut, schenkt, dient, verschwendet sich; ist opfer- und leidensbereit, zäh und durchhaltevermögend. Ist Seele, Wärme, Orientierungspunkt des Hauses. Sorgt für Ordnung, Sauberkeit und Feste.

Ist innerlich, sucht die innere Begegnung und Berührung, das innere Verstehen, das Gespräch. Ist lebensorientiert, von innen nach außen schauend, diakonisch. Freut sich an der Weite, an der Erweiterung des Horizonts der Familie, sucht den Austausch mit Gästen und Freunden. Ist mütterlich, praktisch, entfaltet sich beschützt. Ist Lachen und Weinen in einem; geschwätzig und verhalten, spielerisch und anmutig, der Violine und Flöte verwandt – und gleichzeitig so tiefgründig, von Schwermut bedroht.

Liebt das Indirekte, die Anspielung, das Kompliment. Denkt und erfaßt intuitiv; ist nach außen orientiert, leicht beeinflußbar; verschlungen, verhüllt, im Gewande seine Vielfalt enthüllend.

Ist Erde und tiefes Wasser, Hügel und Tal, Bach und See, Wiese und Blume . . . und vieles mehr!

Welche Vielfalt, welch unergründlichen Reichtum hat Gott in Mann und Frau hineingelegt! Zur Freude und Hilfe und zur gegenseitigen Ergänzung gegeben, wenn diese Gaben beherrscht und nicht zum gegenseitigen Beherrschen mißbraucht werden.

Nur wer im Zusammenhang mit dem Schöpfer lebt und im Schöpfungsganzen seinen Platz gefunden hat, kann Mann oder Frau, kann er oder sie selbst werden, ohne sich absolut zu setzen oder dem andern seine Andersartigkeit zu neiden. Wir sagten: Die Linien zwischen dem Männlichen und dem Weiblichen sind fließend. Der Variationsmöglichkeiten sind zu viele, und die meisten Linien überschneiden sich. Und dennoch gilt es, sich selbst in der Fülle, aber auch in der Begrenztheit als Mann oder Frau anzunehmen, zu bejahen und zu lieben. Dann erst können wir den anderen bejahen und lieben, wie die Schrift sagt: „Liebe deinen Nächsten *wie dich selbst*!" (Mk 12, 31). Dies ist nur möglich für den, der Gott *„von ganzem Herzen"* lieben gelernt und als Schöpfer anerkannt hat.

Es ist beachtlich, daß die Bibel keine starre Rollenfixierung von Mann und Frau kennt. Beide empfangen ihr Mann- und Frausein als Wesensbestimmung aus der Hand des Schöpfers und spielen keine Rollen! Dabei ist es durchaus möglich, daß eine Frau entschlossener, „männlicher" ist als der Mann, wie es von Deborah gegenüber Barak berichtet ist (vgl. Ri 4 und 5). Sie war Richterin und Prophetin. Dennoch blieb sie *„eine Mutter in Israel"* (Ri 5, 7). „Männlich und stark zu sein und im Glauben zu stehen" erwartet die Bibel auch von den Frauen (1 Kor 16, 13), wie das „Trösten nach Mutterart" auch den Männern gilt (vgl. Eph 6, 22; Jes 66, 13). Es gibt keine absolute Abgrenzung zwischen dem Männlichen und dem Weiblichen. Jeder Mensch muß sich vor Gott gefunden haben und wissen, wie Gott ihn gemeint hat, ohne den andern zu imitieren oder zu annullieren.

Welch eine Verarmung und Verödung von Gottes Schöpfung schlägt einem in der heutigen Veruniformierung des Menschen entgegen, die sich u. a. in der Bezeichnung „unisex" niedergeschlagen hat! Die Gleichmacherei von Mann und Frau macht uns kaputt. Soll Unisex die Endstufe der Emanzipation sein?

Gott hat den Menschen als Mann und Frau geschaffen. Wer nicht lernt, sich als Mann oder Frau anzunehmen, rebelliert nicht nur gegen seinen Schöpfer, sondern auch gegen sich selbst, lebt in fortgesetzter Spannung mit sich selbst, wird neurotisch und krank. Diese Art neidender Ehrgeiz, Unzufriedenheit und Apathie führt als Krankheit zum Tode.

Wie geheimnisarm und langweilig wird das Leben ohne Scham, ohne die schützende Grenze zwischen Mann und Frau! Schamlosigkeit führt zur Schutz- und Rechtlosigkeit. Alles wird vertauschbar, ungehörig, besitz- und wertlos. Wie beraubt, wie un-persönlich, wie machbar und maschinell geprägt wird das Leben! Wie tot!

Sex-Konsum, free sex, der Rummel um Nudität, mit „oben nichts" oder „ganz nichts" – wie sprechend sind diese Ausdrücke, denn da bleibt nichts mehr! – welch eine Inflation! Welch eine Entwertung des Menschen! Welch ein schreiender Jammer!

Und der Ausbruch in Kompensation und Depression, in Terrorismus und Hippieismus, in Apathie, Haß, ja Sadismus zwischen den Geschlechtern? Ist es nicht die Folge eines unbeherrschten, gierenden, ungesättigten, weil gottlosen Lebens? Wer dieses ererbt, gelebt und erlitten hat, wird krank, zahlt heim und rächt sich, häufig ganz unbewußt gerade am nächsten, liebsten Menschen.

Wie ganz anders sind die Aussagen der Schrift:

„Ich will *satt werden,* wenn ich erwache, an Deinem Bilde."

Ps 17, 15

„Du ließest mich *geborgen sein* an der Brust meiner Mutter."

Ps 22, 10

„Wie sich ein Vater über Kinder *erbarmt,*
so erbarmt sich der Herr über die, die Ihn fürchten."

Ps 103, 13

„Denn Er weiß, was für ein Gebilde wir sind;
Er gedenkt daran, daß wir Staub sind."

Ps 103, 14

Wir dürfen aufhören, uns selbst und einander zu überfordern; wir dürfen einander wieder annehmen, wie Gott uns gemeint, und weil Christus uns angenommen hat (vgl. Röm 15, 7). Wir dürfen zurückkehren zu der Wahrheit des Satzes: „Ich bin durch dich" (M. Buber) – gerade dein Anderssein verhilft mir zu mir selbst. Wir dürfen zurück zu der Tiefe und Einsicht der Schrift:

„Wie sich im Wasser das Angesicht spiegelt,
so ein Mensch im Herzen des andern."

Spr 27, 19

V. Die göttliche Bestimmung der Frau

In den letzten 15 Jahren ist die Stellung der Frau heftig diskutiert worden. Zuerst ging es in der Emanzipationsbewegung um das „Recht" der Frau, wie der Mann zu sein. Als das nicht die erhofften Lösungen erbrachte, kam es zur Radikalisierung der Stimmung gegen den Mann. Weil die Folgen immer schwerer zu ertragen waren, gibt es nun immer mehr junge Frauen, die ohne Mann leben wollen. Auf das Kind möchten sie nicht verzichten. Sie möchten Mütter sein mit Kindern, aber ohne Mann. Mütter mit Kindern ohne Väter. Das alles geschieht auf der Suche nach Lösungen in Ehenot. Denn – Ehe ohne Gott ist notvoll, bleibt notvoll. Aber – dies sind Not-lösungen, die in Wirklichkeit keine Not lösen, sondern nur größere Not erzeugen! Viele dieser „Notlösungen" werden mit einer bewußten Auflehnung gegen Gott und im Widerspruch zu Seinem Wort gesucht. Das Tragische dabei ist, daß Gottes Gebote im Grunde gar nicht verstanden werden. Daß man Gottes Wort Absichten unterschiebt, die ihm ganz fernliegen. Nämlich vor allem die Absicht, die Frau zu erniedrigen und zu knechten. Darum müssen wir zurückgehen auf das Bild der Frau, wie das Wort Gottes es zeichnet.

Geschaffen als ebenbürtige Partnerin

In 1 Mose 1, 26 f. heißt es: „Lasset uns Menschen machen, ein Bild, das uns gleich sei, die da herrschen . . . Und Gott schuf den Menschen zu seinem Bilde, zum Bilde Gottes schuf er ihn, und schuf sie als Mann und Frau." Mann und Frau werden in gleicher Weise zum Ebenbild Gottes geschaffen. In dieser programmatischen Erklärung findet sich keine Bevorzugung des Mannes, keinerlei Abwertung oder Erniedrigung der Frau. Beide schuf Gott zu Seinem Ebenbilde. Und Er schuf sie zu Partnern (V. 28): „Gott segnete sie und sprach zu ihnen: Seid fruchtbar und mehret euch und füllet die Erde und macht sie euch untertan." Gott schuf sie zur Partnerschaft im gemeinsamen Beherrschen der Erde, die Er ihnen anvertraut. Die gleiche Ehre, ein gemeinsamer Auftrag wird beiden gegeben.

„Gehilfin" ist keine Abwertung

Später folgt eine weitere Bestimmung für die Frau: in 1 Mose 2, 18, eine Bestimmung, über die alle Frauenrechtlerinnen sich ärgern, wobei sie allerdings einem Mißverständnis unterliegen: „Und Gott sprach: Es ist nicht gut, daß der Mensch allein sei. Ich will ihm eine Gehilfin machen, die um ihn sei."

In diesem detaillierteren Bericht geht Gott besonders auf die Art der Zuordnung der Frau zum Mann ein. Er bestimmt sie zu seiner Gehilfin, „die um ihn sei", besser, „die ihm gegenüber ist" – auch hierin ist das Verständnis als gleichwertige Partnerin vorausgesetzt. Doch der Ausdruck „Gehilfin" ist in unserer Zeit, die das Helfen so völlig abgewertet hat, zu einem Stein des Anstoßes geworden. Wo alle nur herrschen und bestimmen wollen, wo man nur noch gegen Bezahlung Hilfe leistet und den Segen und die Würde des Helfens nicht mehr kennt.

Auf diesem Hintergrund müssen wir ganz neu begreifen, daß das Gehilfinsein der Frau sie nicht zur Magd abwertet, die herumkommandiert oder gar ausgenutzt werden darf. Gott hat sie zur Gehilfin des Mannes bestimmt in gleicher Weise, wie Er sich selbst als Helfer bezeichnet. „Eser", den für Gehilfin gebrauchten Begriff, finden wir wieder in „Ebenhaeser": „Bis hierher hat Gott uns geholfen". Und wunderbar sind Hoheit und Dienen vereint in der Person Jesu, der uns das vollkommene Ebenbild Gottes neu offenbart hat: „Siehe, *dein König* kommt zu dir, ein Gerechter und *ein Helfer*" (Sach 9, 9).

Erst von daher bekommen wir die richtige Perspektive. Gehilfinsein ist keine Abwertung der Frau. Es ist ein Ehrentitel und soll nicht eine Minderwertigkeit der Frau darlegen, sondern viel eher die Hilfs- und Ergänzungsbedürftigkeit des Mannes.

Zitat: „Wie nötig wäre es uns, von Jesus neu den ‚Dienstcharakter des Lebens' zu erlernen, ohne den wir, in ein Chaos egozentrischer Einzelinteressen und Einzelziele geraten'" (Chr. Meves).

Er hat es uns vorgelebt: „Des Menschen Sohn ist nicht gekommen, daß er sich dienen lasse, sondern daß er diene und gebe sein

Leben zur Erlösung für viele" (Mt 20, 28). In Seiner Nachfolge erfahren wir die Erlösung von dem in Wahrheit knechtenden und Entzweiung stiftenden Ideal der Selbstverwirklichung und erfahren – gerade als Frauen – das tiefe Geheimnis, daß „wer sein Leben verliert, hingibt um Seinetwillen, es wiederfindet" in einem Reichtum und Überfluß, den kein menschliches Streben nach Selbstverwirklichung erreicht.

Gott selbst ergreift Partei für die Frau.

Es ist einfach nicht wahr, daß Gott die Frau benachteiligt hat. Wie sehr Er ihre Partei ergreift, wird besonders deutlich an Seinen Ehegesetzen.

„*Darum wird ein Mann seinen Vater und seine Mutter verlassen* und seinem Weibe anhangen . . ." (1 Mose 2, 24).

Diese weise Verordnung Gottes wird erst richtig verständlich auf dem Hintergrund orientalischer Sitte, die auch weithin den natürlichen Ordnungen entspricht. Dort verläßt die Frau ihre Familie und Sippe und wird der des Mannes eingeordnet, wird der Schwiegermutter untergeben, ja oft Sklavin der männlichen Verwandten. Gott bestimmt, daß nicht nur die Frau, sondern auch und besonders der Mann eine Trennung von seinen Eltern vornimmt, damit die eheliche Gemeinschaft des jungen Paares sich ungestört entwickeln kann. Durch diese Bestimmung sichert Gott der Frau ihren Platz an der Seite ihres Mannes, als seine Partnerin.

Gottes Wille ist die monogame Ehe

„*Ein Mann wird seinem Weibe anhangen*" (1 Mose 2, 24). Wir müssen Gottes Wort sorgfältig lesen, jedes Wort ist wichtig. Hier steht nicht, er wird seinen Weibern anhangen, sondern „seinem Weibe". (Welch tiefer Bedeutungsunterschied „die Weiber" und „sein Weib"!) Gott ist für Monogamie. Auch durch die in der Bibel berichtete Vielweiberei der Erzväter und Könige dürfen wir uns darin nicht täuschen lassen. Die biblische Bewertung dieser Eheform ist eindeutig, angefangen vom ersten Auftreten der Polygamie bei Lamech, dem Mörder (1 Mose 4, 19–23), über die bitteren Folgen von Abrahams Fehltritt mit Hagar oder die Eifersucht und Friedlosigkeit unter den beiden Frauen Jakobs bis hin zu Jesu Wiederaufrichten der anfänglichen Ordnung in Mt 19, 4f.: „Er schuf sie als Mann und Weib . . . Und werden die *zwei ein Fleisch* sein."

Gewiß ist heute auch Polyandrie (Vielmännerei) ein Problem geworden. Aber gehen wir fehl in der Annahme, daß die Monogamie dem Wesen und den Bedürfnissen der Frau am tiefsten entspricht? Ist nicht die Polyandrie erst eine Reaktion auf die „Freiheiten", die der Mann sich nahm, und eine Fehlentwicklung der „emanzipierten Frau", die sich die gleichen Rechte nahm wie der Mann? Doch welches Leid der Ungeborgenheit und wieviel Bitterkeit hat die Frau, haben beide sich eingehandelt mit dem Abweichen von Gottes Gebot der Monogamie! Welch tiefe Unbehaustheit der Kinder!

Auch die Unscheidbarkeit der Ehe ist in erster Linie eine Verordnung zum Schutz der Frau. Die Entfaltung ihrer speziellen Gabe der Mütterlichkeit braucht den bergenden Raum des ehelichen Hauses. Darum neigt sie ihrer Natur nach sehr viel weniger zum Ausbrechen aus der Ehe als der Mann. Bezeichnenderweise wird die Frage nach der Ehescheidung von Männern an Jesus herangetragen (Mt 19, 3–10). Es würde mich interessieren, zu wissen, wieviel Männer auf eine Frau kommen, wenn es um den Wunsch nach Scheidung geht. Die seelsorgerliche Erfahrung zeigt, daß sehr viel mehr Frauen unter der Not der Scheidung leiden und Hilfe gegen das Auseinanderbrechen ihrer Ehe suchen als Männer. Wieviel Leid und Bitterkeit gibt es bei Frauen, die nach ihrem Einsatz für Ehe und Kinder beim Herannahen des Alters ihren Platz an der Seite ihres Mannes einer jüngeren Rivalin räumen müssen, „fortgeworfen wie eine ausgepreßte Zitrone"! Wie eindeutig ergreift Gottes Wort ihre Partei: „Der Herr war Zeuge zwischen dir und dem Weib deiner Jugend, dem du treulos geworden bist, obwohl sie doch deine Gefährtin und die Frau ist, mit der du einen Bund geschlossen hast. Nicht einer hat das getan, in dem noch ein Rest von Geist war(!). Darum so seht euch vor in eurem Geist und werde keiner treulos dem Weib seiner Jugend. Wer ihr aber gram ist und sie verstößt, spricht der Herr, der Gott Israels, der bedeckt mit Frevel sein Kleid, spricht der Herr Zebaoth. Darum so seht euch vor in eurem Geist und brecht nicht die Treue!" (Mal 2, 14–16). Wieviel geheime Anfechtung gibt es aber auch gerade im Herzen der ihren Mann liebenden Frau, wenn sie ihre körperliche Attraktivität schwinden fühlt: Ob sie nicht ihrem Mann

Befriedigung durch eine jüngere Freundin gönnen sollte? Auch gegen diesen betrügerischen Altruismus richtet Gottes Wort die Schranke auf. Ehe hat lebenslänglich Bestand, „bis der Tod euch scheidet“. Und ihre Bedeutung, ihr innerer Sinn umfaßt weit mehr als das Gebären und Aufziehen von Kindern. Gerade in der reifenden und alternden Ehe wird der Widerschein der Beziehung zwischen Christus und seiner Gemeinde erfahren.

Das Verlangen nach dem Mann – ein Fluch?

Einen weiteren Text, der Anlaß zu viel Mißverstehen bietet, müssen wir hier erörtern, 1 Mose 3, 16, wo Gott nach dem Sündenfall zur Frau spricht: „Ich will dir viel Mühsal schaffen, wenn du schwanger wirst. Unter Mühen sollst du Kinder gebären, und dein Verlangen soll nach deinem Mann sein, aber er soll dein Herr sein.“ Wir verstehen das leicht alles als eine Reihe von Flüchen. Und es ist ja auch wahr: Die Leiden der Frau in der unerlösten Welt entsprechen dem Gesagten. Wir erhalten aber ein ganz anderes Bild, wenn wir erfahren, daß in der deutschen Fassung ein kleines Wörtchen falsch übersetzt ist. Es sollte heißen: „Ich will dir viel Mühsal schaffen, wenn du schwanger wirst. Unter Mühen sollst du Kinder gebären, *aber* dein Verlangen soll nach deinem Mann sein, und er soll dein Haupt sein.“ Dem Strafwort über das Gebären folgt, wie so oft in der Bibel, ein Trostwort: daß in der Ehe, so wie Gott sie will, die Bindung an den Mann der Frau ein Trost, eine Hilfe bei der Wüstenwanderung dieser Erdenzeit sein soll.

Und die alleinstehende Frau?

Schließlich spricht Gott auch ganz real zur Not der alleinstehenden Frau mit ihrem Verlangen nach dem Mann, nach Geborgenheit und nach dem Kind. Das ist Gottes Lösung: „*Rühme,* du Unfruchtbare, die du nicht geboren hast, *freue dich* mit Rühmen und jauchze, die du nicht schwanger warst. *Denn die Einsame hat mehr Kinder, als die den Mann hat,* spricht der Herr. Mache den Raum deines Zeltes weit, und breite aus die Decken deiner Wohnstatt. Spare nicht. Spanne die Seile lang und stecke deine Pflöcke fest. Denn du wirst dich ausbreiten zur Rechten und zur Linken, und deine Nachkommen werden Völker beerben und verwüstete Städte neu bewohnen. *Fürchte dich nicht,* denn du sollst nicht zu Schanden werden. *Schäme dich nicht,* denn du sollst nicht zum Spott werden. Sondern du wirst die Schande deiner Jugend vergessen und der Schmach deiner Witwenschaft nicht mehr gedenken. *Denn, der dich gemacht hat, ist dein Mann.* Herr Zebaoth heißt sein Name, und dein Erlöser ist der Heilige Israels, der aller Welt Gott genannt wird. Denn *der Herr hat dich zu sich gerufen* wie ein verlassenes und von Herzen betrübtes Weib; und das Weib der Jugendzeit, wie könnte es verstoßen bleiben? spricht *dein Gott.* Ich habe dich einen kleinen Augenblick verlassen, aber mit großer Barmherzigkeit will ich dich sammeln. Ich habe mein Angesicht im Augenblick des Zorns ein wenig vor dir verborgen. Aber mit ewiger Gnade will ich mich dein erbarmen, spricht der Herr, dein Erlöser" (Jes 54, 1–8).

Hier wird die Not nicht verschwiegen, die Not des Sich-verlassen-Fühlens, der Einsamkeit, die Angst vor der Schande des Nicht-Erwähltseins. „Fürchte dich nicht, du sollst nicht zu Schanden werden. Du wirst die Schande deiner Jugend vergessen und der Schmach deiner Witwenschaft nicht mehr gedenken." Dieses Ringen darum, Gottes Weg in der Einsamkeit, in der Verlassenheit zu erkennen! „Ich habe dich einen kleinen Augenblick verlassen . . . mein Angesicht im Augenblick des Zorns ein wenig vor dir verborgen" . . . Aber welch tiefe Zusagen Gottes für die alleinstehende Frau: „Der dich gemacht hat ist dein Mann." „Die Einsame hat mehr Kinder, als die den Mann hat." Darum „Rühme! . . . Jauchze! . . . Mache den Raum deines Zeltes weit . . ."

Unsere Welt hat einen ungeheuren Bedarf an nicht in Familien gebundener Mutterliebe! Der Stand der alleinstehenden Frau wie der des ehelosen Bruders ist ein von Gott gewollter Stand, keine Mangelerscheinung, ist Gabe und Aufgabe, die in der Bindung an Gott *in gleicher Weise tiefe Erfüllung schenken* kann wie Ehe und leibliche Mutterschaft.

„Unterordnung“ umstritten

Schon in 1 Mose 3, 16 verordnet Gott: „Er soll dein Herr sein!“ Daß das kein Fluchwort ist, wird daran deutlich, daß diese Verfügung im Neuen Testament, in der Zeit der Gnade, nicht aufgehoben, sondern unterstrichen wird: „Die Frauen seien untertan ihren Männern als dem Herrn. Denn der Mann ist des Weibes Haupt, gleichwie auch Christus das Haupt ist der Gemeinde, die er als seinen Leib erlöst hat. Aber wie nun die Gemeinde ist Christus untertan, so seien es auch die Frauen ihren Männern in allen Dingen“ (Eph 5, 22–24).

In 1 Kor 11, 3 heißt es, daß Christus das Haupt eines jeglichen Mannes sei. Hier im Epheserbrief geht es darum, daß der Mann das Haupt der Frau ist, und die Frau wird aufgefordert, sich ihrem Mann unterzuordnen. Allein die Vorstellung, sich dem Mann unterordnen zu sollen, wirkt auf eine moderne Frau provozierend! Wir alle sind infiziert vom Geist der Emanzipation. Sofort wehren wir uns gegen diese „Zumutung“ mit dem Hinweis, daß das wohl für Zeiten gegolten habe, in der Frauen noch nicht in gleicher Weise eine Erziehung genossen wie die Männer – aber heute können wir doch in allem mitreden und wissen vieles sogar noch ein bißchen besser als unser Mann! Warum sollten wir uns da ihm unterordnen?!

Mir ist deutlich geworden, daß die Frage der gottgewollten Unterordnung eigentlich nur durch Offenbarung begriffen werden kann, daß es hier um eine geistliche Wahrheit geht. Und wie das bei so vielen anderen geistlichen Erfahrungen gilt: Zuerst glaube ich Gott und gehorche Ihm, und dann erkenne ich, was Gott gemeint hat, so auch hier: Ich glaube, ich vertraue der Weisheit des Wortes, die über mein Fassungsvermögen geht, und fange an, ihm zu gehorchen, und dann darf ich die tiefe Weisheit Gottes erkennen, die höher ist als unsere Gedanken.

Für Frauen, die Jesus nachfolgen, sollte es viel leichter sein als für andere, am Vorbild Christi zu lernen, Der Sich selbst entäußerte, Sich selbst erniedrigte, Seinen Jüngern die Füße wusch, sogar den Judaskuß ertrug und dennoch liebte – ohne je Seine Hoheit zu verlieren. Schon manchmal hörte ich den Satz: „Ich bin doch keine Fußmatte!“ oder: „Ich bin doch auch wer!“ Wo ist denn die Grenze in der Unterordnung?

Es macht Freude, sich unterzuordnen

Das Schönste aber, das ich zu diesem Thema gehört habe, kam aus dem Munde einer jungen indonesischen Frau, einer sehr intelligenten Frau, die an einer Universität lehrt und die selbst in ihrer Ehe zunächst durch viele Stürme ging. Ich hatte ihr damals ein Buch zugesandt mit einem Hinweis auf die Bedeutung der Unterordnung. Als wir sie später einmal in ihrem Heim besuchen konnten, kam sie mir mit den Worten entgegen: „Ich habe gelernt, welche Freude es macht, mich meinem Mann unterzuordnen." Worauf ich spontan antwortete: „Das habe ich deinem Mann gleich abgespürt, nämlich daran, wie entspannt er in eurer Familie ‚Haupt' sein kann, wie entspannt er die Verantwortung übernimmt."

Unterordnung ist die Liebesgabe der Frau an ihren Mann

In den meisten jungen Ehen entsteht bald nach der Hochzeit – (wenn nicht schon vorher) – ein Tauzichen um die Führungsrolle. Dabei bringt die Frau meist ein Plus mit, das den jungen Mann, der sich in seiner Rolle als Haupt noch nicht sicher fühlt, oft noch mehr verunsichert: die Gabe der Intuition. Damit erfassen Frauen Zusammenhänge in ihrer Ganzheit, wo der Mann sie sich nach der Regel $2+2=4+2=6$ logisch erarbeiten muß. Ein alter, erfahrener Ehemann sagte einmal: „Ihr Frauen müßt damit rechnen, daß der Mann ein angeborenes Minderwertigkeitsgefühl hat im Blick auf diese weibliche Gabe der Intuition. Er ist immer wieder in seinem Selbstbewußtsein erschüttert, wenn er feststellt, daß seine Frau das, was er sich mit Mühe erarbeitet und zurechtgelegt hat, schon längst wußte." Es erfordert Verständnis, Geduld und Bescheidenheit von seiten der Frau, daß sie mit ihrer Gabe nicht auftrumpft, ihrem Mann nicht über den Mund fährt: „Ich wußte das schon längst! – Ich weiß es besser als du!", womit sie es ihm erschwert, ja oft unmöglich macht, die Führung zu ergreifen. Und das zu ihrem eigenen Schaden! Wieviele Frauen leiden später darunter und beklagen sich, daß ihr Mann keine Verantwortung übernehmen will, daß sie alles allein entscheiden müssen! Er hat abgedankt, weil sie von Anfang an ja alles besser wußte! Um dieser folgenschweren Fehlentwicklung vorzubeugen, finden wir die Schärfe des Wortes am Ende des 5. Epheser-Kapitels, Vers 33: „Die Frau aber fürchte den Mann." Ich muß gestehen, daß ich an diesem Wort auch lange herumbuchstabiert habe, bis ich seine tiefste, auch für uns Frauen heilsame Absicht begriff. In anderen Übersetzungen steht: „Die Frau ehre den Mann." Es geht hier wirklich um die Ehrfurcht vor dem Mann. Und Gott fordert sie, um den unguten Folgen unserer Besserwisserei vorzubeugen. Es geht um die Achtung gegenüber dem Auftrag, der Aufgabe, der Position, die Gott ihm gegeben hat. Es geht hier um eine Ehrfurcht, die sich letztlich auf Gott selbst bezieht, der der Ehe eine heilsame Ordnung gegeben hat. Wenn wir darauf eingehen, erfahren wir, daß es nicht um ein Geknechtet- oder Beherrschtwerden geht, auch nicht um ein Sich-ducken-Müssen, sondern um eine weise, im tiefsten befreiende Schutzordnung Gottes.

Diesen Gedanken Gottes können wir am besten mit einem Bild verdeutlichen: vom Schirm des göttlichen Schutzes.

Der Schirm des Schutzes Gottes

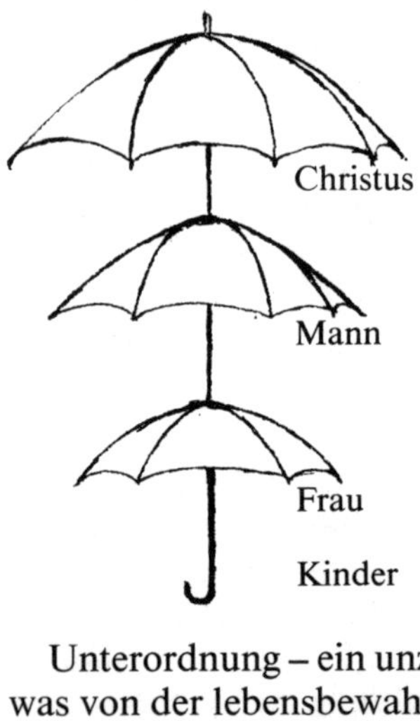

Gott selbst stellt in Christus den obersten Schirm dar, der vor allem den Mann birgt in seiner verantwortungsvollen Aufgabe als Haupt.

Der in Gott geborgene Mann vermag seine Frau zu schützen, so daß sie sich aus dieser Geborgenheit heraus der Kinder annehmen kann.

Unterordnung – ein unzumutbares Gebot? Wir sehen darin etwas von der lebensbewahrenden und Leben entfaltenden Qualität der Ordnungen Gottes.

Was haben wir nur für ein schreckliches Mißtrauen Gott gegenüber in unserm Herzen, wo alle Gebote Gottes doch nur zu unserem Besten dienen! Sie sollen uns davor bewahren, von dem geraden und ebenen Weg, den Er uns durch diese Welt gebahnt hat, rechts oder links abzuweichen und in Abgründe hineinzugeraten.

Das gläubige Eingehen auf die von Gott gebotene Unterordnung erschließt ein Geheimnis:

Gottes Ordnung für die Familie

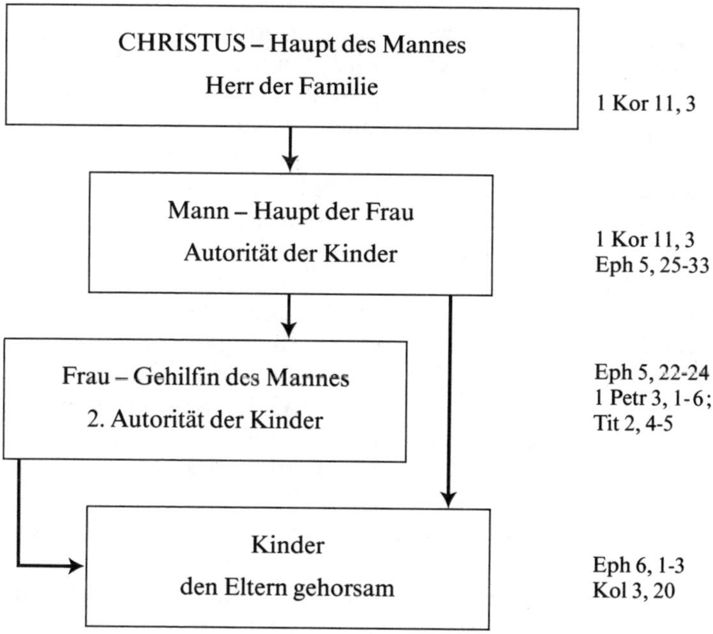

Erstens ist dieser Platz ein Ort des Schutzes, ein Ort der Geborgenheit und der Freude. Ich bin dankbar, daß ich mich unter dem Schirm meines Mannes weiß, besonders in der Erziehung unserer Kinder. Ich weiß, daß mein Mann hinter mir steht. Er wird das, was ich tue, schützen, verstärken, vertiefen.

Zweitens heißt das aber auch, daß ich mich als Gehilfin meines Mannes weiß und respektiere, daß ich nur zweite Autorität der Kinder bin. Die erste Autorität liegt bei meinem Mann, der als Haupt der Familie von seinem Haupt (Gott) her die Wegweisung und Ordnung empfängt und sie in erster Linie Ihm gegenüber verantwortet. Es heißt also, daß ich im Sinne meines Mannes erziehe, daß da kein Widerspruch und Hintenherumhandeln sein darf. Auf diese Weise ist der Platz der Unterordnung auch ein Ort der Vollmacht, ein Ort, wo ich in Vollmacht beten kann.

Und wenn der Mann den Weg nicht mitgeht?

Schlagen Sie dazu 1 Petr 3, 1–6 auf, wo ebenfalls von der Unterordnung der Frau gesprochen wird. Ich bekomme oft den Einwand zu hören: „Das ist ja alles ganz schön, wenn der Mann auch den Weg geht. Aber wenn er das nicht tut, wie kann ich mich dann meinem Mann unterordnen?“ Gerade diese Frage beantwortet die obengenannte Schriftstelle: „Desgleichen sollt ihr Frauen euren Männern untertan sein, *auf daß auch die, die nicht glauben an das Wort, durch der Frauen Wandel ohne Wort gewonnen werden,* wenn sie sehen, wie ihr in Reinheit und Gottesfurcht wandelt. Euer Schmuck soll nicht auswendig sein mit Haarflechten und Goldschmuck oder Kleiderpracht, sondern der verborgene Mensch des Herzens im unvergänglichen Schmuck des sanften und stillen Geistes! Das ist köstlich vor Gott. Denn so haben sich auch vorzeiten die heiligen Frauen geschmückt, die ihre Hoffnung auf Gott setzten und ihren Männern untertan waren, wie die Sarah Abraham gehorsam war und hieß ihn: Herr, deren Töchter ihr geworden seid; wenn ihr recht tut und euch durch nichts beirren lasset.“

Gottes Wort sagt nicht: Ihr sollt euren Männern untertan sein außer, wenn ihr einen Mann habt, der dem Wort nicht gehorcht; sondern gerade in dem Fall sagt es: „Ihr sollt euren Männern untertan sein, auf daß auch die, die nicht glauben an das Wort, durch der Frauen Wandel ohne Wort gewonnen werden.“

Daß Gottes Rezept anwendbar ist, ja durchschlagenden Erfolg verspricht, wurde mir selbst durch ein bestimmtes Erlebnis deutlich. Zum erstenmal hatte ich auf einer Frauenfreizeit diese geistliche Schau von der Frau als Gehilfin des Mannes und von ihrer freiwilligen Unterordnung unter den Mann gelehrt. Gottes Geist hatte Verstehen, Buße und Willigkeit, ja Freudigkeit zum Gehorsam gewirkt. So waren die Frauen in ganz anderer Haltung in ihre Familien zurückgekehrt. Keine Woche war vergangen, da hörte ich von einer der leitenden Frauen das glückliche Zeugnis: „Bisher hatte ich mit meinem Mann jedesmal Krach, wenn ich zur Gebetsstunde gehen wollte, und mit allem Bitten und Drängen konnte ich ihn nie bewegen, mitzugehen. Aber nach drei Tagen, in denen ich praktizierte, was mir auf der Freizeit aufgegangen war, sagte mein Mann plötzlich: „Wann ist wieder Bibelstunde? Kann ich mitgehen?"

Noch mehr staunte ich, als kurz darauf drei Männer zu mir kamen und mich baten: „Halten Sie doch nun auch uns Männern eine Bibelstunde darüber, was Gott von *uns* will!" Und weil ich keine andere Zeit erübrigen konnte, waren sie sogar bereit, morgens um halb 6 Uhr dazu zusammenzukommen. Ganz unerwartet fand ich mich dann in einem Kreis von etwa 25 Männern, denen am veränderten Verhalten ihrer Frauen deutlich geworden war, daß Gottes Ordnungen für die Familie heilsam und segensreich sind. Das hatte ihr Verlangen geweckt, Gottes Wort auch für sich selbst zu verstehen und zu befolgen.

Leidet unsre Kirche nicht weithin darunter, daß die Männer fehlen? Wir haben Frauenbibelkreise, Frauenarbeit – aber wo sind die entsprechenden Männerkreise? Ich glaube, daß es auch daran liegt, daß uns Frauen dieses Wort nicht deutlich genug gesagt wurde. Dabei heißt es ganz klar: Gewinne deinen Mann durch deinen Wandel – ohne Worte! Wieviele Frauen, die aus ihrer Familie als erste zum Glauben kommen, fangen danach an, ihre Männer zu bedrängen. Im Bewußtsein dessen, daß sie nun den richtigen Weg, die Lösung für alle Not, gefunden haben, beginnen sie, ihre Partner anzupredigen, zu ziehen und zu drängen. Und erreichen damit nur das Gegenteil! Die Männer ziehen sich zurück. Instinktiv wehren sie sich dagegen, daß ihre Frauen – wenn auch mit bester Absicht – die Führung ergreifen. Und Gott steht den Frauen nicht bei in ihren Bemühungen! Er ist das Haupt des Mannes! Er hat es sich selbst vorbehalten, den Mann zu führen und zu leiten.

Wie viele frustrierte Frauen gibt es in unseren Bibelkreisen und Kirchen, die sich schließlich damit abfinden, daß der Mann geistlichen Dingen gegenüber verschlossen bleibt! Es muß nicht so sein!

Das goldene Telefon der Frau

Eine Frau, die sich Gottes Ordnung beugt, hat ein goldenes Telefon zum Chef ihres Mannes, zu Christus. Wie sehr habe ich es schätzen gelernt, daß dieses Telefon jederzeit zugänglich ist und das Telefonieren wirkungsvoller als das Bemühen, meine Meinung durchzudrücken, und sei es auch aus ehrlichem Verantwortungsbewußtsein heraus!

Es ist so viel besser, daß ich das Predigen und Belehren, Drängen und Nörgeln meinem Mann gegenüber unterlasse, mich dafür aber an sein Haupt wende: „Bitte, mach Du es ihm klar! Gib ihm Deine Weisheit zu seinem Entschluß. Ich will Dir gehorsam sein und mich ihm unterordnen." Meine Aufgabe ist, meinen Mann zu ehren, ihm willig zu folgen – ohne Furcht. Durch unsere indonesische Bibel ist mir 1 Petr 3, 1–6 in manchem deutlicher geworden. Wir sind Töchter der Sarah, die Abraham „Herr" nannte, obwohl er sie zutiefst enttäuscht hatte. Selbst Diener Gottes können abirren und ihre Familien in schwierige Lagen bringen, besonders ihre Frauen. Abraham war nach Ägypten gegangen. Und doch nannte Sarah ihren Mann Herr und ließ sich durch nichts beirren. Sie hielt daran fest, daß das Haupt ihres Mannes (Gott) auch die Fehler ihres Mannes ausbügeln konnte (was Er denn auch getan hat). In der indonesischen Fassung heißt dieser letzte Satz: „Ihr seid Töchter der Sarah, wenn ihr euch nicht fürchtet vor Bedrohung." Das heißt ganz praktisch: wenn ihr die eingewurzelte Furcht vor den Folgen der Fehler eurer Männer aufgebt. Wenn ihr den Irrtum aufgebt, daß das Heil eurer Familie an *euch* hängt. Glaubt doch endlich, daß es an Gott selbst hängt und daß Er als Haupt eures Mannes die Sache letztlich verantwortet.

Wer hat das Sagen?

Manchmal wird da gleich mit ganz schwierigen Problemen gekontert: „Was tun, wenn der Mann mich zwingt, eine falsche Steuererklärung zu unterschreiben?" „Was tun, wenn mein Mann Partnertausch will?" Ich muß gestehen, ich habe manchmal mit Zittern geantwortet. Aber ich habe das Vertrauen zu Gott, daß Er eine Frau vor solchen Entscheidungen bewahren wird, wenn sie nur einmal grundsätzlich damit beginnt, ihrem Mann sich in Gehorsam unterzuordnen, und das an den hundert Dingen des Alltags beweist. Hunderte von Auseinandersetzungen – von der Meinungsverschiedenheit über einen bestimmten Kauf bis zum Ziel der nächsten Ferienreise können ohne solchen Gewissenskonflikt entschieden werden. Und ein Mann, der plötzlich erfährt, daß seine Frau ihn als Haupt achtet, daß sie sogar auf seine kleinen Wünsche liebevoll eingeht, wird sich so beschenkt fühlen, daß er ganz anders eingeht auf gewissensgebundene Einwände seiner Frau. Eine Frau, die grundsätzlich gehorcht, führt ihren Mann ganz anders in die Verantwortung des Hauptseins, als wenn sie ihn ständig zwingt, mit dem Rücken zur Wand Entscheidungen zu treffen. Eine Frau, die ihren Mann ehrt, wird erfahren, daß auch er sie achtet.

Dagegen, daß ihr Mann von ihr verlangt, eine Sünde zu tun, sollte sie ganz ernstlich die achte Bitte des Vaterunsers beten: „und führe uns nicht in Versuchung“ und nur im äußersten Notfall, wirklich nur in der Abwehr von Sünde ihrem Mann den Gehorsam verweigern, denn, „wie die Gemeinde Christus ehrt und gehorcht“, so soll sie ihrem Mann gehorchen. Und Christus würde nie von der Gemeinde verlangen, eine Sünde zu tun.

Reden zur rechten Zeit

Ich darf als Frau Beraterin meines Mannes sein. Dem Mißverständnis, daß eine Frau immer nur schweigen müsse, möchte ich gleich wehren. In Sprüche 31, 26, im „Lob der tüchtigen Hausfrau“, das wir von Zeit zu Zeit immer wieder einmal durchlesen sollten, steht: „Sie tut den Mund auf mit Weisheit, und auf ihrer Zunge ist gütige Weisung.“ Das gehört zu unseren Aufgaben als Frau: den Mund auftun mit Weisheit. Jesus ist uns zur Weisheit gemacht, und Er hilft uns. Er ist auch der Maßstab, der Richter der weiblichen Intuition. Wir sollten sie nie spontan gebrauchen, sondern immer erst im Gebet heiligen und reinigen lassen. Dann werden wir Weisheit erlangen. Dazu gehört auch das Erkennen der rechten Zeit, wann wir reden und wann wir schweigen müssen. Wichtig ist auch, wie wir reden. Wenn es noch im Eifer des Rechthabenwollens geschieht, wird es kaum segensvoll sein. Erst wenn wir demütig geworden sind und anerkennen, daß unsere Intuition auch die Prüfung der rationalen Art des Mannes nötig hat, kann unsere Begabung, in göttliche Ordnung eingebettet, Segen wirken. Dann kommt allmählich Harmonie und Frieden in unsere Ehe hinein. Und das ist eine der Voraussetzungen zu guter Mutterschaft.

Der verborgene Schmuck der Frau

Dann wächst in uns auch wieder das, was im tiefsten zum Geheimnis der Schönheit einer Frau gehört, was aber der kämpferischen, emanzipierten Frau weithin abhanden gekommen ist: Sanftheit. Eine junge Frau berichtete von einer Tagung christlicher Frauen. Dort sei ihnen allen bewußt geworden: Was ihnen zum guten Mutter- und Frausein am meisten fehle, sei die Sanftheit. Wie soll sich Sanftheit entfalten, wenn wir Frauen immer meinen, unsere richtige Einsicht zum Wohl der Familie selbst durchfechten zu müssen? Wenn wir immer wieder versuchen, mitzusteuern?

Wie schön heißt es in 1 Petr 3, 4: „Der verborgene Mensch des Herzens im unvergänglichen Schmuck des sanften und stillen Geistes; das ist köstlich vor Gott. Denn so haben sich auch vorzeiten die heiligen Frauen geschmückt, die ihre Hoffnung auf Gott setzten und ihren Männern untertan waren."

Merken wir es nicht allmählich, daß der Gebrauch aller kosmetischen Hilfsmittel (die wir an ihrer Stelle ruhig dankbar benutzen dürfen!) diese Art von Schönheit nicht zu erzeugen vermag? Daß aber ein wesentlicher Akkord in der Harmonie unserer Ehen, unserer Heime, ja in der Welt fehlt, wenn Frauen diese ihre spezifische Schönheit verlieren oder gar nicht mehr entfalten?

Die erste Bedingung solcher Schönheit ist ein ungestörtes Verhältnis zu Gott. „Die ihre Hoffnung auf Gott setzen" heißt es. Das sind also Frauen, die das goldene Telefon ihrer Verbindung zu Gott zu gebrauchen wissen und darum frei werden von Angst und falschem Streß.

Und die zweite Bedingung lautet: „Die ihrem Mann untertan waren". Das bedeutet, ein harmonisches Verhältnis zum Mann haben, im Bewußtsein leben: Ich bin in erster Linie von Gott geschaffen, um seine Gehilfin zu sein. Das ist Gottes Berufung für mich. Und eine solche ist nicht entehrend, sondern ich folge darin dem Vorbild Jesu, des königlichen Helfers.

„Ich werde ihm eine Gehilfin machen."

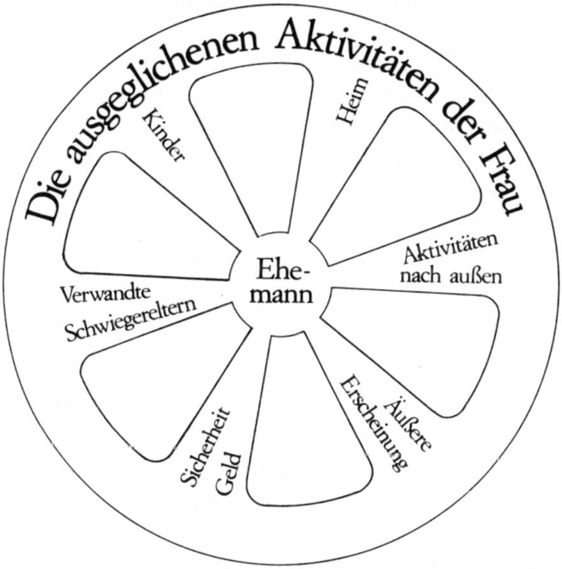

Diese Zeichnung hier sieht zunächst einmal ganz ungeistlich aus. Sie stellt die verschiedenen Aktivitäten der Frau in der richtigen Zuordnung dar, in Ausgewogenheit, worum wir ja immer wieder ringen müssen. Wir übergeistlichen Leute würden ganz selbstverständlich in die Radnabe schreiben: Christus. Hier aber steht der Ehemann in der Mitte. Und gerade das ist geistlich. Das ist der Auftrag, den Gott uns gegeben, ja für den Er uns geschaffen hat: Gehilfin des Mannes zu sein. Alle unsere Aktivitäten, alle anderen Aufgaben sollen wir in bezug auf unseren Mann sehen, in Unterordnung unter ihn lösen, so daß sie nicht in Spannung geraten mit unserer Hauptaufgabe als Gehilfin unseres Mannes.

Ein wohnliches Heim zu schaffen, „einen Hafen" für Mann und Kinder und mancherlei Gäste, ist eine wichtige Aufgabe, die im Wort Gottes durchaus ihren wichtigen Platz hat. Vergleiche Titus 2, 5: „Sie sei häuslich" und Sprüche 31, 10–31! Sie fordert Phantasie, Gestaltungskraft, Fleiß und Hingabe und kann uns ganz in Anspruch nehmen und ausfüllen. Doch manch einer Hausfrau wird ihr Heim wichtiger als ihr Mann, für den sie es in erster Linie schaffen sollte. Sie wendet so viel Zeit und Kraft an seine Ordnung und Schönheit, daß für ihren Mann am Abend nichts übrigbleibt als eine abgekämpfte, müde und leicht gereizte Ehefrau.

Die Kinder beanspruchen natürlich Zeit und Kraft, sie fordern die Hingabe der Mütter in großem Maß, ja zeitweise, besonders wenn sie noch klein sind, ganz. Dennoch dürfen auch sie sich nicht zwischen Vater und Mutter drängen, dürfen im Herzen der Mutter nicht den Platz des Mannes besetzen. Es ist zu ihrem eigenen Besten, wenn es nicht dahin kommt. Eine Mutter dient den Interessen ihres Kindes weit besser, wenn sie in erster Linie Gehilfin ihres Mannes bleibt. So verhindert sie eine Entfremdung des Vaters von den Kindern, die leicht entstehen kann, wenn er sich bei seiner Frau von ihnen verdrängt fühlt. Und auf diese Weise ermöglicht sie die harmonische Atmosphäre ihres Heimes, das feste „Miteinander“ der Eltern, das den Kindern die besten Entwicklungsmöglichkeiten bietet.

Die Pflege der äußeren Erscheinung wird in Deutschland, besonders unter frommen Frauen, oft wenig betont. Eine Frau, die sich vernachlässigt, hilft ihrem Mann aber nicht, sie liebzuhaben. Als Gehilfin ihres Mannes sollte sie wissen, daß auch der äußere Schmuck seinen Platz hat, und sich nicht nur für festliche Anlässe, sondern auch zu Hause, für seine Augen, adrett und anziehend kleiden und frisieren. Spr 31, 22: „Feine Leinwand und Purpur ist ihr Kleid“, das sollten wir hören neben der Warnung vor einseitiger Betonung des Äußeren in 1 Petr 3, 3.

Die Notwendigkeit eines zusätzlichen Verdienstes oder der Wunsch nach eigenem Geld sollte immer aufgrund reiflicher gemeinsamer Überlegung und unter besonderer Berücksichtigung der Argumente des Mannes bedacht werden. Oft wäre dem Mann eine schlicht gekleidete, aber das Haus mit Wärme und Frische erfüllende Frau lieber als eine abgekämpfte Gattin im selbstverdienten Nerz oder Auto. Und ob die teure Wohnungseinrichtung, die durch Mitarbeit der Frau möglich wurde, die harmonische Stimmung vermitteln kann, die eine liebevolle Ehefrau und gute Hausfrau auch in einer schlichten Ausstattung schafft, ist zumindest fraglich.

Als nächste „Speiche im Rad“ sehen wir den Bereich der beiderseitigen Schwiegereltern und Verwandten. Die verwandtschaftlichen Beziehungen zu pflegen gehört zu den schönen Aufgaben der Frau, zumal der Mann oft ganz in seiner Arbeit aufgeht und dafür wenig Zeit hat. Doch muß sie dabei vor den „Fußangeln“ auf der Hut sein: daß ihr nämlich der Rat oder die Meinung der lieben Verwandten, besonders der eigenen Eltern und Geschwister, wichtiger wird als die Meinung ihres Mannes. Keiner darf ihr näher stehen und mehr Bedeutung für sie haben als ihr eigener Mann.

Besondere Aufmerksamkeit verdient die letzte „Speiche“: Aktivitäten nach außen. Hier geht es vor allem darum, das rechte Maß zu finden. Zwischen der Frau, die „nur für ihre Familie da ist“, und der anderen, die von ihren außerhäuslichen Interessen, Clubs, sozialen Aktivitäten usw., ganz beschlagnahmt wird, liegt ein weiter Spielraum. Die Zahl und das Alter der Kinder, auch die eigene Gesundheit und Spannkraft, bedingen Unterschiede in der Beanspruchung und Belastung daheim. Wenn mehrere kleine Kinder da sind, wird eine Frau kaum Zeit für Aktivitäten außerhalb des Hauses haben. Dennoch sollten wir ständig im Blick behalten, daß Ehe nicht „Egoismus zu zweit“ und ebensowenig „ausschließlich für die Kinder da“ ist. Das eine führt in Langeweile und Verödung, das zweite macht das nötige Loslassen der Kinder problematisch und hinterläßt gähnende Leere, wenn sie aus dem Haus gehen. Viele Frauen versinken danach in Selbstmitleid und Neurosen: „Wie können sie mich verlassen, wo ich doch alles für sie getan, mein ganzes Leben für sie geopfert habe!“ Es ist lebensnotwendig, daß unser Heim offene Türen hat, durch die man zu uns hineinkommen und durch die wir hinausgehen können. Und die beste Hilfe gegen Verlassenheit und Vereinsamung ist, wenn wir uns selbst und unser Heim, unsere Familie, Gott zur Verfügung stellen. Er wird uns vielseitige Aufgaben zuweisen, die unser Leben reich machen bis ins Alter. Doch auch hierbei sollten wir Art und Ausmaß unseres Einsatzes nur in Absprache und Übereinstimmung mit unserem Mann festsetzen. Vielleicht eröffnen wir eine Sonntagsschule im eigenen Heim, wobei wir zugleich mit unseren eigenen Kindern anderen aus der Nachbarschaft die Gelegenheit geben, Jesus kennenzulernen, oder wir haben nach dem Muster der Sunamitin ein gastfreies Haus für Diener Gottes, oder engagieren uns anderweitig in den Aufgaben der Gemeinde. Aber selbst auf diesem Gebiet kann geistlicher Übereifer, der den eigenen Mann überrennt, ganz ungeistlich sein und dazu führen, daß der Mann „draußen“ bleibt. Gerade die jungen Frauen sollen zuerst lernen „ . . . ihre Männer lieben, Kinder lieben, sittig sein, keusch, häuslich, gütig, ihren Männern sich unterordnen, auf daß nicht das Wort Gottes verlästert werde“ (Tit 2, 4–5).

Wo bleibt aber in dieser Skizze eigentlich Jesus? Der ganze Untergrund sollte in großen, goldenen Lettern Seinen Namen tragen. Denn nur „in Ihm“, in der Lebensgemeinschaft und in ständiger Verbindung mit Ihm, wird unser Leben die Schönheit und Harmonie Seiner Ordnungen entfalten.

VI. Ehren und lieben – einander zum Mann- und Frausein helfen

Kreis und Pfeil ♀ ♂

In der Medizin und in der Biologie werden gemeinhin zwei Zeichen für das Männliche und das Weibliche verwendet: Der Kreis mit dem Griff, sozusagen als Spiegel – wie einmal das Zeichen für „weiblich" gedeutet wurde (man könnte auch das Kreuz unter dem Kreis als Verwurzelung und Verankerung des Kreises nach unten verstehen) – und der Kreis mit dem herausschnellenden Pfeil, das Zeichen für den Mann. In diesen schlichten Zeichen ist viel verborgen, worüber es nachzusinnen lohnt.

Das Wesen der Frau ist symbolisiert durch den Kreis. Darin ist vieles eingeschlossen – sie ist irgendwie reicher, tiefer, abgerundeter. Es ist eine Tatsache, daß junge Mädchen früher reif werden als junge Männer, und es ist sicher richtig, daß der Zyklus im Erfahrungsbereich des jungen Mädchens wesentlich zu ihrem schnelleren Reifwerden beiträgt. Das Leben der Frau wird weitgehend vom Zyklus beeinflußt. Sie muß lernen, damit zu leben. Nicht selten bereitet ihr das Schmerzen. An dieser Stelle leidet ein junges Mädchen mehr als der Mann, gelangt aber auch schneller zur Reife. Denn durch Leiden reifen wir. Die Schrift sagt, daß Gott Jesus „durch Leiden vollendete" (Hebr 2, 10). Es mag sein, daß hier unterschwellig der Grund dafür liegt, daß sich ein junger Mann einem gleichaltrigen jungen Mädchen gegenüber häufig minderwertig vorkommt. Sie ist abgerundeter, reifer, erfahrener, tiefgründiger, vielleicht auch schöner. Sie verfügt über einen Reichtum der Seele, den die Bibel im Hohenlied mit einem „Garten" und seinen üppigen Pflanzen, seinen gewundenen Wegen und seinem erquickenden „Gartenbrunnen" vergleicht (vgl. Kap 4, 12–16). Die frühere Reife ist dem jungen Mädchen zum Schutz gegeben. Sie besitzt ein instinktives Gefühl für das, was Recht und Sitte ist. Später soll sie ja einmal Hüterin von Ordnung und Sitte sein, wie es in dem Satz ausgedrückt ist: „Willst du wissen, was sich ziemt, so frag bei edlen Frauen an." Die Frau ist die Hüterin des seelischen Bereichs, ist Priesterin der Seele.

Ganz anders der Mann. Er ist bestimmt durch den Pfeil, durch die Gerade. Er denkt geradlinig, nach vorn, liebt den Gedankenflug. Der Mann muß heraus aus dem Kreis. Er muß das Wagnis auf sich nehmen, er muß im Wagnis leben. Er muß auch seinen Kopf hinhalten. Er trägt die Verantwortung für das Leben und den Schutz des Kreises nach innen und außen, von der Frau begleitet. Er ist insbesondere der Priester des Hauses, Bewahrer der Ordnung und Beschützer des Lebens. Von ihm sagt die Schrift: „Das Vorhaben im Herzen eines Mannes ist wie tiefe Wasser; aber ein Verständiger kann's merken, was er meint" (Spr 20, 5).

Lieben und Ehren

Das sind die beiden Schlüsselworte, mit denen die Bibel die gegenseitige Gabe und Aufgabe von Mann und Frau aneinander zusammenfaßt (vgl. Eph 5, 33). Sie gebraucht sogar das stärkere Wort „fürchten", wie es in der deutschen Wortkombination Ehr-furcht treffend zum Ausdruck kommt, um die Frau vor den tödlichen Folgen des Ehr-verlustes ihres Mannes zu schützen. Daß die Bibel diese Ehrfurcht meint, wird in den beiden folgenden Versen verdeutlicht, wo „gehorsam" und „untertan sein" gleichbedeutend mit „ehren" ist. In diesem Sinne verwenden wir das Wort „ehren".

Ehren heißt: Vertrauen schenken

Die schönste Gabe einer Frau an ihren Mann ist ihr Vertrauen zu ihm. Dazu gehört auch das Vertrauen in seine Führung. Der vertrauende, offene Blick, die vertrauensvolle Gebärde, das vertrauende Wort, alles, was irgendwie ausdrückt: „Ich habe Vertrauen zu dir", ist für den Mann Rückgrat und Ansporn. Der Mann braucht das, weil er immer wieder im Wagnis leben muß, weil er immer wieder etwas tun muß, dessen Ausgang er nicht weiß. Neben dem direkten Zuspruch des göttlichen Geistes braucht er den fleischgewordenen, ermunternden Zuspruch seiner Frau. Dadurch stärkt sie sein Vertrauen und hilft ihm zum

Selbstvertrauen. Dieses Stärken des Gott- und Selbstvertrauens ist eine der tiefsten und schönsten Aufgaben der Frau in der Ehe.

Gott hat der Frau den Schlüssel gegeben, um ihren Mann zum Mann zu machen. Auf körperlichem Gebiet hat der Mann, weil er die Aufgabe hat, seine Frau geschlechtlich zu wecken, mehr zu geben. Die Frau aber hat Gott durch die Reife und breitflächigere Veranlagung ihrer Seele dazu bestimmt, die seelischen Kräfte ihres Mannes zu wecken und zu entfalten und in ihm dieses Ur-Vertrauen zu fördern. Sie setzt damit die Aufgabe jedes Elternhauses fort, das dieses Urvertrauen in die Kinder hineinpflanzen und es hegen sollte, damit sie sich etwas zutrauen. So gibt die Frau ihrem Mann den nötigen Rückhalt. Er braucht die Bestätigung und das Lob, die Anerkennung und nicht nur die Korrektur. Auf diese Weise wird der Mann in seiner Verantwortungsbereitschaft gestärkt. Man braucht nicht zu fürchten, daß er deshalb zum Tyrannen wird. Ein Mann, der wirklich Mann geworden ist, will nicht tyrannisieren – er kann es gar nicht mehr. Denn Tyrannisieren ist ein Abreagieren von Komplexen.

Eine rechte Frau macht ihrem Mann Mut, stärkt ihn durch ihr hilfreiches Wort. Sie weiß, daß ihr der Schlüssel gegeben ist, ihren Mann zu entfalten oder zu zerstören. Ein Mann, dem die Ur-Annahme von seiner Frau versagt bleibt, kann innerlich zerbrechen. Es kann ihn das Rückgrat kosten! Welche Geheimnisse hat Gott in die Ehe gelegt! Uns sind Menschen anvertraut, zutiefst übergeben. Und ich kann den andern zur Entfaltung führen oder zeitlebens verkrüppeln, sogar innerlich ertöten. Welch eine Verantwortung! Ein englischer Spruch, ins Ironische verkehrt, besagt: „Hinter jedem erfolgreichen Mann steht eine Frau, die ihm fortwährend sagt, daß er alles falsch macht." Solch ein Mann wird im tiefsten Grunde niemals erfolgreich werden, und selbst wenn es nach außen so aussähe, wären die Kosten dafür zu hoch und die gleichzeitigen Verluste zu schwer: Er würde es nur durch gleichzeitige Verhärtung und Abstumpfung. Und das ist kein Erfolg.

Vertrauen beflügelt und befreit

Ein Mann, den die Frau durch ihr Vertrauen zum Mann gemacht hat, besitzt Mut, Neues anzupacken und die Familie verantwortlich zu führen. Er wird das Steuerrad nicht Wind und Wogen überlassen. Dabei weiß er, daß es keine leichte Aufgabe ist. Ohne den Blick nach oben im Gebet und ohne den Blick auf Kompaß und Karte, nämlich auf das Wort Gottes, ist es nicht zu schaffen. Und wie dankbar ist der Mann im allgemeinen für die ergänzende und hilfreiche Gegenwart der Frau auf der Komandobrükke!

Es hat mich während unserer Verlobungszeit ungeheuer gestärkt, daß meine Frau mir zutraute, daß ich nichts falsch machen würde – auch nicht im Grad der Zärtlichkeit. Und wenn wir einmal einen Schritt zu weit gegangen waren, konnten wir beide darüber sprechen und um Vergebung bitten. Aber sie hat das Vertrauen nicht zurückgezogen. Das stärkt einen jungen Mann ungemein. Dieses Vertrauen ist ihm zu teuer. Er kann es nicht mißbrauchen.

Ehren heißt: Haupt sein lassen

Gott hat den Mann dazu bestimmt, in der Ehe zu führen und Haupt seiner Frau zu sein. Diese Position hat er sich nicht gesucht, sondern sie ist ihm als Aufgabe gegeben, an der er wächst und durch die er zu sich selbst findet. „Ich lasse euch aber wissen, daß Christus ist eines jeglichen Mannes Haupt; der Mann aber ist des Weibes Haupt; Gott aber ist Christi Haupt“ (1 Kor 11, 3). Das Hauptsein des Mannes ist im Hauptsein Christi über ihn verankert. Ein Haupt über sich zu haben bedeutet Schutz und Verantwortungspflicht. Ein Mann kann erst dann richtig Haupt seiner Frau sein und von ihr Ehrung und Achtung erwarten, wenn er Christus als sein Haupt anerkennt und achtet. Hier liegt der Schlüssel zu wahrer Autorität.

Leibliche und seelische Entfaltung

Wir sahen schon, daß dem Mann und der Frau je nach ihrer vorgegebenen Veranlagung die Aufgabe gegeben ist, den anderen leiblich oder seelisch zu wecken und zu entfalten. Nun ist es nicht verwunderlich, daß beide in den entsprechenden Bereichen sehr empfindsam sind und bei Verletzungen sehr betroffen reagieren können. Der Mann ist zum Leiten bestimmt. Er ist deswegen sehr empfindlich gegen jede Form von Bevormundung. Die Frau ist „die Mutter alles Lebens" (1 Mose 3, 20). Mit ihrem Leib schenkt und bewahrt sie das Leben. Sie reagiert deshalb leicht verletzt auf jede Art abwertender Bemerkungen über ihren Leib oder ihre Figur, auch auf unzartes Berührtwerden in der sexuellen Begegnung. Das sind ganz instinktive, geschöpfliche Regungen, die man kennen und einkalkulieren muß. Von daher ist es so wichtig, daß die Frau ihrem Mann Mut macht, Haupt zu sein und ihn Haupt sein läßt. Ein Mann, der sich be-haupten muß, verkrampft und lebt nicht in der Gnade. Er weicht aus in Verhärtung und angeberische Selbstbestätigung, in all jene Übertreibungen von Mannsein, die davon Kunde geben, daß er an seiner Seele Schaden gelitten hat. Ein Mann braucht sich nicht zu be-haupten, muß sich nicht selbst zum Haupt machen, wenn er Christus als sein Haupt gefunden und anerkannt hat. Christus ist in der Lage, ihm die fehlende Anerkennung und das Verständnis seiner Frau zu erwirken und für eine Zeitlang auch zu ersetzen.

So sind Mann und Frau einander zur Entfaltung gegeben. Wenn diese Aufgabe nicht oder ungenügend wahrgenommen wird, kommt es zum leiblichen Erkalten oder zur seelischen Verarmung, zwei Grundformen menschlicher Unterentwicklung, die sich böse rächen und ihre Entstehung dem sie Auslösenden heimzahlen.

Haupt sein lassen bei Meinungsverschiedenheiten

So sind Mann und Frau verschieden. Es ist nötig, diese Verschiedenheiten zu erkennen, anzunehmen, einzukalkulieren und zu schätzen. Man muß wissen: Was braucht mein Mann am meisten? Was braucht meine Frau vor allem? Dann lassen sich auch Meinungsverschiedenheiten meistern, wenn sie auf der Grundlage des unbedingten „Ja" zueinander ausgetragen werden können.

Verschiedene Ansichten in der Ehe sind etwas Natürliches. Gerade wegen der geistig-seelischen Spannweite und Variationsbreite im Verhältnis zwischen Mann und Frau und ihrer verschiedenen Blickwinkel und Denkgepflogenheiten. Gott hat die Frau dem Mann zur Gehilfin gegeben (1 Mose 2, 18). Die Entscheidungen im Beruf, in der Erziehung, für den Fortbestand von Familie, Stadt und Land sind so schwerwiegend und weittragend, daß den Mann geradezu danach verlangt, den Rat seiner Frau einzuholen. Sie gibt „gütige Weisung" (Spr 31, 26). Nur muß die Frau darauf achten, ihren Rat nicht bevormundend oder bestimmend zu geben oder ihre Meinung aufzuzwingen. Diese Aufgabe hat ihr Gott nicht gegeben. Die Linien kommen von Gott. Sie erinnert daran, sie gibt „gütigen Rat". Sie läßt ihren Mann auch bei grundsätzlichen Entscheidungen Haupt sein und erkennt ihn an unter dem unsichtbaren, aber wirksamen Hauptsein Christi. Wie dankbar ist ein Mann, wenn seine Frau sagt: „Ich habe dir meine Ansicht mitgeteilt, du weißt, ich bin anderer Meinung. Aber ich stehe zu dir, auch wenn du nach deiner Meinung anders entscheidest. Das macht einen Mann nicht hart, sondern öffnet ihn, treibt ihn an, weiterzudenken und weiterzufragen. Manchmal muß eine Sache umgehend entschieden werden. Wenn man sich nicht einig werden konnte, muß die Entscheidung mit der Rücksicherung durchs Gebet, im Blick und in der horchenden Verbindung nach oben gewagt werden. Auch die Frau wird beten. Ihr Mann hat ihre Meinung erwogen und respektiert, wenn er sie auch nicht akzeptieren konnte. Auf diese Weise kann sie sich nicht mißachtet fühlen.

Sicher ist es besser – wenn irgend möglich – grundsätzliche Entscheidungen so lange zu verzögern, bis man einer Meinung ist. Das ist das Ziel des Anhangens und Ein-Fleisch-Werdens. Jede einseitige Entscheidung birgt ein Risiko in sich, das Gott der Ehe ersparen möchte. Aber manchmal sind wir noch nicht so weit. Es ist ein Lernprozeß. Gott weiß, daß wir Staub sind (Ps 103, 14). So ist es manchmal ehrlicher, zuzugestehen: In dieser wichtigen Entscheidung brauchen wir einen Dritten. Wir wollen uns Rat holen. Das kann bei einem Menschen sein, sollte aber ganz bestimmt bei Gott sein.

Korrigieren – nicht kritisieren

Weil der Mann im Wagnis lebt, braucht er die Rückendeckung der Frau, nicht die Kritik, die ihn noch mehr verunsichert. Er braucht die *korrigierende Bestätigung.* Ein Landesbischof erzählte einmal, er habe seine Frau gebeten, wenn ihr etwas an seiner Predigt nicht gefallen habe, es ihm nicht sofort, sondern erst beim Nachmittags-Kaffee zu sagen. Predigt ist Kampf. Der Mann muß sich exponieren, dem Kampf stellen. Er ist verwundbar. Nun kommt er nach Hause, und statt ihn zu stärken, empfängt ihn seine Frau mit einem Schauer feiner Nadelstiche. Also erst das Mittagessen und dann die Ruhe. Und dann die Korrektur! Letztere ist sehr wichtig, aber genauso wichtig ist die richtige Zeit, das richtige *timing.* Und es sollte berücksichtigt werden, daß ein Negativum immer durch zwei Positiva ausgeglichen werden muß. Wenn es also eine Sache zu beanstanden und zu verbessern gilt, sollte das im Rahmen der Anerkennung und des Lobes für zwei andere, positive Ergebnisse geschehen.

Haupt sein lassen – beim Versagen

Im Tal des Versagens erprobt sich die Liebe. Die Bibel kennt keine Schönfärberei, kein Retouchieren der Fehler der Männer, durch die Gott handelt. Abraham hatte seiner schönen Frau Sarah zur Auflage gemacht, ihn überall nach dem Verlassen ihrer Heimat als ihren Bruder zu bezeichnen, da er um sein Leben fürchtete. Zweimal sagte sie diese Halbwahrheit (1 Mose 20, 11–13, vgl. 1 Mose 12, 14–20). Zweimal geriet sie deswegen in Gefahr. Dennoch nannte sie ihn „Herr" (1 Petr 3, 6). Eine erstaunliche Aussage der Bibel! Sarah versagte ihrem Mann nicht ihre Anerkennung, obwohl er versagt hatte. Sie stand zu ihm, gerade wo er nicht zu ihr gestanden hatte. Sie verachtete ihn nicht, wo er sich selbst verachten mußte und in Gefahr war, sich selbst zu verwerfen, weil er seine Frau preisgegeben hatte. Was für eine Herzenshaltung! Das war Sarah nur möglich, weil sie „ihre Hoffnung auf Gott gesetzt hatte", wie die Bibel betont (1 Petr 3, 5), weil sie an das göttliche Vertrauensreservoir angeschlossen war, so daß sie diesen Vertrauensbruch überbrücken und Abraham anerkennen konnte, obwohl er später noch einmal denselben Fehler beging. Hier kommen wir wahrlich an die Grenzen unserer Möglichkeiten. Ehe ist nicht nur von Gott entworfen, sondern ist auch ohne Gott nicht zu führen. Durch ihren Vertrauenszuschuß hat Sarah ihren Mann aufgefangen und sicher dazu beigetragen, daß er auf dem Wege blieb und nicht aus Verzweiflung wieder nach Mesopotamien zurückschwenkte.

Einen ebenso erstaunlichen Satz lesen wir in der Versuchungsgeschichte von Adam und Eva. Eva hat versagt, sie hat sich nicht als Gehilfin ihres Mannes bewährt; sie wurde seine Verführerin. Damit ist der Tod in die Schöpfung eingebrochen. Eva bekommt ihn zuerst zu spüren: Sie hat ihre Wesensbestimmung, Gehilfin zu sein, verloren. Sie hat sich selbst verloren. Und nun geschieht das Unerwartete. Nachdem Adam anfänglich seine Frau bitter angeklagt und beschuldigt hat (1 Mose 3, 12), führt er sie zu ihrer Wesensbestimmung zurück, die trotz des Falls von Gott aufrechterhalten wurde. Er nennt seine Frau Eva, „Mutter alles Lebendigen" (1 Mose 3, 20). Welch ein Zuspruch, welch ein auffangendes Trösten und Anerkennen klingt in diesem Namen auf, der Eva vor dem Zerschellen in der Verzweiflung bewahrt und ihr die *Tür offenhält, weiterhin Gehilfin des Mannes zu sein.* Nur Gottes Zuspruch hinter allem Notvollen kann Adams Zuspruch ermöglicht haben (vgl. Kap 3, 15–19). So faßt auch Paulus in Kol 3, 19 zusammen: „Ihr Männer, liebt eure Frauen, und laßt euch nicht erbittern gegen sie!" Seid nicht nachtragend, sondern seht nach vorn. „Die Liebe läßt sich nicht erbittern" (1 Kor 13, 5). So liebt uns Jesus.

Die Folgen des Ehrentzuges

Gott hat die Frau reicher veranlagt als den Mann. Und die Bibel sagt: „Wer mehr hat, von dem wird auch mehr gefordert" (vgl. Lk 12, 48). Wer der erste sein kann – infolge seiner Intuition –, soll eher dienen und sich unterordnen (Mk 10, 44). Deswegen, liebe Frauen, gebraucht all das, was ihr mehr habt als die Männer, nicht um zu beherrschen, sondern um eure Männer zu Männern zu machen. „My job is my man", so ist diese Wahrheit im Englischen ausgedrückt. Es ist eine lebenslange Aufgabe. Wo eine Frau das tut und ihre Schöpfungsbestimmung bejaht, bekommt sie nicht nur einen rechten Ehemann, sondern auch einen rechten Vater für ihre Kinder. Wird aber die Achtung und Unterordnung – oder besser: Beiordnung – vorenthalten oder entzogen, so zieht sich der Mann ins Schweigen oder Poltern zurück, verkehrt mehr mit Freunden und Kollegen als mit seiner Familie, wird „aus-häusig" und/oder geht sogar fremd. Auch die Kinder leiden. Eine Tochter, die sieht, daß ihre Mutter den Vater nicht achtet, wird auch die Mutter verächtlich ansehen. Sie verliert das Vorbild, denn *so* möchte sie nicht werden. Oder es ergibt sich die Konstellation, daß die Mutter sich an ihren Sohn lehnt, ihn sich fügsam macht und mit ihm gar gegen den Vater arbeitet, wie es uns aus Isaaks Familie bekannt ist, wobei die Gründe dafür allerdings woanders lagen. Auf diesem Hintergrund werden die ersten Verse aus dem Loblied der tüchtigen Frau noch viel lebendiger:

„Wem eine tüchtige Frau beschert ist,
die ist viel edler als die köstlichsten Perlen.
Ihres Mannes Herz darf sich auf sie verlassen.
Sie tut ihm Liebes und kein Leid ihr Leben lang."

Spr 31, 10–12

Lieben wie Christus

Die Liebe des Mannes zur Frau hat ihren Ausrichtungs- und Ausgangspunkt in der Liebe Christi zur Gemeinde. „Ihr Männer, liebet eure Frauen, gleichwie auch Christus geliebt hat die Gemeinde" (Eph 5, 25). Das klingt sehr anspruchsvoll, ist aber keine Überforderung, weil Christus da ist, weil der Fordernde selbst zur Erfüllung der Forderung hilft. Wenn die Liebesgabe einer Frau an ihren Mann in ihrem Vertrauen zu ihm besteht, so ist die Liebesgabe eines Mannes an seine Frau seine steigende Wertschätzung. Diese soll in Gedanken, Worten und Werken ihren Ausdruck finden.

Lieben ist ein Entschluß. In den folgenden Versen von Eph 5 wird es veranschaulicht und praktisch dargestellt, was lieben heißt. Liebe ist ein Akt des Willens. Liebe ist nicht nur ein Gefühl, das man erleben kann, sondern Liebe ist auch ein Entschluß, den man ausführen muß. Und über diesem Ausführen keimt und wächst die Liebe. Wie häufig wird in der Bibel unser Wille angesprochen! Von Gott heißt es: Ich will . . . Ich will. Und dem Menschen ist gesagt: „Du sollst lieben!“ (vgl. Mk 12, 30). Das mutet uns Gott zu. Der Wille soll das Gefühl lenken. Wenn wir nur wollen, kommt das Gefühl schon nach. Lassen wir uns dagegen vom Gefühl lähmen, bleibt der Wille schwach. „Ihr Männer, liebet eure Frauen!“ Das ist Befehlsform. Gott läßt dem Mann keine Verweichlichung durchgehen. Wie heißt es in dem bekannten Lied: „Ich *will* dich lieben, meine Stärke!“

Lieben heißt: erfreuen

In unnachahmlicher Lebensnähe hat die Bibel dem Mann zur Aufgabe gemacht, „seine Frau zu erfreuen“ (5 Mose 24, 5). Luther übersetzt: „daß er fröhlich sei mit seiner Frau“. Es sollte aber genauer heißen: „um seine Frau zu erfreuen“. Die Engländer sagen: „to cheer his wife“, „die Frau fröhlich machen“. Deswegen war es durchs Gesetz verfügt, daß ein junger Ehemann nicht ins Heer eingezogen werden durfte. Seine Hauptaufgabe als Ehemann war, mindestens *„ein Jahr lang in seinem Hause* zu sein, um seine Frau fröhlich zu machen“ (5 Mose 24, 5). Er mußte seine Frau begleiten und in ihrer neuen Aufgabe als Ehegattin und Hausfrau bestätigen. Er mußte bei ihr sein. Sie sollte die neuen Aufgaben fröhlich anpacken. Und er sollte sie zu einer fröhlichen Frau machen. Diese Aufgabe ist mit einem Jahr nicht beendet. Es ist ein Lebensprogramm.

Lieben heißt: verstehen

Das erste Jahr benötigt der junge Mann auch, um seine Frau geschlechtlich zu verstehen, um ihr „mit Vernunft beizuwohnen und sie als Frau, als das empfindsamere und gebrechlichere Geschlecht, zu ehren“ (vgl. 1 Petr 3, 7; wörtlich heißt es: „als das schwächere, gebrechlichere Gefäß“, es ist also kein Werturteil!). Hier kommt dem Mann ein gutes Einfühlungsvermögen zustatten, wovon noch später die Rede sein wird.

Wir erinnern uns an das Zeichen vom Kreis mit dem Pfeil und

der Verwurzelung. Der Mann muß lernen, in den Kreis der Frau einzugehen. Er ist nicht nur draußen tätig. Er kommt von dort zurück, tritt in den Lebenskreis seiner Frau, später auch immer wieder in den Kreis der Familie. Dabei muß er lernen, die Gefühle seiner Frau nachzuempfinden, auch ihren Zyklus zu verstehen und sich nach ihm zu richten. Sie muß ihm erzählen dürfen, damit er ihr beistehen kann. So geht er in den Kreis seiner Frau ein – aber er geht nicht darin auf, weil er Mann ist. Hier liegen häufig die Ursachen früher Mißverständnisse. Die Frau möchte ihren Mann ganz haben, und das muß sie auch. Die Liebe wacht darüber. Liebe ist leidenschaftlich (Hld 8, 6). Sie leidet und verträgt keine Halbheiten. Doch wenn die Frau auch das ganze Herz ihres Mannes besitzen will und muß, so kann sie doch nicht seine gesamte Zeit besitzen. Hier ist der Vergleich zwischen Kreis und Ellipse hilfreich. Eine Frau – falls sie nicht berufstätig sein muß – lebt ihrem Wesen entsprechend mehr konzentrisch, auf einen Mittelpunkt bezogen, nämlich auf den des Heimes und der Ehe. Ein Mann ist von zwei Schwerpunkten gefordert und mehr darauf eingestimmt, für Ehe bzw. Familie und Beruf gleichzeitig dazusein. Den ersten Schwerpunkt teilt er mit seiner Frau, zu dem anderen sollte er sie so weit wie möglich mitnehmen, auf jeden Fall durch sein Erzählen und Berichten. So kommt frischer Wind und Abwechslung in den Kreis hinein, der sonst leicht in Monotonie geraten könnte.

Die Berufung eines Mannes zielt nach außen *und* innen. Bei der Frau hat das „innen" ein starkes Übergewicht. Es geht ihr darum, das Haus zu einem Heim zu machen, zu einem Zuhause für Familie und Gäste. Der Mann kommt herein, er muß die Situation im Kreis verstehen, aber er ist nicht einfangbar in dem Sinne, wie es eine junge Frau manchmal möchte. Sie darf und kann ihn auch nicht durch den Zyklus und die dadurch bedingten Gefühle beherrschen. Als Mann soll er zwar seiner Frau beistehen, das Auf und Ab der Gefühle zu überwinden und aus dem Karussell des Launischen herauszukommen. Doch hat er selbst die Aufgabe, immer wieder aus dem inneren Kreis der Familie herauszuschnellen und vor allem die Söhne mitzunehmen ins Wagnis, in die Arbeit, ins Denken, ins Anpacken. Die Frau dagegen sollte ihre Tochter an die Hand nehmen und sie in ihren Zyklus einführen, in das Geheimnis des Lebens und in seine Vielfalt.

Lieben heißt: sich einsetzen

„Ihr Männer, liebet eure Frauen, gleichwie auch Christus geliebt hat die Gemeinde und hat sich selbst für sie gegeben" (Eph 5, 25). Ein Mann, der seine Frau liebt, setzt sich für sie ein, „gibt sich für sie hin", in den kleinen wie in den großen Dingen. Der Mann bestimmt den Stand des Liebespegels in der Familie. Er achtet auf den Umgangston und schützt seine Frau vor den Unartigkeiten der Kinder. Wenn ein Kind gegen seine Mutter frech wird, muß es wissen: Ich bekomme es mit dem Vater zu tun. Ein Vater gab einmal seiner bereits elfjährigen Tochter eine schallende Ohrfeige, als sie der Mutter gegenüber ausfallend wurde. Er sagte dazu: „So hast Du nicht zu meiner Frau zu sprechen!" Das tat der Tochter in zweifachem Sinn gut. Einmal hat sich ihr unvergeßlich eingeprägt, wie ein Mann zu seiner Frau stehen soll. Zum anderen hat sie gemerkt: Wenn ich Mutter angreife, dann greife ich Vater an, die beiden sind nicht zu trennen.

Der Mann ist auch für die Ordnung im Hause zuständig. Die Frau achtet vielleicht mehr auf die Ausführung, aber der Mann muß zunächst mit der Frau zusammen die Ordnung aufbauen: „So leben wir." „Dann und dann stehen wir auf." „Zu dieser Zeit essen wir gemeinsam." „Heute ist Familienstunde." „Jetzt ist Schlafenszeit." Über den geregelten und gesunden Tageslauf muß der Vater wachen. Hier muß er investieren und sich einsetzen. Es wird sich später sicher auszahlen, wenn die Kinder gelernt haben, Disziplin zu üben, pünktlich zu sein, sich nicht gehenzulassen und selbständig zu arbeiten. Auch die Rücksichtnahme aufeinander gehört dazu. All die vielen kleinen Dinge, die ein Kind in jungen Jahren im Elternhaus lernen sollte, werden ihm erleichtert, und es kann den Nutzen einsehen, wenn die Eltern gemeinsam an der Haus- und Familienordnung bauen, sie selbst beachten und zusammen darüber wachen.

Wenn ein Vater dann einmal von Berufswegen längere Zeit aus dem Hause ist, kann die Mutter darauf hinweisen: „Was würde Vater dazu sagen?" Oder wenn es ganz schlimm wird: „Das muß ich Vater erzählen." Der Vater ist für das Kind die letzte Autorität im Hause. Die Kinder müssen wissen, daß diese Autorität in ihrem Zuhause gültig ist, selbst wenn der Vater abwesend sein sollte. Aber dafür muß dieser etwas investiert haben. Sein Bild muß sich den Kindern eingeprägt haben und darf nicht nur als Foto auf dem Sideboard stehen. Auf diese Weise setzt sich der Mann für die Frau ein und gewährt ihr den Schutz, den sie braucht, um Frau, um fraulich zu bleiben.

Lieben heißt: in Schutz nehmen

„Die Männer sollen ihre Frauen lieben, wie Christus sich für die Gemeinde eingesetzt hat, um sie zu heiligen und zu reinigen" (s. Eph 5, 25–26). Heiligen heißt wörtlich: aussondern, trennen, für Gott in Beschlag nehmen, Gott gehörig machen; heiligen ist auch im Deutschen nicht zu trennen von Heil, heil-machen und heil-erhalten: Ein weitgespannter Bedeutungsbogen wird hinter diesem Wort sichtbar.

Heiligen – aussondern. Eine Frau lebt und denkt vielschichtig. Deswegen steht sie in Gefahr, sich im Vielerlei zu verlieren und das Wesentliche nicht mehr zu sehen. Hier ist dem Mann aufgetragen, der Frau beizustehen. Er soll aussortieren und bündeln helfen, was die Frau an Schau und Information beiträgt, wo häufig Wichtiges und Unwichtiges miteinander vermischt ist. Doch sollte er auch verstehen, was der Frau wichtig ist. Und dann müssen sie gemeinsam zu einem Entschluß kommen: Dies ist jetzt die Hauptsache. So kommen wir aus dem Problem heraus.

Heiligen – trennen, abschirmen. Ein Mann muß auch die Intuitionen der Frau abwägen und prüfen und sie vor dem Verfolgen falscher Linien und Empfindungen bewahren. Die Frau ist im allgemeinen sensibler und damit größeren Gefühlsschwankungen ausgesetzt als der Mann. Sie ist anfälliger für die Hochs und Tiefs des Lebens und bedarf des stabilisierenden Elementes des Mannes. Aber mehr noch: Der Mann soll vor allem die Frau vor verkehrten geistlichen Strömungen in Schutz nehmen. In 1 Kor 11, 10 heißt es, daß die Frau einen Schutz auf ihrem Haupte haben soll um der Dämonen, der abgefallenen Engel, willen. Wir sprechen manchmal vom Trauergeist und Sorgengeist. Es kann Veranlagung sein, daß jemand mehr zu einem pessimistischen Lebensgefühl neigt. Dahinter können aber auch wirkliche Geister stehen, Trauer- und Sorgengeister, denen man energisch gebieten muß: Weicht, ihr Trauergeister! Gerade weil die Frau weitflächig veranlagt ist, hat sie es schwer, sich selbst zu schützen. Der Mann ist ihr zum Schutz gegeben. Er muß manchmal sagen: „Das mußt du nicht so ernst nehmen.“ Oder: „Das siehst du zu schwarz. Selbst wenn du recht haben solltest, wird der Brei nicht so heiß gegessen werden, wie er gekocht wird.“ Oder der Mann sagt: „Das wollen wir jetzt Gott sagen.“ Ihr Männer, heiligt eure Frauen, und nehmt sie in Beschlag für Jesus! Trennt sie von den dämonischen Angriffen! Seid ihr Schutz und betet für sie! Gebietet für sie! Denn dem Mann ist nach 1 Kor 11, 10 die Vollmacht gegeben, den Dämonen zu wehren. Er ist der Schutz seiner Frau im Auftrag Jesu (vgl. 1 Kor 11, 3), ihr geistlicher Blitzableiter. Wo das nicht so ist, kann sich die Frau in ihrer Not der dämonischen Inspiration öffnen. Vielleicht sucht sie im Okkulten Hilfe, geht zur Kartenlegerin, zu Gesundbetern und öffnet so ihr Heim dem teuflischen Einfluß. Unter Umständen wird sie sogar selbst okkult tätig, hat „das zweite Gesicht“ oder wird zum Medium, zum Sprachrohr Satans. Das bringt dann die Hölle ins Haus und ruiniert die Familie, und das nur, weil der Mann seine Pflicht nicht erfüllte und seine Frau nicht schützen konnte. Ihr Männer, heiligt eure Frauen!

Heiligen und reinigen. Der Gefühlsbereich, der seelische Bereich der Frau, bedarf der täglichen Reinigung. Diese Reinigung erfolgt durch das Gespräch. So tat es Jesus. Er hat die Gemeinde gereinigt „durch das Wasserbad im Wort“ (Eph 5, 26). Jedes Gespräch darf ein Wort-Bad sein, das die Gefühle reinigt und die Probleme klärt. Eine Frau verlangt nach diesem Wort-Bad, sonst stauen sich Gefühle auf, bedrücken und stiften Verwirrung, und sie wird unglücklich. Weil der Mann geradliniger veranlagt ist, braucht er gemeinhin weniger zu reden als die Frau. Er braucht aber gerade deswegen die Ergänzung durch die Frau, um nicht zu verarmen. So ist auf beiden Seiten Einsicht und Verstehen nötig.

Zum Gespräch benötigen wir Zeit. Diese muß unbedingt investiert werden. Im gewöhnlichen Tageslauf bietet sich die Gelegenheit von selbst: bei Tisch, beim Nachmittagskaffee, am Abend nach der Arbeit oder vor dem Einschlafen. Sehr beschäftigte Ehepaare müssen diese Zeit fest einplanen, sei es beim Abendspaziergang oder sonst eine besondere Stunde. Andere sparen jeden Monat einen Tag aus, wo sie allein, ohne Kinder und Bekannte, füreinander Zeit haben. Wir müssen uns aussprechen können. Besonders wenn der Mann von Zuhause fort war, muß er sich über die Familie, ihre Freuden und Leiden informieren lassen, muß sich von Frau und Kindern von ihren Sorgen und Problemen erzählen lassen, muß ganz bewußt in den Kreis ihres Lebens eintreten.

Häufig wird durch das Aussprechen schon vieles klar, wir sehen mehr die Zusammenhänge und bekommen schärfere Perspektiven, wenn wir die Dinge miteinander in einem gewissen Abstand sehen und nicht nur *in uns* betrachten. Da muß der andere manchmal nur da sein und zuhören. Zuhören können ist eine Kunst, die uns weithin verlorengegangen ist. Nicht selten fragen wir uns schon beim Aussprechen: Wie hab ich mich nur so verwirren lassen können? Die Sache ist gar nicht so ausweglos. Vor allem, wenn dann die Blickpunkte des andern eingebracht werden. Ja, das Wort reinigt. Es ist ein Schaumbad für die Seele.

Das göttliche Wort

Doch nicht nur das *gegenseitige* Wort, sondern vor allem das göttliche Wort ist es, das wir einbringen sollen. Dieses reinigt und verpflichtet zugleich, verbindet Mann und Frau als höchste Autorität für beide. Und es gibt kein Problem, zu dem die Bibel nicht etwas zu sagen hätte. Die Reinigungskraft des biblischen Wortes kann aber nur der erfahren, der seine Bibel kennt. So führt uns das lebendige Gespräch miteinander ins Gespräch vor Gott und zu Gott – zum Gebet. Hier bekommen wir auch Hilfe, wenn sich unser Gespräch festgefahren hat, wenn wir gar nicht mehr zueinander reden können, ohne mißverstanden zu werden oder Mißverständnisse zu schaffen, wenn das Gespräch abgebrochen oder gar erstorben ist. Im vernehmlichen Aufschrei zu Gott verstehen wir die tiefsten Beweggründe des anderen. Durch dieses indirekte Verstehen und durch die objektivierende Gegenwart Gottes als Drittem und Höchstem finden Mann und Frau wieder zusammen und können um Vergebung bitten und das Gespräch wieder anknüpfen. Ohne Gespräch ist eine Ehe tot. Wer nicht betet, darf sich über den Todeshauch nicht wundern, den er vielleicht empfindet. Deswegen sollten sich Mann und Frau zur Gewohnheit machen, nie im Zorn und verletztem Schmollen einzuschlafen, ja, nie einen Tag zu beschließen, ohne zu beten, gemeinsam zu beten, laut zu beten, und wenn es nur wenige Sätze sind. Aber es sollten eigene Worte, Worte des Herzens sein. Hier ist kein Verzug erlaubt. Lernen Sie beten! Es hängt zuviel vom Gebet ab. So erst kann Liebe heiligen, heil-machen und heil-erhalten.

Liebe macht schön

„Ihr Männer, liebet eure Frauen, gleich wie auch Christus geliebt hat die Gemeinde und hat sich selbst für sie gegeben, auf daß er sie heiligte, und hat sie gereinigt durch das Wasserbad im Wort, auf daß er sie sich selbst darstellte als eine Gemeinde, *die herrlich sei*" (Eph 5, 25–27). Der Mann hat die Aufgabe, seine Frau schön zu machen, sie „darzustellen ohne Schmutzflecken und Runzeln" (V. 27). Schmutzflecken entstehen durch die täglichen Arbeiten und Aufgaben. Runzeln entstehen vom Altern. Wenn die Frau weiß, mein Mann schätzt mich, er steht zu mir, er setzt sich für mich ein, wenn die Frau sich aussprechen und den Schmutz aus ihrer Seele herausreden darf, dann wird sie schön. Das Lob und die Wertschätzung des Mannes für den Einsatz und die Mühe seiner Frau, seine Dankbarkeit für die Wohnlichkeit und Sauberkeit des Heimes, die frische Wäsche, für das schmackhafte Essen und die Pflege der Kinder bewahrt die Frau davor, sich durch die täglichen Pflichten bedrücken und beschmutzen zu lassen. Und wenn der Mann mehr Abwechslung erlebt als seine Frau, ist es seine Aufgabe, für Anregungen in seiner Familie zu sorgen, mit seiner Frau Ausfahrten zu machen, die Ferien geschickt zu planen, für Belohnung und Anerkennung zu sorgen. Wenn der Mann seine Frau liebt wie Christus die Gemeinde, dann setzt er in ihr Kräfte frei, und sie vermag Dinge zu tun, über die ein Mann nur staunt. Gewöhnlich erledigt der Mann eine Sache nach der anderen. Eine Frau kann fünf, sechs Dinge zur gleichen Zeit tun. Das macht einen Mann konfus. Eine Frau aber, die darauf eingestimmt ist, kann es und muß es auch können. Im Haus läßt sich die Arbeit nicht so einrichten wie im Büro. Hundert kleine Dinge stürmen auf sie ein und wollen erledigt werden, besonders wenn die Kinder klein sind. Manchmal wirkt das chaotisch auf einen Mann! Eine Frau aber ist dem gewachsen, vor allem, wenn die Wertschätzung des Mannes hinter ihr steht. Diese Wertschätzung muß Gestalt und Ausdruck gewinnen. Liebe will hörbar, sichtbar, fühlbar werden.

Nur ein Gänseblümchen jeden Tag

Es gibt einen englischen Song: „Give me a daisy a day, dear!" Nur ein Gänseblümchen pro Tag, Liebling! Liebe braucht Ausdrucksformen, sonst wird sie unglaubwürdig. Mann und Frau brauchen nicht viel, aber sie brauchen einander ganz, sie brauchen die Gewißheit: Der andere liebt mich und ist ganz für mich da, wenn ich ihn brauche. Das Gänseblümchen der Anerkennung, der Blumenstrauß, eine Kleinigkeit, ein Lob, eine Umarmung, ein liebevolles Wort, ein bewundernder Blick: Liebe muß hörbar, muß greifbar, muß wirklich werden. Es braucht dazu nicht viel, nur eine Kleinigkeit, aber „mit Herz". „Damit die Frau herrlich sei, ohne Runzeln und Flecken!" Wenn die Frau den Schlüssel hat, ihren Mann gelöst und entspannt zu machen, so hat der Mann den Schlüssel, seine Frau schön zu machen.

Und die Runzeln?

Runzeln sind die Spuren des Alters. Sie kommen irgendwann und lassen sich nicht verbergen – nicht auf die Dauer. Doch hier ist nicht von der äußeren Schönheit und von dem äußeren Menschen die Rede. Die Bibel kennt eine andere Schönheit, die Schönheit „des inneren Menschen", und sie macht die erstaunliche Aussage: Wenn auch der äußere Mensch älter wird und gar verfällt, so wird der innere Mensch von Tag zu Tag jünger, kräftiger, erneuert und nicht müde (vgl. 2 Kor 4, 16). Diese innere Schönheit ohne Runzeln will beachtet und gepflegt sein. Es ist dem Mann aufgetragen, seiner Frau beizustehen, um ihre innere Balance zu wahren, damit sich die inneren Schönheitskräfte entfalten können und es zu dem „sanften und stillen Geist" kommt, den die Bibel als den kostbarsten, den „unvergänglichen Schmuck" der Frau bezeichnet (1 Petr 3, 4). Ebenso ist es der Frau aufgetragen, darüber zu wachen, daß der Mann den Elan des Glaubens und den Mut und die Frische des Geistes nicht aufgrund von Fehlschlägen und Enttäuschungen verliert und müde wird. Das wären seine Runzeln.

Der innere Mensch des Herzens ist wohl „verborgen“ (1 Petr 3, 4), doch läßt er sich nicht verborgen halten. Je stärker er entwikkelt wird, umso mehr scheint er hervor, gerade hinter der vergehenden äußeren Schönheit. Der Jungbrunnen der inneren Schönheit überflutet die verfallende Leiblichkeit und läßt den alternden Menschen von innen erstrahlen. Dieses innere Leuchten ist das Geheimnis der Menschen, die Gott gefunden haben, der „die Ewigkeit in ihr Herz gelegt hat“ (vgl. Pred 3, 11).

So wird die Frau, die sich geliebt weiß, innerlich und äußerlich schön. Sie kommt zur Ruhe und lebt aus der Ruhe. Hier werden die Abwehrstoffe entwickelt gegen die Versuchung zur Untreue, zum Ehebruch. Ein Mann kann es eigentlich gar nicht besser haben als bei seiner Frau, wie auch die Frau bei ihm. Wo das zutrifft, da macht er sie schön und sie ihn gelassen (Spr 12, 4 + 14, 30). Das ist die Lebensaufgabe der Ehe.

Leib-, Seel- und Geistsorge

Die Männer sollen ihre Frauen lieben wie ihren eigenen Leib, den sie nähren und pflegen. Wer seine Frau liebt, der liebt sich selbst . . . (vgl. Eph 5, 28–29). Liebe dich selbst, damit du deinen Nächsten lieben kannst! hat Gott im Gesetz geboten. Mann und Frau sind aber einander nicht nur Nächste. Die Ehe macht sie vielmehr zu einem Leibe. Deswegen folgert Paulus: „Wer seine Frau liebt, der liebt sich selbst“; er soll für sie sorgen wie für seinen eigenen Leib. Diese Fürsorge drückt sich im „Nähren“ und „Pflegen“ aus. Es ist dem Mann anvertraut, für das leibliche, seelische und geistliche Wohlergehen seiner Frau Sorge zu tragen. Er soll sie nähren und pflegen, warmhalten, „für die Brutwärme sorgen“, wie es wörtlich heißt (Eph 5, 29). Er soll auf ihre Gesundheit, auf ihre Weiterbildung und auf ihr geistliches Wachstum bedacht sein und dafür sorgen, daß sie sich wohlfühlt und sich entfalten kann. Wir sehen, wie die Bibel die Aufgaben von Mann und Frau nicht starr festlegt, sondern hier dem Mann an einer spezifisch weiblichen Funktion Anteil gibt, am Nähren und Pflegen. Wahrlich, Mann und Frau sind einander zu Gehilfen gegeben; sie stehen auf derselben Stufe.

„Die Frau ist Abglanz des Mannes"

In 1 Kor 11, 7 findet sich ein tiefes Wort: „Der Mann ist Gottes Bild und Abglanz, die Frau aber ist des Mannes Abglanz." Gott möchte der Frau Seinen Glanz durch den Mann schenken. Wir müssen sehr genau hinhören. Es heißt hier nicht, daß die Frau nicht Gottes Bild sei. Das ist sie genauso wie der Mann. Es heißt aber, daß Gott Seinen Glanz und Seine Herrlichkeit dem Manne gibt, damit er sie als Liebesgabe an seine Frau weitergeben kann, um sie „herrlich zu machen". Der Mann kann aber seiner Frau nur die Schönheit und Herrlichkeit geben, die er selbst empfangen hat, den Glanz, der selbst auf ihm ruht. Er kann nur wahrhaft und wirklich lieben, wenn er Liebe empfangen hat, jene göttliche Liebe, von der Luther sagt: „Gott *liebt* nicht das Liebenswerte, er *schafft* das Liebenswerte."

So soll ein Mann seine Frau liebenswert machen. Durch den Abglanz der göttlichen Liebe, die sie auf dem Antlitz ihres Mannes findet, durch diesen Ausdruck des Wohlgefallens Gottes fühlt sie sich geborgen und umstrahlt. Diese Herrlichkeit ist ihr Schutz. Eine Frau, die so Abglanz der Herrlichkeit wird, nennt die Bibel „die Krone ihres Mannes" (Spr 12, 4). Sie ist das Wertvollste, das Hervorstechendste an ihrem Mann. Sie ist die Würde des Mannes. Sie gibt ihm die Würde, Mann zu sein.

Unsere deutsche Sprache führt uns sogar noch einen Schritt weiter: Er kann *herr*-lich werden, weil sie *weib*-lich ist, weil sie ihn *herr*-lich sein läßt im Abglanz Gottes. Umgekehrt ermöglicht seine Herrlichkeit ihre Fraulichkeit.

In dieser hilfreichen und fördernden gegenseitigen Abhängigkeit hat Gott Mann und Frau geschaffen und sie zu gegenseitigen Gehilfen und Wächtern gesetzt. Wahrlich, es ist ein Geheimnis! Es hat Gott gefallen, in der Ehe Sich selbst zu offenbaren und gegenwärtig zu werden.

So faßt die Bibel in den beiden Worten „ehren" und „lieben" die Aufgabe von Frau und Mann aneinander zusammen, wodurch sie einander zur Frau und zum Mann machen. Der Mann vollzieht in der Ehe gleichsam die Funktion Christi wie die Frau die Funktion des Heiligen Geistes und beide als Eltern die Funktion Gottes des Vaters. Es war Augustin, der gesagt hat: „Gebt mir Mütter, und ich werde die Welt verändern!" Er wußte, was er an seiner Mutter Monika gehabt hatte. Er wußte ebenso von der Kraft und dem Segen wahrer Mutterschaft für ein Volk, für die Welt. Mütter fallen nicht vom Himmel. Mütter werden – nicht nur durchs Empfangen und Gebären, sondern vor allem durch die Liebe und Hingabe von Männern, die im Abglanz Gottes stehen, die wieder glauben und beten können.

Fragen zum Nachdenken und gemeinsamen Gespräch:

Was vereint uns am meisten?
Was trennt uns am meisten?
Gibt es Heimlichkeiten zwischen uns?
Gibt es Unechtes, Gemachtes, Schauspielerei zwischen uns?

VII. Von der inneren und äußeren Schönheit – Zum Thema: Selbstannahme

„Lobe den Herrn, meine Seele! Herr, mein Gott, du bist sehr herrlich; du bist schön und prächtig geschmückt. Licht ist dein Kleid, das du anhast.“

Ps 104, 1–2

Gott will Schönheit

Unser Gott ist nicht nur herrlich, sondern Er ist schön, Er ist prächtig geschmückt. Gott hat die Welt schön geschaffen, weil Er selbst schön ist. Er hat den Menschen schön geschaffen und freut sich an seiner Schönheit, freut sich, wenn der Mensch seine Schönheit erkennt und bejaht, sich darüber freut. Schönheit sollen nicht nur die Heiden und Gottlosen genießen, Schönheit ist für die Gotteskinder geschaffen. Gott hat den Menschen mit Schönheit des Leibes geschmückt. „Mein Leib und Seele freuen sich in dem lebendigen Gott“ (Ps 84, 3). Schönheit weckt Freude. „Einen Leib hast Du mir bereitet“ (Hebr 10, 5), einen schönen, wertvollen Leib, „ein schön menschlich Antlitz“ (M. Claudius). Jesus sagt: „Sehet die Lilien auf dem Felde ...“ Schauet, wie schön sie sind! „Ich sage euch, daß auch Salomo in aller seiner Herrlichkeit nicht bekleidet gewesen ist wie derselben eine. So denn Gott das Gras auf dem Felde also kleidet, wieviel mehr euch,“ wieviel schöner hat Er den Menschen gekleidet! (vgl. Mt 6, 28–29)

Gott will Schönheit. Schönheit zieht an. Unser Gott ist schön und deswegen anziehend in Seiner Herrlichkeit. Wir haben hier viel nachzuholen, weil wir die Schönheit der Schöpfung und die Schönheit des Geschöpfes entweder meinten nicht nötig zu haben oder sogar als zu versuchlich abtaten. Darüber ist Gott als dem Schöpfer die Anziehungskraft genommen worden. Es bildete sich in den Menschen eine ganz falsche Vorstellung vom Schöpfer, als ob Gott so aschgrau wäre wie ein Mäuschen, das sich nicht farbenprächtig kleiden kann, als ob Er karg wäre und lieblos. Davon hat die Bibel nie etwas gesagt. Im Gegenteil: Gott hat die Welt mit Schönheit überschüttet. Und Gott hat dem Menschen Sinne gegeben, diese Schönheit wahrzunehmen und zu bewundern, sowie die Fähigkeit, sich zu schmücken.

Ich war einmal auf einem Festbankett christlicher Geschäftsleute zugegen, wo der Vorsitzende beim Beginn sagte: „Ich möchte Ihnen danken, meine verehrten Damen in unserer Mitte, daß Sie sich heute abend so schön gekleidet haben. Das haben wir Männer von Zeit zu Zeit nötig." Wie kommen wir zu einer neuen Wertschätzung und Anwendung der Schönheit?

Die versuchliche Schönheit und ihre Überwindung

Weil Schönheit versuchlich sein kann, wurde sie von einigen Glaubensrichtungen ausgesperrt und heruntergespielt. Die Frau sollte sich nicht auffällig kleiden, durfte Form und Farbe nicht betonen. Dabei hat sich ein Frömmigkeitsstil entwickelt, der durchaus nicht fromm ist, weil er den Schöpfer nicht ehrt. Unser Schöpfer ist schön – und wir machen uns oft häßlich! Abträgliche Kleidung verunstaltet nicht nur den Menschen, der sie trägt, sondern noch mehr das Gottesbild der anderen, das Bild, das diese Menschen von Gott bekommen. Eine extreme Haltung finden wir im Islam. Um Versuchungen abzuwehren, muß die Frau in der Öffentlichkeit einen Schleier (tjadar) tragen. Sie lebt im Gefängnis der Isolierung. Selbst im Hause hat sie ihren Platz in den hinteren Räumen. Hinter all dem steht Besorgnis und Eifersucht, weil Schönheit zur Versuchung und zum Fall führt.

Das Evangelium zeigt uns einen anderen Weg. Angst und Verneinung sind keine Lösung – Negation führt immer zum Tode, wenn sie von Furcht motiviert ist. Die Versuchlichkeit liegt in Wirklichkeit gar nicht in der Schönheit, sondern im menschlichen Herzen. Das soll im folgenden erläutert werden.

Die Schirmkraft des Auges

Schönheit wird mit dem Auge wahrgenommen und genossen. In Lk 11, 34–36 sagt Jesus über das Auge: „Dein Auge ist des Leibes *Leuchte.* Wenn nun dein Auge *lauter* ist, so ist dein ganzer Leib licht; wenn aber dein Auge böse ist, so ist auch dein Leib finster. So schaue nun darauf, daß nicht das Licht in dir Finsternis sei. Wenn nun dein Leib ganz licht ist, daß er kein Stück von Finsternis hat, dann wird er so licht sein, wie wenn ein Licht mit *hellem Blitz* dich erleuchtet."

Als Leuchte des Leibes empfängt das Auge sein Licht von Gott (vgl. Ps 36, 10). Es strahlt die Herrlichkeit Gottes wider, wenn es „lauter" (wörtlich: einfältig und ausschließlich) auf Gott gerichtet ist (2 Kor 3, 18). Nur durch Einfalt kommen wir zur Vielfalt, nur durch heilige Einseitigkeit zur heiligenden Vielseitigkeit. So kann das Auge sogar die Strahlkraft eines „Blitzes" erreichen.

Von Jesu Augen heißt es in Offb 1, 14, daß sie „wie eine Feuerflamme" waren. Damit ist u.a. auf die Schirmfunktion des Auges hingewiesen. Es kann den Schmutz und das Versuchliche verbrennen, so daß es nicht einfällt. Geheiligte Augen sind kraftvolle Augen, leuchtend vom Feuer des Geistes. Sie verzehren, was böse und gemein ist, und beschämen und strafen zugleich, was herausfordernd ist. Der strafende Blick ist wie der *„Blitz"* des Lichtes, vor dem sich das Dunkel verkriecht, weil es entdeckt wurde. Es ist dieser Blick des Lichtes und der Reinheit, vor dem die Unreinheit unsicher wird in ihrer Dreistigkeit. Diesen Blick möchte uns Jesus ganz neu schenken, den gesunden Blick, der nur entstehen kann, wenn unser Herz das Böse ablehnt.

Das Böse kommt im Grunde nicht von außen. Die Versuchung kann nur von außen eindringen, weil sie innen im Herzen auf eine Antwort, auf ein Echo, stößt. So sagt es Jesus in Mk 7, 14–23. Wenn ich innerlich geläutert und gereinigt worden bin, wenn mir Jesus das neue Herz geben konnte, das das Böse haßt und geschmacklos findet und sich vom Guten anziehen läßt, dann bekommen meine Augen diese Schirm- und Feuerfunktion, daß sie nur das Reine, Geläuterte durchlassen und das Ungeläuterte verbrennen. Die Voraussetzung dazu ist jedoch, daß wir den Geschmack am Bösen verlieren, daß wir das Böse und Gemeine, das Entstellte und Versuchliche an der Schönheit als Geschmacklosigkeit verabscheuen. Es ist wahr: Bei Jesus bekommt man einen neuen Geschmack. Man beginnt die Unreinheit zu hassen (vgl. Röm 12,9). Die Bibel ist niemals schönheitsfeindlich. Wie könnte sie es auch! Sie verhilft vielmehr der Schönheit zu ihrem eigentlichen Wesen und Sinn, indem sie sie von der Unreinheit befreit.

Gerade weil der Mann mit einem ausgeprägten Sinn für weibliche Schönheit begabt ist, braucht er neue Augen, die nicht nach Schönheit gieren (Mt 5, 28) oder sie ängstlich-uninteressiert annullieren, sondern sie dankbar bemerken und aufnehmen. Jesus befreit uns von dem begehrlichen Blick. Wir brauchen nicht mit Scheuklappen herumzulaufen. Es gibt sogar Ehen, wo Mann und Frau gleichsam mit geschlossenen Augen miteinander verkehren. Man hört niemals ein Kompliment. Man hat verlernt, Augen und Mund zu gebrauchen.

Wenn das Feuer des Geistes in unseren Augen brennt – und das muß schon in der Jugendzeit beginnen –, bekommen unsere Augen ein waches Empfinden für Schönheit und eine Klarheit, die die Gemeinheit ablehnt. Sehen wir so ein schönes Mädchen oder eine schöne Frau, dann werden wir dankbar und segnen sie. Wir preisen Gott, daß er sie so schön geschaffen hat, daß er Schönheit geschenkt hat. Schönheit erhebt, Schönheit erbaut und bereitet Freude. Und wir sollten für solche Menschen beten, daß ihre Schönheit den schöpferischen Glanz behält. Es gibt eine beschenkende und eine herausfordernde Schönheit, eine erhöhende und eine erniedrigende. Frauen können sich nicht nur anziehend, sondern auch niederziehend schmücken. Was gehört für ein ausgewogenes, eingestimmtes und geheiligtes Gefühl dazu, daß eine Frau sich recht schmückt, damit ihre Schönheit im letzten Grunde auf Gott aufmerksam macht und Ihn ehrt als den „Geber aller guten und vollkommenen Gabe“ (Jak 1, 17); in geschöpflicher Freude, kindlich, fromm und fröhlich!

Die entstellte Schönheit

Die Nacktheit gehört in die Ehe, in den Bereich der Begegnung zwischen Mann und Frau. Sie sollte nicht zugänglich für einen Dritten sein, auch nicht für das Kind. Hier kommen wir auf ein ganz tiefgehendes Problem zu sprechen, da unsere Generation geradezu von einem Nuditätswahn besessen ist, von einem irren Drang, sich zu entblößen, so daß weite Ostsee- und Nordseestrände über Nacht zu „FKK“-Stränden geworden sind. Eine verwirrende Tatsache, nicht nur für die Jugendlichen! Wer wird da nicht in seinem tiefsten Personsein getroffen! Durch die Badekleidung „oben ohne“ verschleudern wir uns, verlieren etwas vom Wertvollsten, weil es einsichtig und zugänglich wird. Das Wertvolle ist immer umhüllt. Es ist kein Konsumgut. Es muß erarbeitet, es muß erlebt und erlitten werden. Nur die göttlichen Schöpfungsordnungen können uns vor dem zerstörenden Augenkonsum retten. Was sagt die Bibel über das Verhältnis von Auge und Bild, von Personsein und Nacktheit?

Gottes Bild

In 1 Mose 1, 27 heißt es, daß Gott Mann und Frau nach Seinem Bilde geschaffen hat. In 2 Mose 20, 4 ist es verboten, daß der Mensch sich ein Bildnis von Gott macht. Warum? Weil Gott sich in Mann und Frau schon ein Bildnis gemacht hat. Eine ganz große Aussage! Es ist dem Teufel gelungen, dieses Bild zu zerstören. Gott ist in Mann und Frau nicht mehr anschaubar. Deswegen hat Gott sich ein zweites Bild geschaffen, hat Sein Ebenbild auf Erden in Jesus sichtbar gemacht (Kol 1, 15). Das tiefste Ziel der Erlösung besteht darin, daß in Menschen, die an Jesus glauben, das Ebenbild Gottes wieder entsteht (vgl. Joh 1, 12–13), daß sie transparent werden für Gott (2 Kor 3, 3), damit andere, die noch nicht glauben, in ihnen Gott finden können. Jesus wird in Röm 8, 29 „der Erstgeborene unter vielen Brüdern“ genannt. So wie Gott im Gottmenschen sichtbar wurde, so möchte Er in jedem Jesusmenschen anschaubar werden, und ganz besonders im ehelichen Verhältnis von Mann und Frau. Das Geheimnis sei groß, sagt Paulus (Eph 5, 32). Er spreche eigentlich von Christus und der Gemeinde, aber er meine das Verhältnis von Mann und Frau. Ihr Verhältnis soll das Verhältnis Christi zu Seiner Gemeinde widerspiegeln. Das ist das Bild Gottes in dieser Welt! So darf ein Kind auf die Frage: „Wo ist Gott? Er ist ja nicht zu sehen“ antworten: „Schau meinen Vater, schau meine Mutter an“; und wir dürfen sagen: „Schau die Gemeinde und ihre Glieder an.“ Da findest du Gott.

Das ist die hohe Bestimmung des Menschen. Das ist auch die hohe Bestimmung der Ehe.

Das Pornobild

Und nun das Gegenbild zur Ehe. So wie Gott sich Kindern zeigen möchte durch Eltern, die Seine Herrlichkeit und Liebe widerspiegeln, so hat auch Satan seine Menschen und Bilder, die seine Zerstörungskraft weitergeben. Wir lesen in Offb 13, daß das Tier aus dem Abgrund seinen Propheten hat, der dem Tier ein Bild macht, das tierische Bild. So wie die Ehe das Abbild für das Verhältnis Jesu zur Gemeinde ist, so ist das entstellte Verhältnis von Mann und Frau, das gestörte und zerstörende Sexualverhalten im Pornobild ein Abbild des Tieres. Von daher ist hochgradige Wachsamkeit gegenüber solchen Bildern als Fotos, im Film und im Fernsehen geboten, die den Menschen zerstören sollen. Jeder Pornofilm ist Ehebruch, und jede entweihte, in die Öffentlichkeit gezerrte Bettszene verführt dazu. Ein Mann bekannte mir: „Gerade wenn meine Frau und ich uns liebhaben wollen und ich ganz darin aufgehen möchte, schießt vor meinen Augen das Bild dazwischen und es ist alles aus. Ich bin dann meinem Empfinden nach gar nicht mit meiner Frau verheiratet, sondern mit dem Bild verbunden, das ich gesehen habe." Welch eine Verantwortung haben wir für Bilder, die des Teufels Abscheulichkeiten ins Haus tragen! Welche Verantwortung tragen wir gegenüber dem Fernsehen, daß wir es beherrschen und uns nicht von ihm beherrschen lassen! Da die Bilder antichristlich–dämonisch aufgeladen sind, gewinnen sie Macht über uns und nisten sich im Unterbewußtsein ein, überfallen uns in Träumen und quälen unser Gewissen. Es sind Abbilder des Tieres, das sich im Sexidol inkarniert, um es noch schärfer zu sagen: im Sexkalb, im verführerischen, goldenen, kalten Sexkalb, im Bild des Pornomenschen. Und das alles auf Kosten des von Gott gewollten Menschen, seiner Schönheit, Anmut und Würde.

Die Bibel hat es vorausgesagt:

> „Da sie sich für weise hielten, sind sie zu Narren geworden und haben verwandelt die Herrlichkeit des unvergänglichen Gottes *in ein Bild* gleich dem *eines vergänglichen Menschen*

und . . . *der Tiere.*
Darum hat sie auch Gott *dahingegeben* in ihrer Herzen Gelüste, in Unreinigkeit, zu schänden ihre eigenen Leiber an sich selbst, sie, die Gottes Wahrheit verwandelt haben in Lüge und haben geehrt und *gedient dem Geschöpf statt dem Schöpfer,* der da gelobt ist in Ewigkeit" (Röm 1, 22-25).

„Unheil verfolgt die Sünder" (Spr 13, 21). Als Mann und als Frau seiner selbst verlustig zu gehen läßt „Weiber zu Hyänen werden" (Schiller); da kommen die Feministen, die weiblichen Dragoner, und dann bleibt das kollegiale Männlein übrig. Und das alles wurde vorbereitet durch das Pornobild, das gefälschte, zugeschnittene, Entspannung vortäuschende und Verwüstung hinterlassende Bild, das abstumpfen läßt und den Menschen der schöpferischen Spannung und Überraschungen beraubt.

Die Gefahr des zweiten Blicks

Was sollen wir tun? Wir sind doch täglich umgeben von diesen Bildern, die verkauft und zur Reklame benutzt werden dürfen und sich überall anbieten. Wir brauchen die Augen Jesu, das Feuer in den Augen, das alle Bilder siebt und filtert und das Böse verbrennt und tadelt. Wir können es nicht vermeiden, die herabziehenden Bilder zu sehen. Das entscheidende ist hier der zweite Blick. Er entscheidet darüber, ob ein Bild in die Seele einfällt oder nicht. Der erste Blick läßt sich häufig nicht vermeiden, aber der zweite. Da zeigt sich, ob unser Herz rein ist oder gierend und ob wir betend schauen und prüfen; ob das filternde Feuer in unseren Augen brennt; ob wir sehen, als sähen wir nicht. Jesus schenkt uns das „lautere und läuternde Auge" und das gesättigte, herrlichkeitsgesättigte Herz, das den gierenden Blick nicht nötig hat. Luther hat vorausblickend gesagt: „Wir müssen so Christen sein, daß wir auch im Hurenhaus leben können."

Die Befreiung vom Pornobild

Was kann geschehen, wenn die Bilder schon eingedrungen sind und die Fotoplatte unseres Herzens schon belichtet wurde? Wir müssen die Bilder an den Tag und ins Licht bringen. Im Beichtgespräch werden sie dem Licht Jesu ausgesetzt, gleichsam überbelichtet. Der Film wird schwarz, wenn die Sünde offenbar geworden ist. Nur in der Verschwiegenheit und Verborgenheit hat das Dunkel Macht. Bringen wir es ans Licht, so ist seine Macht gebrochen. Dann kann das Blut Jesu unser Gewissen reinigen von den zerstörerischen Bildern und „den toten Werken" (vgl. Hebr 9, 14). Dann spricht das Blut Jesu auch lauter als alle Ansprüche von Dämonen, spricht uns frei und los, und es kann zum Lossagen von den unreinen Geistern kommen, die im Pornobild Gestalt angenommen und von uns Besitz ergriffen haben. Getrost und entschieden sollen wir die Dämonen und ihre Bilder fortweisen: „Im Namen Jesu weichet von mir! Jesus schützt mich." Er kann auch die verdorbene Filmplatte wiederherstellen und erneuern; „durch seine Wunden sind wir geheilt" (Jes 53, 5).

Wenn nur das Leuchten wieder auf unser Gesicht käme, wie es von Mose berichtet wird, dessen Antlitz „glänzte", weil er mit Gott geredet hatte (vgl. 2 Mose 34, 29–35)! Dann würden die „Augen voll Ehebruchs" (2 Petr 2, 14) und die Pornobilder erlöschen, dann wäre alles nur Schund und Schmutz und nicht zu vergleichen mit der Herrlichkeit unseres Gottes!

Wer ist schön?

Die Bibel spricht von einer äußeren und einer inneren Schönheit, wobei sie die äußere Schönheit nicht abwertet. Welche Mühe hat sich Gott gegeben, die Erde und alles, was sie bewohnt und bevölkert, schön und voller Abwechslung zu gestalten! „Schauet die Lilien! Sehet die Vögel!" (Mt 6, 26, 28). „Sehet den Menschen, den Gott nur wenig niedriger gemacht hat als Sich selbst, und den Er mit Ehre und Herrlichkeit gekrönt hat!" (vgl. Ps 8, 5–6) Dabei hat Gott mit drei ganz gewöhnlichen Mitteln gearbeitet: mit Stoff, Form und Farbe. Es wurde aber etwas Ungewöhnliches daraus durch Seinen göttlichen Glanz und Hauch, so daß wir alles, was Gott geschaffen hat, bis heute nur bestaunen und kaum erfassen können. Nein, die Bibel entwertet die äußere Schönheit nicht, sie ordnet sie nur ein und bringt sie in eine Verbindung zur inneren Schönheit. So erst erhält die äußere Schönheit ihre Verankerung.

Äußere Schönheit als Ausdruck der inneren

Findet die äußere Schönheit keine Entsprechung in der inneren, dann wird sie leer, verführerisch, un-gehörig und entfesselt. Deswegen mahnt die Bibel: Der Schmuck der Frau „soll nicht auswendig sein mit Haarflechten und Goldschmuck oder Kleiderpracht" (1 Petr 3, 3). Ist aber die innere Schönheit vorhanden, „der verborgene Mensch des Herzens im unvergänglichen Schmuck des sanften und stillen Geistes" (1 Petr 3, 4), dann findet auch die äußere Schönheit ihren Platz, und es heißt in 1 Tim 2, 9, daß die Frau sich mit feinem Gefühl für Anstand und mit Besonnenheit schmücken soll. Die Bibel reagiert nur negativ, wo die äußere Schönheit mißbraucht wird. Eine solche Schönheit ist hohl und höhlt aus. Ist aber die äußere in der inneren Schönheit verwurzelt, dann dient sie als Spiegel und Ausdrucksmöglichkeit des inneren Menschen. „Ein fröhliches Herz macht ein fröhliches Angesicht" (Spr 15, 13).

Ungerechte Gesellschaftsnormen

Die äußere Schönheit ist wie alles Sichtbare „vergänglich" (vgl. 2 Kor 4, 18). Deswegen ist es sinnlos, sie zum Fundament des Lebens zu machen. Dieses zu betonen ist besonders wichtig in einer Zeit, die so viel Wert auf das Äußere legt und es dem Menschen, besonders dem jungen Menschen, schwer macht, seinen Platz in der Gesellschaft zu finden. Eigentlich sind es drei Gesichtspunkte, die darüber entscheiden, ob jemand in unserer Gesellschaft etwas gilt: Man muß schön und sportlich oder intelligent oder reich sein. Wer nicht „rassig" ist, muß wenigstens intelligent sein. Wer beides nicht aufweisen kann, hat noch die Möglichkeit, sich eine Position zu „erkaufen". Wir merken gar nicht, wie ungerecht, wie klassifizierend und diskriminierend diese Beurteilungsweisen sind und daß wir damit einen ideellen „Rassismus" eingeführt haben, an dem nicht wenige Jugendliche leiden und zugrunde gehen. Wir brauchen ein neues Wertsystem.

Die biblische Norm

In 1 Sam 16 findet sich ein klassisches Beispiel, wie Gott das Verhältnis von innerer und äußerer Schönheit geordnet wissen will. Samuel war beauftragt, im Namen Gottes einen neuen König für Israel zu salben. Er war von Eliab beeindruckt und hielt ihn für den rechten. Da hört er das mahnende, korrigierende Wort Gottes: „Sieh nicht an sein Aussehen und seinen hohen Wuchs! Ich habe ihn (als König) verworfen. Denn nicht sieht der Herr auf das, worauf ein Mensch sieht. Ein Mensch sieht, was vor Augen ist, *der Herr aber sieht das Herz an*" (16, 7). Samuel hatte sich imponieren lassen von dem hohen Wuchs, von der Stattlichkeit des jungen Mannes und hielt ihn schon für den Richtigen. Dann wurde David geholt. Von ihm sagt die Schrift: „Er war bräunlich, *mit schönen Augen und von guter Gestalt.*" Und Gott forderte Samuel auf: „Auf, salbe ihn, denn der ist's" (16, 12). Die Schönheit und Klarheit von Davids Augen redeten eine eigene Sprache, waren beredte Zeugen von der Schönheit und Klarheit seines Herzens, dem die äußere Erscheinung entsprach. David war der Mann „nach dem Herzen Gottes" (1 Sam 13, 14), des Gottes, „der das Herz ansieht". Später konnte er singen: „Herzlich lieb habe ich dich, Herr" (Ps 18, 2); von Herzen lieb – von innen, ganz und ungeteilt.

Die inneren Werte

Wir müssen die Schönheit des Herzens wieder in den Blick bekommen, die unsichtbaren, wichtigen, inneren Werte. Es ist wie beim Körper: Ohne das Funktionieren der inneren Organe verfallen auch die äußeren. Treue gehört zum Schmuck des inneren Menschen, ebenso Zuverlässigkeit, Dienstbereitschaft, Mut und Ausdauer. Güte, Freundlichkeit, Demut, Vergebungsbereitschaft, Ehrlichkeit und Offenheit, Selbstbeherrschung und Selbstlosigkeit: das sind die Werte des Herzens, die wir nicht hoch genug einschätzen können. Die Bibel bestätigt zwar: „Der Jünglinge Ehre ist *ihre Stärke*" (Spr 20, 29), betont aber dann: „Ein Geduldiger ist *besser* als ein Starker, und wer *sich selbst beherrscht,* besser als einer, der Städte gewinnt" (Spr 16, 32). Und: *„Gütig* und *treu* sein behütet den König, und sein Thron besteht *durch Güte*" (Spr 20, 28). „Wer ein *mutiges* Herz hat, weiß sich auch im Leiden zu halten" (Spr 18, 14), „ein *guter Mut* ist ein tägliches Fest" (Spr 15, 15). In den Sprüchen findet sich nicht nur Lebensweisheit, sondern auch Lebenskraft. Es wäre sicher lohnend, das Weisheitsbuch der Sprüche einmal dahingehend durchzulesen und zu erarbeiten, wie die Bibel den Stellenwert der inneren Tugenden einschätzt, ohne die es keine Lebensbewältigung geben kann. Dabei müssen wir allerdings beachten: Ohne den Geist Jesu können tragfähige innere Werte nicht entstehen und zur Reife kommen. Die Bibel nennt sie deswegen „Früchte des Geistes" (Gal 5, 22). Die Sonne Jesu und die Winde des Geistes bringen den Garten des Herzens zum Blühen und zur Reife, zur vollen Schönheit „des verborgenen Menschen des Herzens" (1 Petr 3, 4).

Es ist bekannt, daß viele Filmstars und Schönheitsköniginnen beim Überschreiten der Vierzig in eine ernste Lebenskrise geraten, da sie keinen Lebenssinn mehr finden. Sie wurden bejubelt und bewundert, bis sich die ersten Falten einstellten. Als sie jedoch an diesem Punkt angekommen waren, erfaßte sie Unsicherheit. Schönheitsoperationen sind ja auch keine Lösung, jedenfalls nicht auf Dauer. Wo liegt die Ursache dieser Krise? In der Blüte der Jahre wurde die äußere Schönheit nicht integriert, nicht hineingenommen in die verläßliche Grundlage der inneren, unvergänglichen Schönheit, der Schönheit des Herzens, die gerade auch einen alternden Leib durchstrahlt. Deshalb kann die Bibel recht nachdrücklich sagen: „Lieblich und schön sein ist nichts; ein Weib, das den Herrn fürchtet, soll man loben" (Spr 31, 30). Eltern müssen ihre Kinder dazu anleiten, sich nicht nur von der äußeren Schönheit faszinieren zu lassen, sondern achtzuhaben auf die Schönheit des Herzens, die durch die Augen spricht. In ihrer realistischen Art sagt die Bibel: „Ein schönes Weib ohne Zucht ist wie eine Sau mit einem goldenen Ring durch die Nase" (Spr 11, 22). Sie sagt aber auch: „Ein fröhliches Herz macht ein fröhliches Angesicht" (Spr 15, 13).

Verschiedene Schönheit

Seht die Lilien! Seht die Vögel! Wie hat Gott Seinen Einfalls- und Gedankenreichtum ausgestreut! Wer einmal den Vogelpark in Walsrode besucht hat, kommt aus dem Staunen nicht heraus und ist schließlich benommen von der Vielzahl der Vogelarten!

Ein junger Mensch hat die Aufgabe, in dieser Vielfalt seinen Platz, seine besondere Schönheit und die nur ihm eigene Art zu finden. Wie hat Gott mich geschaffen und gemeint? Was bin ich? Gänseblümchen, Enzian, Kaktee, Lilie oder Rose? Buche, Birke, Eiche oder Tanne? Manchmal beneiden wir die Rose und vergessen die verletzenden Dornen. Äußerlich vollkommene Menschen können sehr egoistisch, kühl und herablassend sein. Wie müssen sie sich anstrengen, um ihre Dornen zu integrieren, die der Rose ja zum Schutz gegeben sind! Jede Blume, jedes Gewächs ist schön auf ihre oder seine Art. Manchmal erinnern Menschen in ihrer Verschiedenheit an Landschaften. Wie reich ist unser Land: die weite Fläche des norddeutschen Raumes mit den Wolken, dem Wind und dem Meer; das Hochgebirge mit seinen tiefen Seen; dazwischen das Mittelgebirge mit den sanften, weiten Hügeln oder den engen Tälern.

Was bin ich? Wer bin ich?

Wir können uns nur finden in der Begegnung mit dem andern, durch das Gegenüber, wenn Gott unser Gegenüber geworden ist. Wer sich von Gott um Jesu Christi willen angenommen weiß, lernt sich selbst anzunehmen, bis er sagen kann: „Ich danke dir dafür, daß ich wunderbar gemacht bin" (Ps 139, 14). Selbstannahme ist aufs engste mit unserer Lebensbestimmung verbunden, die uns nur Gott öffnen kann. So wie die Propheten zu ihrer Lebensaufgabe berufen und vorbereitet worden waren (vgl. Jer 1, 4–5), so konnte Jesus von sich sagen: Meine Speise, meine Lebenssättigung ist, den Willen Gottes zu tun und Sein Werk zu vollenden (vgl. Joh 4, 34). Durch Jesus finden auch wir unseren Platz und unsere Bestimmung, die Werke, die zuvor bereitet wurden, und die Arbeit, die nicht vergeblich ist in Ihm (vgl. 1 Kor 15, 58). „Denn *wir sind sein Werk, geschaffen* in Christus Jesus *zu guten Werken*, welche Gott zuvor bereitet hat, daß wir darin wandeln sollen" (Eph 2, 10).

Luther hat einmal gesagt: „Einer muß des anderen Christus

werden." In der entscheidenden Aufgabe der Sinn- und Wesensfindung sollen Eltern ihren Kindern, soll ein Freund dem Freunde zum Christus werden, um ihm durch Bestätigung, Ermutigung und auch durch das Kompliment zu helfen, sich selbst zu finden und ganz er oder sie selbst zu sein, ohne den neidvollen Blick auf den andern. Jeder ist ein origineller Schöpfungsgedanke Gottes. Es gibt mich nur einmal auf dieser Welt. Darum „so preiset Gott mit eurem Leibe", mit eurem Leben, das Er nicht nur schuf, sondern auch „teuer erkaufte" von allem verderblichen Mißbrauch durch die Sünde (vgl. 1 Kor 6, 20).

Schönheit und Unvollkommenheit

Das macht uns am meisten zu schaffen: das Unvollkommene an unserem Leibe, an unserem Herzen, an der inneren und äußeren Schönheit. Hier brauchen wir Hilfe. Als erstes gilt, daß ich mich nicht faszinieren lasse von dem, was nicht da ist, sondern mich freue an dem, was da ist. Jeder Mensch hat etwas Besonderes mitbekommen, etwas ihm eigenes Schönes – vielleicht seine Haare, den Klang seiner Stimme, seine Hände, seinen Schritt oder schöne Augen, eine sprechende Stirn, einen aufmerksamen Blick, Gelassenheit, einen frohen Mut. Das gilt es herauszufinden und dankbar anzuerkennen.

Eine weitere Hilfe empfangen wir durch Glauben, daß Gott nichts falsch macht, und daß Er das, was wir Menschen falsch gemacht haben, korrigieren und uns wieder zu einem Wert verhelfen kann (vgl. das große Beispiel in Jer 18, 1–10). Wenn Gott uns Unvollkommenheit zu tragen gibt, so ist damit sicher ein göttlicher Sinn verbunden. „Gott legt uns eine Last auf, aber er hilft uns auch" (Ps 68, 20). Gott legt uns Leid auf, und das Leiden formt uns. So formt uns auch die Unvollkommenheit mehr, als wir ahnen; sie wirft uns auf Gott und führt uns zur wahren Vollkommenheit. Wir werden „durch Leiden vollendet" (vgl. Hebr 2, 10). Auf diese Weise stoßen wir von der Oberflächlichkeit zur Tiefe, zum Herzen vor.

Leberecht Hühnchen – ein Beispiel

So bekommen wir auch Mut, Unvollkommenes anzunehmen und zu integrieren. Wir schieben es weder vor uns her oder lehnen uns dagegen auf, noch lehnen wir es ab oder mißachten es: Ich mag das nicht sehen! Ich kann mich nicht leiden! Das hieße sich selbst zu amputieren, wo wir doch unsern Leib beseelen sollten! Nein, annehmen heißt: sich dazu stellen und mit Hilfe des Schöpfers und Erlösers das Unvollkommene meistern. Beseelte und gemeisterte Unvollkommenheit nötigt Achtung ab. Es ist vor allem eine geistliche Aufgabe und ohne die Hilfe von oben nicht zu schaffen, sowohl die Meisterung der inneren als auch der äußeren Unvollkommenheit.

Heinrich Seidel erzählt in seinem Roman „Leberecht Hühnchen" ein Beispiel von seinem Freund Leberecht, den er lange nicht gesehen hatte und dem er erst sieben Jahre nach dessen Heirat wieder begegnete. An der Haustür bereitete Leberecht ihn darauf vor, daß seine Frau nicht ganz gerade gewachsen sei. „Ich sehe das nicht mehr", heißt es wörtlich, „und habe es eigentlich nie gesehen, denn ich habe mich in ihre Augen verliebt – und in ihr Herz – und in ihre Güte – und in ihre Sanftmut – kurz, ich liebe sie, weil sie ein Engel ist." Als sie einander vorgestellt wurden, erschrak Seidel aber doch, weil die Verwachsung die junge Frau sehr entstellte. Als er jedoch ihre schönen Augen sah, ließen diese ihn nicht mehr los. Sie besaßen eine Tiefe und einen Glanz, den sie sicher ohne die Unvollkommenheit ihres Leibes nicht gehabt hätten. „Allein in den dunklen Augen dieser Frau schimmerte es wie ein unversieglicher Born von Liebe und Sanftmut, und schweres, gewelltes Haar von seltener Fülle umgab das blasse Gesicht, *das nicht schön, aber von dem Widerschein innerer Güte anmutig durchleuchtet war.*" Während des Gesprächs bemerkte der Gast, daß die Bejahung und Bestätigung des Mannes der Frau zusehends half, gelöster zu werden, so daß die Verunstaltung zuletzt ganz in den Hintergrund getreten war. Wie sagte es Luther: „Gott *schafft* das Liebenswerte." Gottes Liebe ist nicht gebunden an das, was Ihn an uns anziehen könnte, sondern Gott macht uns anziehend.

Die Schönheit und das Kleid

Gott hat den Menschen mit Schönheit ausgestattet (Mt 6, 30). Zur Schönheit gehört das Kleid, das passende, hübsche Kleid. Denn: Wie man sich anzieht, so zieht man an, und wie man sich schmückt, so beschenkt man. Hier haben wir es wieder mit einer eminent geistlichen Sache zu tun. Für die ersten Kleider hat Gott gesorgt (vgl. 1 Mose 3, 21). Es ist deswegen nur angebracht, wenn wir unsere Kleider betend auswählen. Sie sollen den Leib schützen und schmücken. Von daher bekommt die Mode ihren Stellenwert und ihre Aufgabe. Sie darf den Leib nicht beherrschen oder vergewaltigen. Das Kleid ist für den Leib da und nicht der Leib für das Kleid. Wir müssen den Mut haben, eine Mode abzulehnen, die nicht zu uns paßt, die den Leib verunstaltet. So gehört zur Kleiderwahl neben dem Gebet auch Mut und Geduld, um auszusuchen, was zu einem paßt. Und die Anerkennung: „Das steht dir, das paßt zu dir" sollte nicht fehlen. Wir dürfen durchaus auch sagen, warum es paßt oder nicht paßt. Von einer Frau, die zum ersten Mal vor einem Kleidereinkauf gebetet hatte, hörte ich, daß ihrem Mann der Satz entfuhr: „Das steht dir aber gut!" Innerlich erschrak sie und wurde beinahe rot dabei. Wie lange hatte sie kein Lob, keine Bestätigung ihres Mannes im Hinblick auf ihre Kleidung bekommen! Sie merkte plötzlich, was sie entbehrt hatte. Für eine Frau ist ein Kleid etwas Wesentliches, weil es ihr Wesen zum Ausdruck bringt. Das muß ein Mann wissen. Dann wird es ihm vielleicht auch leichter, beim Kleiderkauf seiner Frau die Geduld zu bewahren. Schönheit ist nicht laut. Wo sie laut wird, ist sie bald nicht mehr schön. Die Bibel legt besonders der Frau nahe, sich beherrscht und zuchtvoll zu kleiden (1 Tim 2,9): *„Sie soll sich schmücken* mit Feingefühl und Besonnenheit in *schicklichem, schönem Kleide"*, so müßte man den Vers wörtlich übersetzen. Die Frau soll sich schmücken, und ihr Kleid soll passend und schön sein, aber gleichzeitig sollen Besonnenheit und Verhaltenheit und guter Geschmack darin zum Ausdruck kommen. Gerade in einer Zeit der starken Betonung des Äußeren kann die Kleiderwahl dazu helfen, den Blick vor allem ins Gesicht zu lenken, in den Spiegel der inneren Schönheit. Das „schön menschlich Angesicht" ist der edelste Teil des Körpers. Es spricht ohne Worte und wird auch von denen verstanden, die es gelernt haben, recht zu sehen und die innere Schönheit zu entdecken.

Auf diese Weise kommen wir zur Ruhe. Selbstannahme aus Glauben führt zu ihr hin. Unglaube sperrt von der Ruhe aus (vgl. Hebr 3, 19). Solange ich mit meinem Schöpfer hadere und unzufrieden bin, Ihm das Vertrauen vorenthalte, finde ich nicht zum Frieden. „Wir, die wir glauben, gehen ein in die Ruhe" (Hebr 4, 3). Bei einem innerlich ruhenden Menschen wird auch das Äußere angenehm, weil es beseelt und zum Gleichnis geworden ist.

Ein Kleinod geschöpflicher Freude und gelungener Selbstannahme finden wir in dem Gedicht von Matthias Claudius „Täglich zu singen".

TÄGLICH ZU SINGEN

Ich danke Gott und freue mich
Wie 's Kind zur Weihnachtsgabe,
Daß ich bin, bin! Und daß ich dich,
Schön menschlich Antlitz habe;

Daß ich die Sonne, Berg und Meer
Und Laub und Gras kann sehen
Und abends unterm Sternenheer
Und lieben Monde gehen;

Und daß mir denn zumute ist,
Als wenn wir Kinder kamen
Und sahen, was der heil'ge Christ
Bescheret hatte, Amen!

Ich danke Gott mit Saitenspiel,
Daß ich kein König worden;
Ich wär' geschmeichelt worden viel
Und wär' vielleicht verdorben.

Auch bet' ich ihn von Herzen an,
Daß ich auf dieser Erde
Nicht bin ein großer reicher Mann
Und wohl auch keiner werde.

Denn Ehr' und Reichtum treibt und bläht,
Hat mancherlei Gefahren,
Und vielen hat's das Herz verdreht,
Die weiland wacker waren.

Und all das Geld und all das Gut
Gewährt zwar viele Sachen;
Gesundheit, Schlaf und guten Mut
Kann's aber doch nicht machen.

Und die sind doch, bei Ja und Nein!
Ein rechter Lohn und Segen!
Drum will ich mich nicht groß kastei'n
Des vielen Geldes wegen.

Gott gebe mir nur jeden Tag,
So viel ich darf zum Leben.
Er gibt's dem Sperling auf dem Dach;
Wie sollt' er's mir nicht geben!

Matthias Claudius

Selbstannahme – aber wie?

Ich bin so dankbar, daß der Herr mir durch ganz handgreifliche Führungen geholfen hat, von einer falschen Ablehnung der Schönheit frei zu werden. Kurz nachdem Er mich in Seinen Dienst berufen hatte und ich zur missionarischen Ausbildung nach Glasgow ging, erlebte ich zum Beispiel eine solche. Ich hatte gerade erst begonnen, mit dem Herrn ein Leben im Glauben zu führen, da machte Er mich eines Tages auf meine Brosche aufmerksam – kein besonders teures Schmuckstück – und sagte zu mir: „Schenk diese Brosche deiner Glaubensschwester." Das bedeutete damals für mich einen großen Kampf. Ich war selbst überrascht, wie schwer es mir fiel, sie herzugeben. Ich glaube, es hat zwei Wochen gedauert, bis ich ein Ja dazu fand. Meine Argumentation vor dem Herrn lautete: „Ich lebe jetzt für Dich – für so etwas werde ich ja nie wieder Geld haben oder nicht wagen, es dafür auszugeben; und diese Brosche paßt mit ihrer grünen Farbe so gut zu meiner Kleidung, wo ich doch immer braune und gelbe Sachen trage." Doch der Herr ließ nicht nach. Inzwischen hatte ich das Haus dieser Schwester schon wieder verlassen. Aber im Bus versprach ich dann: „Ja, Herr, ich werde sie ihr geben." Für mich war das damals ein radikal gemeintes Ja zur Schmucklosigkeit. Wie überrascht war ich aber, als ich ins College zurückkam und auf meinem Pult ein kleines Päckchen fand: Ein Geschenk meiner Schwägerin zu meinem Geburtstag. Was mochte darin sein? Meine Schwägerin lebte in Deutschland. Wir hatten auch gar keinen Briefwechsel miteinander gehabt. Ich packte auf: eine grüne Brosche! Nun verstand ich, was der Herr wollte. Er wollte, daß ich mein Herz nicht an diese Dinge hängte, aber Er wollte mir auch sagen: „Ich bin gar nicht gegen Schmuck. Ich gebe dir sogar, was dir steht und was zu deiner Kleidung, zu deinem Stil paßt." Seitdem habe ich mehr und mehr gelernt, dem Herrn zu vertrauen, weil der, der die Lilien kleidet, es auch den Menschen versprochen hat. Und ich bin jetzt oft beschämt darüber, daß z.B. in Indonesien eine Witwe mir jedes Jahr zwei Kleiderstoffe schenkt. Sie möchte meinem Mann eine Freude damit machen, der ihr einmal seelsorgerlich geholfen hat. Ich nehme das als Geschenk des Herrn an und lerne dabei beten: „Herr, zeige ihnen, was zu mir paßt. Mir steht nicht alles." Und dann darf ich die Freude erleben, daß der Herr auch darin hilft und wirklich das schenkt, was zu mir paßt und mir steht – zu meines Mannes Freude, und ich denke, auch zu meines Schöpfers Freude. Ich weiß noch, daß mich als junges Mädchen solche jungen Frauen abstießen, die diesen falschen Frömmigkeitsstil entwickelt hatten, der zur Unterdrückung der Schönheit führte. Und ich glaube, da sollten wir einander – auch den jungen Mädchen – Mut machen, die von Gott gegebene Schönheit in der richtigen Weise auszuleben, zu Seiner Ehre und um Menschen zu Ihm zu ziehen. Nicht, um sie an uns zu ziehen und an uns zu binden! Wie wichtig ist es für Mädchen, für junge Frauen, für ältere Frauen, zur Selbstannahme ihres Leibes zu finden! Wie sehr können junge Mädchen darunter leiden, daß zum

Beispiel ihr Vater über bestimmte Mängel irgendeine Bemerkung gemacht hat, die nicht hilfreich war. Sie tragen das mit sich herum und leiden an ihrer etwas zu großen Nase oder an ihren nicht so formschönen Beinen oder irgendeiner Kleinigkeit, die anderen vielleicht gar nicht so auffällt, an die sie aber gebunden sind durch die negative Äußerung, die sie nun nicht zur Selbstannahme, zur Freude an sich selbst finden läßt. Da gibt es oft ganz tiefe Not. Dadurch kann eine Frau sogar in der Hingabe an ihren Mann gehemmt werden. Und darum hat eine Frau auch die Bestätigung ihres Mannes nötig. Ingrid Trobisch sagte: „Eine Frau braucht es und muß es immer wieder hören, daß ihr Mann ihr sagt: ‚Ich liebe dich. Ich finde dich schön.'" Wenn wir einmal unter diesem Gesichtspunkt das Hohelied durchlesen, dann entdecken wir, daß die junge Frau, die Braut, am Anfang recht befangen ist. Sie ist sich eines Mangels bewußt: „Seht mich nicht an, daß ich so braun bin, denn die Sonne hat mich verbrannt" (Hld 1, 6). Und dann sehen wir, daß der Freund, der Geliebte, ihr immer wieder bestätigt: „Du Schönste unter den Frauen." Er nennt Einzelheiten: „Deine Gestalt ist lieblich, deine Schläfen, dein Mund, deine Lippen, deine Brüste" – in einer so feinen Sprache hilft der junge Mann seiner Geliebten zur Selbstannahme, daß sie schließlich sagen kann: „Ich bin braun, aber gar lieblich." Daß sie es von sich selbst glauben kann, daß sie schön ist, weil sie ihrem Mann gefällt. Es ist eine merkwürdige Sache, daß Frauen diese Bestätigung so nötig haben, daß sie das hören müssen: „Ich liebe dich." Ich habe darüber nachgedacht, warum das so ist. Und ich glaube, es hängt mit dem zusammen, was wir gelesen haben: „Dein Verlangen soll nach deinem Mann sein" (1 Mose 3, 16). Es kommt daher, daß eine Frau seelisch viel tiefer an ihren Mann gebunden ist, als der Mann zunächst an die Frau.

In dem schönen Buch von Shedd „Briefe an Stefan" erzählt der Verfasser von einer attraktiven jungen Frau. Sie kam in sein Büro – er war Pastor und erfahrener Eheberater – und eröffnete ihm: „Ich möchte ihnen etwas aus unserer Ehe erzählen, das sie weitersagen können." Dann stand sie auf und sagte: „Gucken sie mal meine Beine an. Sehen sie, wie häßlich sie sind." Shedd wunderte sich, daß diese Frau ihm in solcher Freiheit ihre schwache Stelle zeigte. Die Beine wirkten wie Baumstämme und waren alles andere als schön. Dann erzählte sie ihm, wie sehr sie als junges Mädchen darunter gelitten hatte, wie unfrei sie gewesen war, wie sie überall gedacht hatte: Jetzt gucken sie wieder auf meine häßlichen Beine! Welch ein Gegensatz zu der Freiheit, mit der sie jetzt ihre Schwäche offenbaren konnte, ohne darüber zu erröten oder befangen zu sein! Wo lag das Geheimnis? Sie erzählte dann, daß ihr Mann in der Zeit der ersten Bekanntschaft einmal gesagt hatte: „Ich liebe deine Beine, weil sie mir ein Gefühl der Sicherheit geben.“ Natürlich hatte sie das nicht gleich ernstnehmen können. Doch später verstand sie, was dahinter gestanden hatte, als er sie nämlich zu seiner Mutter führte. Bei der Vorstellung sah sie, daß die Mutter an beiden Hüften durch Kinderlähmung entstellt war und verkrüppelte Beine hatte. Sie erkannte, daß die Aussage ihres Mannes kein leeres Kompliment gewesen war, sondern daß er es wirklich so gemeint hatte: Ich mag deine Beine, sie geben mir ein Gefühl der Sicherheit. Da wußte sie sich gerade an der Stelle, die ihr Not machte, bestätigt und angenommen und geliebt. Ich möchte noch einmal betonen, daß eine Frau diese Bestätigung unbedingt braucht, auch weil sie in den ersten Ehejahren – und vielleicht noch länger – bei ausbleibender Selbstbestätigung von der Angst verfolgt wird, ihren Mann zu verlieren. Sie spürt, daß auch andere Frauen noch Anziehungskraft für ihn besitzen.

In Shedds „Briefe an Stefan“ gibt es ein hilfreiches Kapitel, in dem der Vater seinem Sohn sagt: „Du wirst manchmal darüber erschrecken, daß du selbst nach deiner Heirat noch anderen Frauen nachschaust. Du wirst dir Vorwürfe machen, du wirst Angst vor dir selbst haben und denken: ‚Bin ich unnormal?‘ Und dann weist der Vater seinen Sohn darauf hin, daß Gott die Männer mit einem wachen Schönheitssinn geschaffen hat. Und gerade wenn in der jungen Ehe die Sexualität des Mannes sich entfaltet, wird ihm die Anziehungskraft anderer Frauen um so mehr bewußt. Je tiefer er aber mit seiner Frau innerlich zusammenwächst, um so ungefährlicher wird diese Anziehungskraft werden. Je mehr er sie bestätigt, um so ruhiger kann die Frau es auch ertragen, daß sie sehr wohl spürt, daß andere Frauen die Blicke ihres Mannes auch noch auf sich ziehen. Erfolgt diese Bestätigung nicht, dann wird im Herzen der Frau leicht Angst aufkommen und sich vielleicht bis zur Eifersucht verstärken. Sie wird dann versuchen, ihren Mann an sich zu binden, und kann kaum noch ertragen, daß er ohne sie irgendwo hingeht. Gegen diese Angst müssen wir einander helfen, und ich möchte es deshalb den Männern sagen, wie wichtig es ist, daß sie ihrer Frau diese Bestätigung nicht vorenthalten.

Manchmal hat mir ein Mann zur Antwort gegeben: „Ich beweise meiner Frau doch täglich, daß ich sie liebe. Ich arbeite für sie, ich setze mich ein, ich gebe ihr das Haushaltsgeld." Dennoch: Das ist nicht genug. Eine Frau muß es hören, daß ihr Mann sie liebt. Und ein Mann sollte wissen, daß negative Bemerkungen von ihm im Blick auf Schönheitsfehler oder Schwächen seiner Frau diese Angst verstärken. Ganz unbewußt fallen da manchmal Äußerungen, die tief verwunden und lange, lange Jahre, vielleicht ein Leben lang, eine Quelle der Unsicherheit sind. Diese Ängste können so tief sitzen, daß sie sogar eine klärende Aussprache verhindern. Vielleicht hat der Mann seine Wahl gar nicht so gemeint, wie sie registriert wurde. Es braucht wachsendes Vertrauen, bis darüber einmal gesprochen werden kann. Ich möchte wieder Mut dazu machen, die Dinge in Geduld zu tragen.

Wir beide als Ehepartner haben uns auch erst jetzt etwas eingestanden, nach achtzehn Ehejahren, das als Befürchtung im Untergrund schon immer da war. Heute können wir nur sagen: Wenn das früher ausgesprochen worden wäre, hätten wir uns viel erspart!

Da fällt mir wieder ein Satz aus einem Buch von Ingrid Trobisch ein, die nach acht Ehejahren ganz verzweifelt über ihre eigene Ehe zu ihrem alten Eheberater kam. Er hatte sie gefragt, wie lange sie denn nun verheiratet sei, und auf ihre Antwort hin hatte er gemeint: „Ach, dann steckt eure Ehe ja noch in den Kinderschuhen! Ich bin jetzt vierzig Jahre verheiratet, und heute glaube ich zu verstehen, wie ich meine Frau glücklich machen kann." Sollten wir da verzagt sein, wenn wir in unserer Ehe noch Nöte haben? Das gehört zum Wachsen und Reifen in der Ehe dazu. Doch wünschten wir, daß diese wenigen Hinweise manches Leiden ersparen oder zumindest verkürzen könnten.

Fragen zum Nachdenken und zum gemeinsamen Gespräch:

Was schätze ich an *meinem* Leib am meisten?
Wofür bin ich dankbar? Nenne mindestens 3 Dinge.
Was schätze ich an deinem Leibe? Wofür bin ich dankbar?
Wo brauche ich deine Hilfe, um meinen Leib anzunehmen?

VIII. Vom Leibverständnis der Bibel

Mit den folgenden Ausführungen betreten wir den Tempel, das Heiligtum Gottes. In der Bibel findet sich der kühne Satz, daß der Leib des Menschen zum Tempel des Heiligen Geistes bestimmt ist (1 Kor 6, 19). Eine höhere Wertung des Leibes kann es gar nicht geben! Der Schwabe Oetinger hat tiefsinnig gefolgert, daß alle Wege Gottes im Geist beginnen und sich in der Leiblichkeit vollenden. Ohne Leib, ohne Verleiblichung bleibt das Geistliche auf dieser Erde unvollkommen. Deswegen drängt alles Geistliche auf Inkarnation, auf Verleiblichung.

Gott steht zum Leibe

Von Jesus wird gesagt, daß Er bei Seinem Eintritt in die Welt ganz bewußt Seinen Leib als Geschenk Gottes entgegennahm: „Opfer und Gaben hast du nicht gewollt; einen Leib aber hast du mir bereitet“ (Hebr. 10, 5). Gott verlangt keine Opfer, sondern er beschenkt uns mit dem Leibe.

Im Hebräischen heißt das Zitat eigentlich: „Schlachtopfer und Speisopfer gefallen dir nicht, aber die Ohren hast du mir aufgetan“ (vgl. Ps 40, 7). Die Septuaginta hat in ihrer griechischen Übersetzung das Ohr als pars pro toto, als Vertreter des ganzen Leibes, verstanden und gesagt: Einen Leib hast du mir bereitet. Damit soll betont sein, daß der Leib erst durchs Ohr, durchs Hören seine Bedeutung erlangt. Er findet sie nicht in sich selbst, sondern in seinem Schöpfer. Dazu müssen uns die Ohren „aufgetan werden“, damit wir hören können, wie ein Jünger hört (vgl. Jes 50, 4–5). Das Wort „öffnen“ heißt im Hebräischen eigentlich „durchbohren, durchgraben“. Hier steht die alte hebräische Gepflogenheit im Hintergrund, daß ein Knecht, der die ihm zustehende Freilassung nach sechs Dienstjahren aus „Liebe zu seinem Herrn“ nicht annehmen wollte, immer seinem Herrn gehören durfte. Dazu mußte sein Ohr an einem Pfosten „mit dem Pfriemen durchbohrt“ werden. Das mußte „vor Gott“ geschehen zu einem dauernden Zeichen (vgl. 2 Mose 21, 2–6). So hat sich Paulus als ein zur Gotteskindschaft befreiter Sklave Christi verstanden (Röm 1, 1). Wer kann es anders wollen, als daß Jesu „durchbohrte" Hand unser Ohr öffnet und „durchbohrt" mit dem Zeichen der Leibeigenschaft Christi! Nur das gezeichnete Ohr vernimmt Dinge, „die kein Ohr gehört hat", die Gott denen bereitet hat, „die Ihn lieben" (vgl. 1 Kor 2, 9). Nur der Hörige hört und weiß, was sich gehört.

Nur als *Leibeigene* wissen wir um die Bestimmung unseres *Leibes.* Die göttliche Leibeigenschaft knechtet nicht, sondern befreit. Welch ein Glück liegt darin, wieder *horchen,* wieder Gottes Stimme vernehmen zu können, wieder *gehorchen* zu dürfen! Gott überzeugt uns, indem Er Seinen Willen in unser Herz hineinzeugt: „Dein Gesetz habe ich in meinem Herzen"; deswegen: „Deinen Willen, mein Gott, tue ich *gern*" (Ps 40, 9).

„Einen Leib hast du mir bereitet." Welchen Reichtum an Gedanken hat Gott bei der Erschaffung des Leibes verschwendet! Im Zusammenhang mit dem Leibe bricht der Psalmist in den Ruf der Verwunderung aus: „Herr, mein Gott, *groß* sind deine *Wunder* und deine *Gedanken,* die du an uns beweisest; dir ist nichts gleich! Ich will sie verkündigen und davon sagen, wiewohl sie nicht zu zählen sind" (Ps 40, 6). Könnte Gott uns ein wertvolleres Geschenk machen? Müssen wir Ihm nicht danken mit dem Lobpreis unseres Bekenntnisses, wie es M. Luther tat in seiner treffenden und markanten Erklärung des 1. Glaubensartikels:

> *„Ich glaube,* daß *mich* Gott *geschaffen* hat samt allen Kreaturen,
> *mir Leib* und *Seele,* Augen, Ohren und *alle Glieder,*
> *Vernunft* und *alle Sinne* gegeben hat und noch erhält.
> Dazu Kleider und Schuh, Essen und Trinken, Haus und Hof,
> Weib und Kind, Acker, Vieh und alle Güter;
> mit aller Notdurft und Nahrung dieses Leibes und Lebens
> mich reichlich und täglich versorget,
> wider alle Fährlichkeit beschirmet
> und vor allem Übel behütet und bewahret.
> Und das alles aus lauter *väterlicher,* göttlicher Güte und Barmherzigkeit,
> ohn all mein Verdienst und Würdigkeit:

Des alles ich ihm *zu danken* und zu *loben*
und dafür zu *dienen* und *gehorsam zu sein* schuldig bin.
Das ist gewißlich wahr."

Sollten wir nicht auch jeden Morgen beschämt und dankbar in Paul Gerhardts Verse einstimmen:

„Daß unsre Sinnen wir noch brauchen können
und Händ und Füße, Zung und Lippen regen,
das haben wir zu danken Seinem Segen!
Lobet den Herren!"

Der Leib ist Gottes Geschenk an den Menschen. Sein Funktionieren und Pulsieren ist nicht nur für ältere, sondern auch für jüngere Menschen immer wieder ein Wunder und gar nichts Selbstverständliches. Was Gott bereitet, macht Er schön und zweckvoll, wie es im hebräischen Wort für „gut" anklingt. Gott steht zum Leibe.

Die Bibel wertet den Menschen von innen nach außen, die Griechen von oben nach unten. Für die griechische Philosophie ist seit Plato der Kopf der edelste Teil des Menschen. Und dann wird es immer unedler: Da kommt die Brust als Sitz des Gefühls und schließlich der Unterleib, das ganz Unedle am Menschen. Das ist griechisch gedacht, aber nicht biblisch. Es gibt nicht wenige Christen, die noch heute so denken: Hauptsache, das Herz wird rein, alles andere ist ja doch unrein. Das ist nicht wahr! Sollte der, der den Leib geschaffen hat, ihn nicht auch heiligen und rein machen können?! Wenn wir in der Bibel lesen, wie Gott über den Leib spricht, geraten wir in staunende Anbetung. Und deswegen sollen wir auch in unserer Ehe zu einer ganz tiefen Natürlichkeit zurückfinden, zur Freude an unserem Leibe.

Der Leib als Ausdruck des Geistes

Wir hörten schon, daß Gottes Wege auf Verleiblichung, auf Sichtbarwerdung angelegt sind. Geist will sichtbar werden in Stoff, Form und Farbe. Das haben unsere Baumeister im Mittelalter verstanden. Gläubige Architekten bauen auch heute noch so. Da fühlt man sich heimisch. Da verbindet sich Geist mit Geist, da herrscht guter, nützlicher und heiliger Geist. Auch unser Bauen und Gestalten geschieht ja im Auftrag Gottes (1 Mose 1, 28).

Geist will sich aber vor allem sichtbar machen in Fleisch und Blut. Deswegen wurde Jesus Christus Mensch (Joh 1, 14). Paulus sagt von den Korinthern, daß sie ein Brief Christi seien, gekannt und gelesen von allen Menschen und mit dem Geist des lebendigen Gottes geschrieben (vgl. 2 Kor 3, 2.3). So soll sich auch durch unseren Leib der Gottesgeist ausdrücken und auswirken können. Wir sind sein Tempel.

Schritt und Händedruck als Beispiel

Wie wir uns fühlen, so schreiten wir. Man kann an dem Schritt eines Menschen ablesen, was in seinem Herzen vor sich geht. Wir kennen den schlaksigen Schritt. Wir kennen den beschwingten Schritt als Ausdruck der Freude. Es gibt den zielbewußten Schritt, aber auch den zögernden und verhaltenen – und viele weitere Variationen.

Ein Händedruck – wieviel kann er aussagen! Ich gebe jemand die Hand, und mein Gegenüber hält sie ein, zwei Sekunden länger als gewöhnlich: Das spricht etwas aus! Von dem Blick des Auges ganz zu schweigen.

Gott hat uns den Leib bereitet, „um seine Herrlichkeit in unserem aufgedeckten“ – nicht mehr schuldverhüllten – „Angesicht sich widerspiegeln zu lassen“ und um uns *an Seinem Bild* wieder zur Klarheit finden zu lassen. „Der Herr ist Geist; wo aber der Geist des Herrn ist, da ist Freiheit“ – auch von einer fehlgeleiteten Selbstverwirklichungssucht (vgl. 2 Kor 3, 17.18).

Wir müssen zu einer neuen Wertschätzung des Leibes und seiner unzähligen Ausdrucksmöglichkeiten zurückfinden. Auch für die Ehe gilt: Einen Leib hast du uns bereitet. Wenn Mann und Frau ein Leib werden dürfen, empfangen sie sich aus Gottes Schöpferhand. In der Weise, wie sie miteinander umgehen, ehren sie im Geschöpf den Schöpfer. Sie können nicht ein Leib werden, wenn sie nicht gegenseitig ihren Leib achten.

Die Achtung des Leibes gewährt uns Schutz bis ins Alter hinein. Diese Achtung verdient vor allem der Leib der Frau, die Kinder getragen, Opfer gebracht und Mühen auf sich genommen hat. Das sollte ein Mann seiner Frau danken und nicht vergessen.

So ist der Leib Ausdruck des Geistes. Gerade in einer verkehrten, pervertierten Welt dürfen wir in dem heilen Raum der Bibel wieder erkennen, wozu Gott den Leib gedacht, wozu er ihn bereitet hat. Wir wollen diese Frage konkretisieren an zwei tiefreichenden Leibthemen der Bibel.

Schönheit und Bestimmung der Frauenbrust

Offen und zart spricht die Bibel zu diesem Thema und deutet eine fünffache Bestimmung an. *Die erste und gleichzeitig eine ihrer schönsten Aussagen* finden wir in Ps 22, 10: „Du ließest mich geborgen sein an der Brust meiner Mutter." Ein Säugling trinkt nicht nur mit seinem Munde, sondern auch mit seiner Seele. Er trinkt Geborgenheit. Er saugt sich satt an der Liebe und Zuwendung der Mutter. Er braucht nicht nur die Milch der Mutter, er braucht ebenso die Berührung und die Geborgenheit in der Wärme und Weichheit ihrer Brüste. Hier handelt die Mutter in einem höheren Auftrag. Sie darf Geborgenheit vermitteln, die göttlichen Ursprungs ist. „*Du ließest* mich geborgen sein an der Brust meiner Mutter." Der Mensch hat ein Urbedürfnis nach Geborgenheit. Das Unglück beginnt mit dem Unbehaustsein; nicht mehr wissen, wo man zu Hause ist, wozu man lebt, das ist Wüste, Herumirren in der Wüste. Wenn wir dieser Bestimmung der Frauenbrust wieder entsprächen, gäbe es weniger süchtige und ungesättigte Menschen. Auch weniger angstgeplagte Menschen. Der Säugling darf saugen. Er muß saugen bis zur Entwöhnung, bis der Hohlraum der Angst und Unsicherheit gefüllt ist, bis er mit Liebe und Vertrauen gesättigt und so daran gewöhnt ist, daß er entwöhnt werden kann zu eigenständigem Vertrauen und Lieben. So beschreibt es David in Ps 131, 2: „Fürwahr, meine Seele ist still und ruhig geworden wie ein kleines Kind bei seiner Mutter; wie ein kleines Kind, so ist meine Seele in mir." Man kann es gar nicht treffender sagen, um die leib-seelische Einheit zu verdeutlichen. Weil David als Säugling gestillt worden war, konnte er entwöhnt, konnte er selbständig werden und vermochte seine Seele in Gott zu stillen.

Unsere Psychagogen und Psychologen sagen uns, daß die Süchtigkeit im Jugend- und Erwachsenenalter, daß das „Saugen"-müssen, das Rauchen und Trinken, häufig darin seinen Grund hat, daß sich die Betroffenen als Säuglinge nicht satt trinken konnten. Aus der Flasche zu trinken ist zu leicht, erzieht zum Konsumieren, weil der Säugling nicht zu arbeiten braucht. Die Flasche sollte daher immer Notbehelf sein. Ein Säugling muß sich satt *saugen* können, muß arbeiten und etwas leisten, um das Gefühl der Sättigung zu gewinnen, um abgesättigt zu sein, auch durch die Liebe und Zuwendung der Mutter. Dieses Verständnis wird jungen Müttern helfen, über die Schmerzphase beim Stillen hinwegzukommen. Auch hier geht Freud und Leid, Lust und Weh zusammen und läßt sich nicht trennen. Matthias Claudius hat in seinem „Wiegenlied, bei Mondschein zu singen“ die Stimmung lohnender, leib-seelischer Sättigung in unvergeßlichen Versen eingefangen. Ich zitiere daraus:

„So schlafe nun, du Kleine!
Was weinest du?
Sanft ist der Mondenscheine
und süß die Ruh.

Auch kommt der Schlaf geschwinder
und sonder Müh;
der Mond freut sich der Kinder
und liebet sie.

Er liebt zwar auch die Knaben,
doch Mädchen mehr,
gießt *freundlich, schöne Gaben*
von oben her

Auf sie aus, *wenn sie saugen*
recht wunderbar;
schenkt ihnen blaue Augen
und blondes Haar . . .

Und bald nach ihren Wochen
hat Mutter 'mal
mit ihm von mir gesprochen:
Sie saß im Tal.

In einer Abendstunde,
den Busen bloß,

ich lag mit offnem Munde
in ihrem Schoß.

Sie sah mich an, für Freude
ein Tränchen lief.
Der Mond beschien uns beide,
ich lag und schlief."

Welch ein Bild! Der gesättigte Säugling, mit offenem Munde schlafend! Gestillt in der Ruhe des Abends im Schoße der Mutter, die ganz für ihn da ist. So tief darf das Herz des Menschen zur Ruhe kommen, gestillt und gesättigt in der bergenden Nähe Gottes. Mann und Frau dürfen einander diese Geborgenheit schenken. Wieviel enthalten wir einander vor durch unsere Sprödigkeit und Unnatürlichkeit! Die Bibel kennt das nicht.

Die zweite Bestimmung der Frauenbrust finden wir im Hohenlied der Liebe, dem Buch der Verlobten und Verliebten. Dort wird die Geliebte mit einem verschlossenen Garten verglichen (4,12); sie hat den Schlüssel ihrem Verlobten anvertraut. Schrittweise und behutsam, aber auch wieder kühn und treffend führen sie einander ihrer Wesensbestimmung entgegen, entschlüsseln einander. Sie tun es vor allem durch das Wort, das tiefer berühren kann als die Hand. Der Geliebten wird gesagt: „Wie schön ist dein Gang in den Schuhen, du Fürstentochter! Die Rundung deiner Hüfte ist wie ein Halsgeschmeide, das des Meisters Hand gemacht hat . . . Deine beiden Brüste sind wie junge Zwillinge von Gazellen." Und wenig später heißt es: „Wie schön und lieblich bist du, du Liebe voller Wonne! Dein Wuchs ist hoch wie ein Palmbaum, deine Brüste gleichen den Weintrauben (seinen Rispen). Ich sprach: Ich will auf den Palmbaum steigen und seine Zweige ergreifen. Laß deine Brüste sein wie Trauben am Weinstock und den Duft deines Atems wie Äpfel" (vgl. Kap. 7, 1–9).

Werden zunächst noch die Brüste der Braut in einem Bild kindlich-unschuldiger Freude mit jungen Zwillingen einer Gazelle verglichen, so steigert sich ihre Bestimmung mit zunehmender Nähe und Reife. Der Vergleich mit den Zweigen oder Rispen und Trauben des Palmbaumes besagt, daß die Brüste dem allzu leichten Zugriff entzogen sind. Der hohe Baum muß erklommen werden, will der Verlobte die Zweige anrühren. Er darf den Baum ersteigen, und er soll die Rispen ergreifen, wenn die Zeit gekommen ist. Dazu gehört Können und Geschicklichkeit, denn die Palme ist lang und glatt. Nur die Jahresringe des Baumes bieten Halt; denn der Stamm behält keine Äste und Blätter. Hat der junge Mann sein Können, seine Ausdauer und seinen Mut bewiesen, darf er sagen: „Laß deine Brüste sein wie Trauben am Weinstock", weich, duftend und nah. Wie wird bei Gott das Natürliche geheiligt! Man kann sagen: Je natürlicher ein Mensch wird, desto heiliger ist er.

Die dritte Bestimmung der Frauenbrust finden wir im Raum der Ehe. In Sprüche 5,15ff. heißt es: „Trinke Wasser aus *deiner* Zisterne und was quillt aus *deinem* Brunnen . . . Dein Born sei gesegnet, und freue dich des Weibes deiner Jugend. Sie ist lieblich wie eine Gazelle und holdselig wie ein Reh. Laß dich von ihrer Anmut (wörtlich: von ihren Brüsten) allezeit sättigen und ergötze dich allewege an ihrer Liebe . . . Warum willst du dich an der Fremden ergötzen und herzest eine andere?" (wörtlich: Warum willst du dich an einer anderen berauschen und den Busen einer Fremden umfangen?).

Die Freude des Mannes an der Anmut seiner Frau ist wie ein Brunnen im Hause der Ehe, ja wie ein Gesundbrunnen. Sein Wasser ist nur für sie beide allein bestimmt. Das verliert seine Quellfrische durch den Dritten. „Habe du sie allein, und kein Fremder mit dir" (V.17). Dieser Brunnen ist von Gott gesegnet zu einer Quelle lebenslanger Erquickung. Ganz besonders die Brüste der Frau sind Zeugen ihrer Anmut – so steht es im Urtext –; sie sollen den Mann lebenslang ergötzen. Warum soll er den Busen einer anderen umfangen? Sind die Augen des Mannes gesättigt, haben sie einen Schutzfirnis nach außen. „Freue dich des Weibes deiner Jugend!" – bis ins Alter hinein! Freue dich an ihrer Anmut, Tiefe und Liebe! Quillt der Brunnen der Freude und Liebe und gegenseitigen Wertschätzung in der Ehe und rauschen seine Wasser, wie sollte sich der Mann da noch an einer anderen „berauschen" wollen! *Es gibt keinen stärkeren Wein als den der ehelichen Liebe.* Wo ein Mann seine Frau herzt, ihr Herz berührt, beginnt das Wasser zu quellen, erklingen die Herztöne der Ehe. Es muß zu der inneren Berührung kommen, und die geschieht durch das Wort, durch den Hauch des Mundes, durch sprechende Gebärde, wie es Eichendorff verdichtet hat: „Es war, als hätt der Himmel die Erde still geküßt, daß sie im Blütenschimmer von ihm nun träumen müßt.“ Das ist fortklingende, innere Berührung, ausgelöst durch den Hauch des Mundes.

Die vierte Bestimmung läßt die Bibel die Frau selbst zum Ausdruck bringen. Wir finden sie im Hohenlied Kap. 8. In ihr klingt die Selbstfindung und entschlossene Selbstbestimmung der jungen Ehefrau wieder. „Ich bin eine Mauer, und meine Brüste sind wie Türme. Da bin ich geworden in seinen Augen wie eine, die Frieden findet“ (V.10). Eine Mauer umgibt eine Stadt zu ihrem Schutz; sie hat etwas Unnahbares; sie umgrenzt den zu beschützenden Raum. Die junge Frau sagt: „Ich bin diese Mauer, zum Schutz meiner Stadt, des Heims.“ Ihre Brüste sind ihr Schmuck, so wie die Türme und silbernen Zinnen die Mauer schmücken im Glanz der Sonne. Türme bewachen die Mauer. So wacht auch ihre weibliche Intuition, ihr Herz in ihrem Busen, zum Wohl des Hauses.

In Kap. 7, 5 hieß es: „Deine Nase ist wie der Turm auf dem Libanon, der nach Damaskus sieht.“ Das Beben der Nasenflügel ist geradezu ein Einholen der Witterung, die Intuition, der sechste Sinn der Frau, dem Turm auf dem Libanon vergleichbar, der nach Damaskus ausschaut, dorthin, woher der Feind kommt.

Mauer und Turm zum Schutz in bewahrender Schönheit! Wie sich ein menschliches Ei sogleich nach seiner Befruchtung abschließt, gleichsam einen Ring um sich bildet und keine anderen Samenzellen mehr eindringen läßt, so bildet die verheiratete Frau einen Schutzwall um sich und strahlt eine bestimmte Unnahbarkeit aus, die Männer wohl empfinden und, wenn sie rechte Männer sind, auch respektieren. Will ein Fremder eindringen, muß er mit Gewalt die Mauer einreißen oder sie im Dunkel erklettern. Das aber wird die Frau nicht zulassen, wenn sie eine rechte Frau ist.

So spricht die Bibel. Was sind das für Aussagen! Sie sprechen vom Selbstwert der Frau, den die Bibel ihr gibt. Es klingt etwas Hohes, Hehres darin an, etwas Begnadetes und Himmlisches.

Erstaunlich auch das schwesterliche Verantwortungsbewußtsein in den vorherigen Versen: „Unsere Schwester ist klein und hat noch keine Brüste. Was sollen wir mit unserer Schwester tun, wenn man um sie werben wird? Ist sie eine Mauer, so wollen wir silberne Zinnen darauf bauen. Ist sie eine Tür, so wollen wir sie sichern (verschließen) mit Zedernbohlen“ (V. 8–9). Es ist das Ziel eines jungen Mädchens, zu einer schützenden Mauer heranzuwachsen. Lebt sie gemäß dieses Zieles, soll sie mit silbernen Zinnen beschenkt werden. Ihre Brüste werden ihr Schmuck sein und sollen geschmückt werden. Lebt sie aber zu ungebunden, zu wild, „too outgoing“ wie „eine Tür“, will das jungverheiratete Paar ihr helfen und die Tür verschließen. Dies geschieht „zur Sicherung“, zum Guten der jungen Schwester. So wünscht es die junge Frau im Gespräch mit ihrem Mann.

Findet die Frau zu ihrer Wesensbestimmung, wird sie „Mauer“ und „Turm“, und kann sich der Mann auf sie verlassen, so ist der Eifersucht die Nahrung entzogen: „Da bin ich geworden in seinen Augen wie eine, die Frieden findet.“ Sie schenkt ihrem Mann nicht nur Frieden, sondern sie kommt selbst zum Frieden, zur Ruhe. Sie empfängt und verschenkt darin den Frieden, der „höher ist als alle Vernunft“, den Gottesfrieden, „der Herzen und Sinne in Christus bewahrt“ (vgl. Phil 4, 7).

Die fünfte Bestimmung ist mehr ein Nachtrag, ein Ausklang. Es ist der Hinweis auf die übertragene, symbolische Bedeutung der Frauenbrust.

Die Rebellion und Überheblichkeit Israels gegen Gott hatte zur Folge, daß Gott von ihnen wich, daß Israel seine „Herrlichkeit“ verlor. Israel wurde unfruchtbar. Der Herr gab ihnen „unfruchtbare Leiber und *versiegende Brüste*“ (vgl. Hos 9, 11–17). Am Ende der Tage aber hat der Herr verheißen, Israel wieder zu sammeln und herrlich zu machen. Dann werden die Völker herzulaufen zum Berge des Herrn und zum Hause des Gottes Jakobs. *„Denn von Zion wird Weisung ausgehen und des Herrn Wort von Jerusalem“* (vgl. Mi 4, 1–2). Dann werden sich die Völker an der Erkenntnis und Weisung Gottes satt trinken, die Er ihnen in Israel zukommen läßt. Sie werden in Scharen herbeilaufen. So beschreibt es die Schrift und sagt: „Freuet euch mit Jerusalem, alle, die ihr über sie traurig gewesen seid. Denn nun dürft ihr *saugen* und euch *satt trinken* an den *Brüsten ihres Trostes;* nun dürft ihr reichlich trinken und euch erfreuen an dem Reichtum ihrer Mutterbrust. Denn so spricht der Herr: Siehe, ich breite aus bei ihr den Frieden wie einen Strom und den Reichtum der Völker wie einen Bach. *Ich will euch trösten, wie einen seine Mutter tröstet,* ja, ihr sollt an Jerusalem getröstet werden“ (vgl. Jes 66, 10–14).

Was zunächst vom irdischen Israel gesagt ist, wurde später dem geistlichen Israel, der Gemeinde Christi, zur Warnung und Verheißung gegeben. Sie lebt in der Zeit, „da das Ende der Welt nahe bevorsteht“ (1 Kor 10, 11). Auch sie soll der Welt ein „Vorbild“ sein. In ihr will sich ihr Haupt, Jesus, verherrlichen wie im Jerusalem der Verheißung. In ihr soll Trost und Friede fließen wie ein Strom: „Wer den Namen des Herrn Jesus anrufen wird, soll errettet werden“ (vgl. Röm 10, 10–13). „Denn auf dem Berge Zion und zu Jerusalem wird Errettung sein“ (vgl. Joel 3, 5). Jede Ehe, jede Familie, jedes Heim darf wie die Gemeinde ein Zion werden, wenn der König Zions in ihrer Mitte wohnt und regiert. Und die Irrenden dürfen heimfinden und sich satt trinken an den Brüsten ihres Trostes.

So sieht die Bibel die Bedeutung der Frauenbrust. So denkt sie darüber: eine Brunnenstube, ein hohes Gut, das es zu wahren gilt; kein billig zu verschleuderndes Allgemeingut auf den Rangier- und Güterbahnhöfen einer entchristlichten Konsum-Gesellschaft!

Was sollen wir tun, wenn unser Kleid zerrissen ist oder all unsere Modelle und Lebensstile sich „wie ein beflecktes Kleid“ erwiesen haben und wir als „die Unreinen“ dastehen (vgl. Jes 64, 5)?

Was sollen wir tun, wenn unser Leib als Tempel Gottes entheiligt und entstellt ist und wir das Verderben Gottes erleben (1 Kor 3, 16–17)? An dieser Stelle verstehen wir, warum der Vorhang am Tempel zerrissen und der Leib Jesu am Kreuz entstellt werden mußte, um uns den Weg ins göttliche Heiligtum wieder zu öffnen. Hier werden wir „besprengt“ mit dem Blut Jesu in unseren Herzen und „los von dem bösen Gewissen, gewaschen am Leibe mit reinem Wasser“ (vgl. Hebr 10, 19–23). Hier bekommen die Verzagten „Schmuck statt Asche, Freudenöl statt des *Trauerkleides*, den *Lobesmantel* statt eines betrübten Geistes“ (Jes 61, 3), so daß sie singen können:

> „Ich freue mich im Herrn,
> und meine Seele ist fröhlich in meinem Gott.
> Denn er hat mich *angezogen mit den Kleidern des Heils*
> und mich *gekleidet mit dem Mantel der Gerechtigkeit*,
> wie einen *Bräutigam mit priesterlichem Kopfschmuck geziert*

und *wie eine Braut*, die in *ihrem Geschmeide* prangt."
Jes 61, 10

und bekennen:

„Wohl dem, dem die *Übertretungen* vergeben sind,
dem die Sünde bedeckt ist!
Wohl dem Menschen, dem der Herr die *Schuld* nicht zurechnet,
in dessen Geist *kein Trug* ist.

Denn als ich es wollte *verschweigen*,
verschmachteten meine Gebeine durch mein *tägliches Klagen*.
Denn *deine* Hand lag Tag und Nacht *schwer* auf mir,
daß mein Saft *vertrocknete*, wie es im Sommer dürre wird.

Darum *bekannte* ich dir meine Sünde,
und meine Schuld *verhehlte ich nicht.*
Ich sprach: *Ich will* dem Herrn meine Übertretungen bekennen.
Da vergabst du mir die Schuld meiner Sünde.

Deshalb werden alle Frommen zu dir *beten zur Zeit der Angst.*
Darum, wenn große Wasserfluten kommen, *werden sie nicht an sie gelangen.*
Du bist *mein Schirm*! Du wirst mich *vor Angst behüten*,
daß ich *errettet* gar *fröhlich* rühmen kann."
Ps 32, 1–7

„Ihr werdet es sehen, und euer Herz wird sich freuen, und euer *Gebein soll grünen wie Gras*" (Jes 66, 14).

Vorhaut und Beschneidung

Als Gott Israel erwählte, gab Er ihnen ein Zeichen, nämlich die Beschneidung (vgl. 1 Mose 17; Joh 7, 22–23). Vielleicht hat sich der eine oder andere schon Gedanken darüber gemacht, warum Gott gerade solch ein Zeichen wählte. Durch die Beschneidung traf Gott den Israeliten in seinem Mannsein. Er wollte ihm damit sagen: Wie die Vorhaut das Glied schützt, so will ich jetzt nach dem Wegnehmen der Vorhaut dein Schutz sein.

Ganz gewiß hat die Beschneidung auch einen medizinischen und gesundheitlichen Aspekt. Ehemänner sollten immer auf peinlichste Sauberkeit bedacht sein. Aber ihr eigentlicher Aspekt ist doch der geistliche. Gott wollte Israels Schutz sein. Die Beschneidung macht hilflos, auf Gott angewiesen.

Die Vorhaut als Hülle und Schutz

Die Vorhaut schützt das Glied des Mannes, ist gleichsam Kleid und Hülle. Wir sahen, daß Gott in der Ehe das Paradies wieder aufschließen möchte. Die Christus-Liebe zwischen den Ehegatten ermöglicht das Wegnehmen der Umhüllung: „Sie waren beide nackt und schämten sich nicht" (1 Mose 2, 25). Bedeckt von dem Mantel solcher Liebe, darf auch die Frau den Mann enthüllen, nicht nur der Mann die Frau. Sie darf ihrem Mann den Schutz nehmen, weil sie sein Schutz ist. Hier wird Geistliches zutiefst leiblich. Und das Leibliche weist zurück auf das Geistliche. Denn nicht nur eine äußere Offenheit und Schutzlosigkeit ist gemeint, sondern die Beschneidung des Herzens. Das Fallenlassen der Umhüllung ist Zeichen einer letzten Offenheit zwischen Mann und Frau. Ohne das Treuegelöbnis ist diese Art Offenheit gar nicht möglich, weil sie vom Verrat bedroht ist. Es geht letztlich um die Offenheit des Herzens.

Die Vorhaut des Herzens

„Beschneidet euch für den Herrn! Tut weg die Vorhaut eures Herzens!" sagt der Prophet (Jer 4, 4). Selbstschutz und Selbstverteidigung machen den Menschen hart und abgestumpft gegen Gott und seinen Nächsten. Es muß alles abgesichert sein. Man kann gar nicht mehr ungeschützt reden. Was für ein erdrückender Panzer! Wer in Gott seinen Schutz gefunden hat, wer die Vorhaut seines Herzens wegtat und als „geistlich Armer" unter Gottes ausgestrecktem Arm lebt, kommt in die Fülle des Himmelreichs hinein, lebt im Empfangen „als die Armen, die noch viele reich machen; *als die nichts haben und doch alles haben*", (vgl. Mt 5, 3 und 2 Kor 6,10). Selbstschutz blockiert; Gottes Schutz befreit, läßt uns „wie Kinder fromm und fröhlich sein" (M. Claudius). Gottes Schutz ermöglicht es auch, daß Eheleute keine tötenden Geheimnisse voreinander haben. Sie dürfen wahr sein im Mantel der Liebe.

Die Bibel verheißt uns Großes: „Der Herr, dein Gott, wird dein Herz beschneiden und das Herz deiner Nachkommen, damit du den Herrn, deinen Gott, liebst von ganzem Herzen und von ganzer Seele, auf daß du am Leben bleibst" (5 Mose 30, 6). Gott selbst will die Vorhaut des Herzens, den ängstlichen Selbstschutz wegnehmen, der uns hemmt. Wir können ja nur unseren Mann stehen, wenn Gott zu uns steht, sonst müssen wir übertreiben. Und Übertreibung schadet. Das Wort „übertreiben" ist ursprünglich der Hirtensprache entnommen. Trieb ein Hirte seine Herde zu schnell, gefährdete er die Kleinen und die Muttertiere. Warum sollen wir hochspielen und übertreiben? Wo doch die Bibel sagt: „*Ist Gott für uns*, wer mag wider uns sein" (Röm 8, 31). Umgekehrt allerdings ist, wenn Gott gegen uns ist, dann auch alles gegen uns.

Aber Gott ist für uns! In Christus beschneidet Er unsere Herzen. Er heilt uns von unserer Gottlosigkeit und ermöglicht die Gottesliebe von ganzem Herzen. Deswegen: „Kehrt zurück, ihr abtrünnigen Kinder, so will ich euch heilen von eurem Ungehorsam" (Jer 3, 22).

So spricht die Bibel vom Leibe. Wahrlich, es sind Urworte, die uns zutiefst anrühren, uns fast die Sprache verschlagen! Da sage noch einer, die Bibel sei spröde und leibfeindlich! Nur Verblendete oder Falschmünzer können das behaupten. Die geist-leiblichen

Vorgänge lassen sich gar nicht griffiger und bündiger sagen, als sie Gott in Seinem Wort gedeutet hat. Was ist der Bibel nicht alles unterstellt worden! Und wie wurde Gottes Bild entstellt! Gott muß wieder zu Ehren kommen.

Inbrünstiger wollen wir beten:

„Unser Vater in den Himmeln.
Dein Name werde geheiligt
auf Erden wie im Himmel!"

Aus Mt 6, 9.10

Dankbarer wollen wir singen:

„Es ist ja, Herr, *dein* G'schenk und Gab
mein Leib und Seel und was ich hab
in diesem armen Leben.
Damit ich's brauch *zum Lobe dein*
zu Nutz und *Dienst* des Nächsten mein
wollst mir dein Gnade geben."

Aus EKG 247, Martin Schalling

Erwartungsvoller wollen wir auf den harren, von dem es heißt:

„Vom Odem Gottes kommt Eis,
und die weiten Wasser liegen erstarrt."

Hiob 37, 10

Aber auch:

„Er sendet sein Wort, da schmilzt der Schnee.
Er läßt seinen Wind wehen, da taut es.
Er verkündigt Jakob sein Wort,
Israel seine Gebote und sein Recht.
So hat er keinem Volk getan;
Sein Recht kennen sie nicht.
Halleluja!"

Ps 147, 18–20

Mit Seinem Recht verhilft uns Gott zu unserm Recht und gibt uns recht.

IX. Der Weg zur leiblichen Vereinigung in der Ehe

Aus dem Englischen stammt das Wort: „Sex is a twenty year warm up." Zur Entfaltung der Sexualität muß man sich 20 Jahre lang warm- und einlaufen. Sexuelle Erfüllung fällt keinem Paar in der ersten Liebesnacht wie ein reifer Apfel in den Schoß. Sie muß erarbeitet werden. Die Erlebnisbreite und -verschiedenheit zwischen Mann und Frau sind zu groß und stellen daher zu hohe Ansprüche an die Personen, als daß sie sich in kurzer Zeit meistern ließen. Bis ins hohe Alter können Ehepaare letztlich nicht auf den Grund ihres Wesens gelangen, können einander nicht ergründen, denn der Mensch hat seinen Grund in Gott. Die erste Nacht ist wie ein flüchtiges Berühren der Oberfläche, und wenn sie außerhalb der Ehe erfahren wird, verschmutzt sie das Wasser. Die Hochzeitsnacht ist der Start zu einer langen Wanderschaft. Und doch: Ein guter Start verbürgt schon eine weite Strecke.

Das Ja zur Geschlechtlichkeit

Ich begegne in der Seelsorge so vielen verkrampften Frauen und Männern, die unter der Verdrängung ihrer Geschlechtlichkeit leiden. Und dann können sie sich nicht erklären, warum sie plötzlich angefochten sind im Blick auf andere Männer, im Blick auf andere Frauen. Ich begegne Frauen und auch Männern, die am liebsten sagen würden, wenn sie einander leiblich begegnen: „Lieber Gott, jetzt guck mal bitte einen Augenblick weg, das ist Dir sicher nicht angenehm! Da kann ich vorher auch nicht beten, das muß ich irgendwie ausschließen aus meinem frommen Leben." Und das ist dann Verdrängung, die sich immer rächt.

Geschlechtlichkeit ist Gabe Gottes. Gott hat Adam und Eva als Mann und Frau geschaffen, von Anfang an vollkommen, mit ihrer Geschlechtlichkeit. Es hat niemals, auch nicht im Paradies und vor dem Sündenfall, Mann und Frau ohne Geschlechtlichkeit, sexuell neutral, gegeben. Sie waren als Mann und Frau geplant, geschaffen, gewollt. Geschlechtlichkeit ist von Gott gewollt, sie ist nichts Teuflisches! Und sie ist auch nicht erst nach dem Sündenfall hinzugekommen. Wir wollen doch einmal ganz bewußt 1 Mose 2,22-25 lesen!

Die Geschlechtlichkeit ist voll hineingenommen in Gottes Plan. Sie ist eine der drei Grundsäulen der Ehe. Wo sie ausgeklammert wird, wo sie nicht von Gott angenommen wird, wo sie belastet wird, da leidet die Ehe. Man kann es nicht besser machen, als Gott es gedacht hat: „Und sie waren beide nackt, der Mensch und sein Weib, und schämten sich nicht." Gott selbst hat sie nackt einander zugeführt. Vor Gottes Augen sind Mann und Frau einander nackt begegnet und schämten sich nicht. Das einander Anschauen und Betrachten weckte sicherlich ihre Sinnlichkeit, und sie schämten sich nicht. Vor Gottes Augen! – Er hatte ja ausdrücklich gesagt, sie sollten „ein Fleisch" sein. Da waren keine Hemmungen. Sie entdeckten ihre Andersartigkeit. Sie entdeckten ihre Körper, ihre Leiber, die Gott ihnen in ihrer Schönheit gegeben hatte. Sie konnten einander unbefangen anschauen. Sie konnten einander unbefangen berühren. Sie konnten einander unbefangen bewundern und einander die Freude an dem, was sie am anderen sahen, an dem, was sie fühlten an ihrem Leibe mitteilen. Sie waren sicherlich in ihrer Freude behutsam und zart miteinander. Sie ließen sich leiten von der Freude des anderen. Sie führten einer den anderen ein in die Geheimnisse ihres Leibes und ihrer Seele. Und jeder entdeckte dabei sich selbst und den anderen und die Möglichkeiten, mit dem eigenen Leib den anderen zu erfreuen. Es gelingt heute nur ganz wenigen Paaren, in dieser Unschuld und Offenheit miteinander umzugehen, einander so unbefangen kennenzulernen. Einander zu fragen: „Wie mache ich dir Freude?" Der Regelfall ist, daß zwei sich in großer Befangenheit begegnen und nicht die Freiheit haben, dem anderen zu sagen: So tust du mir wohl. Statt dessen verbergen sie ihr Enttäuschtsein darüber, daß der andere es nicht von sich aus weiß, und können ihm so nicht helfen.

Warum können wir nicht unbelastet miteinander verkehren?

Es kommt daher, daß wir unsere Schuld in unser Begegnen mit hineinschleppen – und nicht nur unsere Schuld, sondern auch die unserer Eltern, unserer Väter und Mütter, unserer Großmütter und Großväter, der ganzen Gesellschaft, die diesen Acker Gottes abgelehnt und nicht bestellt hat. Negative Aufklärung hat uns mit Schuld belastet und verkrampft gemacht. Das Schweigen der Eltern führt beim Kind unausweichlich zu dem Eindruck: Geschlechtlichkeit ist unanständig, darüber spricht man nicht. Aber wieviel Not schwingt doch auch in diesem Schweigen mit, Not der Eltern. Dennoch gilt: Obwohl Gottes Wort uns diese Zusammenhänge zeigt, gibt uns das niemals das Recht, die Eltern anzuklagen, sie schuldig zu sprechen! Gott weiß in seiner Barmherzigkeit, daß das Versagen unserer Eltern schon ihre eigene große Not war, er weiß, wie sehr sie bereits belastet waren, weil ihnen niemand geholfen hat. Im Gegenteil – wenn wir zur Heilung von Gott her gelangen, werden wir auch barmherzig mit unseren Eltern, können ihnen vergeben und werden darin frei. Die Not, die wir von unseren Eltern mit uns tragen, findet ihre Lösung und wir die Erlösung davon durch Jesus.

Falsche Aufklärung

Zur negativen Aufklärung gehört die falsche Aufklärung durch Freunde. Kinder können ihre Geschlechtlichkeit nicht verschweigen; wenn die Eltern nicht reden, dann müssen sie sich ihre Informationen anderswo suchen. Sie gehen dann leicht falsche Wege. Wie tiefe Verkrampfungen werden dabei oft eingebaut. Oder es entstehen Schuldgefühle wegen sexueller Kinderspiele. Dabei ist es ja etwas Natürliches, daß beim Kleinkind, und dann nochmal besonders um das sechste oder siebte Lebensjahr herum, sexuelle Regungen bei unseren Kindern erwachen.

Wie das Kleinkind seine Fingerchen, seine Füßchen befühlt, so betastet es auch seine Geschlechtsteile. Viele Mütter reagieren dann ängstlich, schlagen es auf die Hände, weil sie selbst noch unter der Schuld ihrer sexuellen Kinderspiele leiden und niemals davon gelöst wurden; weil sie ihrem Kind diese Schuld ersparen möchten. Aber gerade mit dieser Reaktion der Unfreiheit verstärken sie das Problem. Wie sehr brauchen die Eltern eine gelöste Natürlichkeit, die das Kind positiv leitet und nicht mit Verdrängungen arbeitet! Die heftigen Abscheureaktionen von Eltern, die ihre eigenen Schuldgefühle mit sich herumschleppen und ihre eigene Geschlechtlichkeit verdrängen, belasten das Kind viel mehr als die Dinge an sich. Dazu kommt die falsche Aufklärung durch Pornoliteratur und Pornofilme. Welche tiefwirkenden Bilder werden da in die Fantasie aufgenommen, die sie beflecken und die mitgetragen werden in die Ehe und da oft genug zu widernatürlichen, perversen Ansprüchen an den Ehepartner führen! Manche Frau hat mir schon erzählt, daß dadurch die Abscheu gegen die Gemeinschaft mit ihrem Mann noch gewachsen ist. Daneben gibt es die Schuldgefühle wegen Selbstbefriedigung, wegen Unzucht, vorehelichem Geschlechtsverkehr und vorehelichem Petting, das heute so weit verbreitet ist und eine tiefe Belastung in die Ehe mitschleppt. Darum können Ehepartner nicht in Gottes Natürlichkeit aufeinander zugehen und frei und fröhlich als Gotteskinder das, was Gott ihnen geschenkt hat, genießen, einander zur Freude werden. An dieser Stelle steckt tiefe Not. Ich habe nur ganz wenige Ausnahmen kennengelernt.

Die Wende der Not

Abhilfe schaffen kann hier nur eine wirklich notwendige Befreiung von all diesem Ballast vor dem Herrn. Man sollte diese Bereinigung nicht nur im persönlichen Gebet, sondern zusammen mit einem Seelsorger vollziehen. Ich weiß selbst, wie schwer das ist; ich erwähnte ja schon, daß ich erst mit zwanzig Jahren zum Herrn gekommen bin – da gab es viel zu bereinigen. Ich bin dem Herrn so dankbar, daß Er mich nicht losgelassen hat, bis ich auch das Letzte bei einem Seelsorger ausgesprochen hatte. Dann konnte ich es auch mit meinem Verlobten besprechen.

Dinge, die wir nicht vor unserem Ehepartner ins Licht gebracht haben, verbauen uns die Gemeinschaft miteinander. Es erfordert Glaubensmut, uns selbst unserem Partner zuzumuten – so wie wir sind. Das ist schwer. Aber es gibt keinen Weg darum herum, wenn wir wirklich eins werden wollen, wenn wir voreinander nackt sein sollen, ohne uns zu schämen. Wir müssen dann den Weg gehen, den Gottes Wort anbietet, 1 Joh 1, 7–9: „Wenn wir im Licht wandeln, wie er im Licht ist . . .“, und Gottes Wort dringt tief ein – auch die verdrängten, die verborgenen, die vergessenen Kindheitserlebnisse wird Er ans Licht bringen. „Wenn wir im Licht wandeln, wie er im Licht ist, so haben wir Gemeinschaft untereinander, und das Blut Jesu Christi, seines Sohnes, macht uns rein von aller Sünde“, von aller Ungerechtigkeit.

Es gibt Befreiung!

„Das Blut Jesu macht rein“ – das ist wirkliche Befreiung. „Wenn wir sagen, wir haben keine Sünde, so verführen wir uns selbst, und die Wahrheit ist nicht in uns. Wenn wir aber unsere Sünden bekennen, so ist er treu und gerecht, daß er uns die Sünden vergibt und reinigt uns von aller Untugend“ (1 Joh 1, 8–9). „Wer seine Missetat leugnet, dem wird es nicht gelingen; wer sie aber bekennt und läßt, der wird Barmherzigkeit erlangen“ (Spr 28, 13). So können wir wieder unschuldige Geschlechtlichkeit ausleben – in aller Freude erleben, was Gott Seinen Kindern zugedacht hat. Ich weiß, mit welcher Angst wir in ein solches Bekenntnis hineingehen, auch gerade unserem Partner gegenüber. Die Sorge ist da: Wird er das tragen können, wird er mich annehmen können, wird er mir vergeben können? Wir sollten auch nicht in dieses Bekennen hineingehen in der Haltung: Hauptsache, daß ich meine Last loswerde, auch wenn der Partner dabei rücksichtslos belastet wird. Vielmehr sollten wir behutsam und mit dem Gebet um Weisung und Weisheit von Gott vorgehen. Wir sollten darum bitten, daß Gott zwischen uns ist, so daß in der gleichen Weise, wie ich mich meinem Partner öffne, diesem sich auch die Wirklichkeit der Vergebung Gottes und der völligen Reinigung erschließt. Dann kann auch der Partner mir vergeben und mich ganz rein und neu aus Gottes Händen empfangen. Dann wächst neues Vertrauen. Dann wächst Freude an Jesus, der so viel für uns getan hat. Wir betrügen uns, wenn wir meinen, daß die verschwiegenen Dinge unsere Gemeinschaft nicht hinderten. Sie stören das Miteinander und schaffen Mißtrauen. Wenn wir über die vergangenen Dinge nicht ganz offen mit unserem Partner sprechen konnten, wird im „Hinterstübchen" immer noch die Frage bleiben: „Was hat er vorher getrieben? Was hat sie vorher getan?" Wir versuchen vielleicht, uns damit zu beruhigen: „Ich habe das doch schon mit einem Seelsorger besprochen, und damit ist alles erledigt." Im Tiefsten eins werden in der Ehe können wir nur, wenn wir es wagen, in Gottes Licht zu kommen. Dann wird uns das kostbare Erleben zuteil, daß Sein Blut ganz rein wäscht, daß wir einander ganz neu, ganz rein aus Seiner Hand erhalten.

Liebe heißt: dem anderen wohltun wollen

Dann können wir auch in unserer ehelichen Gemeinschaft wieder dahin kommen, daß wir ganz natürlich den anderen fragen: „Wie tue ich dir wohl? Zeige es mir!" Dann wird Gottes Geist selbst die feinen Grenzen zeigen zwischen der großen Freiheit, einander wohlzutun, und einem Bereich, *wo wir den Schöpfer im Geschöpf verletzen,* wo wir Unnatürliches verlangen. Dann sind in der Beichte auch diese unnatürlichen Pornobilder fortgewaschen. Und das ist doch wirklich Liebe: dem anderen wohltun wollen, in unserer leiblichen Gemeinschaft um den anderen besorgt sein, ihn fragen: „Wie erfreue ich dich?" Wir werden innerlich frei von dem „Für-mich-haben-Wollen", den Nachwirkungen der Selbstbefriedigung, bei der ich für mich auf Kosten meines Partners etwas haben möchte, und wo jedesmal der andere zutiefst verletzt wird. Dann wird leibliche Gemeinschaft zu einem tiefen Trost in dieser trostlosen Welt, einander erquickend vor Gottes Angesicht. Und dann werden wir frei von dieser Spannung: Ich möchte als gläubiger Mann, als gläubige Frau Gott gefallen, aber da gibt es einen Teilbereich bei mir, da möchte ich lieber, daß Gott nicht hinschaut. Nein! Gott gibt uns alle Freude, und wir können sagen: „Vater, ich danke Dir, daß Du mich so geschaffen hast, daß ich so viel Freude genießen kann." So kommt Gott ganz tief hinein in unser intimstes Leben – so kann Er wirklich *immer* bei uns sein.

Wir dürfen wahr sein!

Gott ist für uns. Für uns als Mann, als Frau, als Ehepaar, als Eltern und Kinder: Gott ist für uns! Auch in den Geheimnissen der leiblichen Begegnung! Wo wir nicht ackern, arbeitet der Teufel. Wenn wir das geschlechtliche Gebiet verschweigen, sät der Teufel Unkraut und beherrscht das Feld. Es ist an der Zeit, weite Unkrautfelder abzubrennen, um dem Weizen wieder Raum zu schaffen! Welche gesunden Linien hat doch die Bibel im Hinblick auf Sexualität und leibliche Vereinigung!

Ein Irrweg in der Sexualerziehung

Gott hat das Nacktsein der Begegnung in der Ehe zugedacht und es mit dem Mantel ehelicher Liebe geschützt. Es ist deswegen nicht zugängig für einen Dritten, auch nicht für die Kinder. Infolge einer irregeleiteten Sexualerziehung meinen Eltern, sich ihren Kindern nackt zeigen zu sollen. Das ist nicht biblisch. Kinder sind von einem ganz bestimmten Alter an sehr aufmerksam. Wenn dann Grenzen des Schamgefühls überschritten werden, stellen sich Unnatürlichkeiten und Verklemmungen ein. Der Respekt voreinander ist göttlichen Ursprungs. Wir vergehen uns da letztlich an Gott und wundern uns dann über geistliche Blockierungen in unserm Glaubensleben. Diese Grenzüberschreitung ist Sünde. Wer daran Zweifel hat, sollte einmal sehr aufmerksam die Geschichte von Noahs Entblößung und dem Fluch über seinen Sohn Ham lesen (vgl. 1 Mose 9, 20–27). Ham hätte in Ehrfurcht vor seinem Vater (s. 4. Gebot) nicht reden, sondern handeln sollen! Als seine beiden älteren Brüder die Blöße ihres Vater zudeckten, wird besonders hervorgehoben, daß sie rückwärts hineingingen. „Ihr Angesicht war abgewandt, *damit sie die Blöße ihres Vaters nicht sähen*“ (V. 23; vgl. 5 Mose 23, 1). Warum die schreckliche Verfluchung Hams? Wozu die harte Strafe in 1 Kor 5, wo Mutter und Sohn geschlechtlich verkehrten? Gerade im letzten Beispiel finden wir die Antwort: Damit sollte geschlechtlichen Vergehen und Überschreitungen in der Familie vorgebeugt werden (vgl. 3 Mose 18, 6–8), den „schändlichen, verunreinigenden Sitten“ derer, die Gott nicht kennen (3 Mose 18, 30). Ehebruch beginnt mit den Augen (Mt 5, 28), auch der des Vaters an der Tochter, der des Sohnes an der Mutter. Die Nacktheit hat Gott der Ehe vorbehalten und sie vor einem Dritten geschützt, auch vor dem Kind.

Fragen zum Nachdenken:

Welche sexuelle Not möchte ich bei Gott ablegen?
Worüber muß ich mit meinem Partner sprechen?
Worin brauchen wir beide seelsorgerliche Hilfe?

Vier biblische Hinweise zur leiblichen Vereinigung

Die Aufgabe

Aufgabe der Ehe ist es, daß der Mann seine Frau erweckt und schön macht und daß die Frau ihren Mann entfaltet. In der Zeit der Hinführung zur Ehe entwickeln sich bei beiden ganz verschiedene Prioritäten. Ein junger Mann spricht sehr auf leibliche Sexualität an mit dem von Gott gesteckten Ziel der Leibesbeherrschung. Ein junges Mädchen wird von Gott mehr in ihrem seelischen Raum vorbereitet und soll zur Entfaltung und Beherrschung ihrer seelischen Kräfte gelangen. Später in der Ehe soll jeder den anderen beschenken mit dem Mehr, das er von Gott empfangen hat und in dem er vorbereitet worden ist. Der Mann beschenkt die junge Frau mit dem Mehr an leiblicher Sexualität, wo sein Schwerpunkt liegt (vgl. Spr 20, 29), wo er erwecken soll. Und die Frau beschenkt den jungen Mann mit der Entfaltung seiner seelischen Kräfte, weil darin ihr Mehr, ihr Plus besteht. Es ist sehr wichtig, daß wir dieses Gesamtziel der Ehe im Auge behalten. Das hilft uns, Gefahren und Blockierungen zur gegenseitigen Entfaltung schneller wahrzunehmen.

Es ist nicht wahr, daß ein Mann gefühllos und kalt ist. Er ist nur unerweckt, oder seine seelische Entwicklung ist verbaut worden. Im Grunde ist ein Mann sehr *empfindsam* – weswegen er auch sehr schnell *empfindlich* reagieren kann! Eine gute Frau weiß das sehr wohl. Die Empfindsamkeit des Mannes kann besonders dann in Empfindlichkeit umschlagen, wenn er seinen Platz in der Ehe nicht gefunden hat. Gott hat ihm die Führung der Ehe und Familie anvertraut. Gott will sein „Vormund" sein, der ihm hilft und zu ihm spricht – auch durch die „gütige Weisung" der Frau (Spr 31, 26). Aber bevormunden darf sie ihn nicht. Wenn diese göttlichen Linien nicht beachtet werden, bleibt bei jeder leiblichen Vereinigung immer ein Rest Traurigkeit.

Haben Sie von der netten Zeitungsannonce gehört: „Lexikon zu verkaufen! Meine Frau weiß alles besser!"? Daß sie alles weiß, ist gut. Wohl dem Mann, der eine solche Frau hat! Daß sie aber alles *besser* weiß, das ist die Spitze, die ins Herz des Mannes trifft. Wer es besser weiß, ist nur Gott. Wenn eine Frau diesen Platz einnimmt, degradiert sie ihren Mann, und er wird alles versuchen, um sich zu behaupten. Auch Abdanken ist ein Behauptungsversuch: Sieh mal zu, wo du ohne mich hinkommst! Wer sich behaupten muß, ist nicht Haupt. Gerade wenn man sich behaupten muß, wenn man etwas erzwingt und sich abzwingt, schafft man es nicht. Ein Junge kann sich nur behaupten, wenn seine Eltern, insbesondere sein Vater, als sein Haupt, ihn schützen und ihm den Raum zur eigenen Entscheidungsfreiheit abgrenzen und mit wachsendem Alter diese Grenzen immer weiter stecken. Hauptsein ist Geschenk. Geschenk des Vaters an den Sohn, durch Vertrauen und durch erzieherisches Investieren.

So kann auch ein junger Mann nur Ehemann, nur Haupt seiner Frau werden, wenn Christus ihn schützt und zu ihm steht als sein Haupt, das ihm Rückendeckung gibt (vgl. 1 Kor 11, 3!). Haupt sein ist Gnade! Wer es erkämpfen will, hat es schon verloren. Haupt werde ich nur, weil Jesus mich so haben will, und deswegen können eigentlich nur Christen gelöste Häupter ihrer Familie sein. Sie brauchen sich nicht zu verkrampfen, sie wurden eingesetzt, eingeführt durch Jesus. Sie haben sich das nicht zugeschrieben. So hat Jesus es gewollt. Es ist das Geschenk Jesu an den Mann, daß er Haupt sein soll. Und Jesus wird darauf achten, daß seine Männer Häupter werden! Es geschieht nicht durch Heer oder Kraft, sondern durch Seinen Geist (vgl. Sach 4, 6). „Es ist ein köstlich Ding, daß *das Herz fest werde*, welches geschieht *durch Gnade"* (Hebr 13, 9).

Die besten Leiter sind die, die gar nicht leiten wollen, und die besten Familienhäupter diejenigen, die Jesus beauftragt hat und die es in Seinem Namen tun. Auch Erziehen sollten wir im Auftrag Gottes und nicht nach menschlichen Konzepten oder eigenen Schrullen und Marotten. Jesus erlöst uns von dem unnatürlichen Hauptsein, von dem übertriebenen Poltern und zu schnellen Beanspruchen der körperlichen Kräfte: All diese Bereiche dürfen erlöst und gelöst werden, wenn wir unser Hauptsein als Beauftragung und Berufung empfangen. Dann ist es Gnade. Gnade kommt vom Lateinischen „gratia" und steht in enger Verbindung zu Grazie, Anmut. Hoheit hat einen Hauch von Anmut an sich, wenn es echte Hoheit ist; ja sogar etwas von Verspieltheit. Sie steht in diametralem Gegensatz zum tierischen Ernst, zum Druckausüben, zur Bärenbeißermiene! Echte Autorität entfaltet und befreit, gibt keiner Willkür Raum, weil sie im Auftrag eines Höheren und Weiseren handelt. Sie braucht sich selbst nicht zu schützen, weil Gott sie schützt. Sie nimmt nicht alles tragisch und bitterernst – weil sie Gott ernst nimmt. Diese Leichtigkeit und Gelassenheit in allem Ernst, diese Freude in allem Leide ist ein Himmelsgeschenk.

So ist auch umgekehrt eine Frau im Grunde nicht kalt oder frigide. Auch sie ist nur unerweckt. Und das Warmlaufen geht nicht bei allen gleich schnell. Je gelöster und entspannter aber ein Mann Haupt sein kann, desto besser kann er seine Aufgabe erfüllen und seine Frau wecken und führen.

Wenn ich an die Ehe meiner Eltern denke, an ihr Geheimnis und den Zauber, der darüber lag, dann steht mir vor allem meine Mutter vor Augen, die es fertigbrachte, meinen sehr streng erzogenen, militärisch geschliffenen Vater – wir bekamen das anfangs recht zu spüren! – zu einem Mann zu machen, der seine Gefühle nicht mehr verdrängte. In einem Freizeitheim fand er vor der Mahlzeit einmal ein Telegramm auf seinem Tisch, und als er dann gebeten wurde, für die Anwesenden das Tischgebet zu sprechen, stand er auf und sagte zunächst mit glänzenden Augen und bewegter Stimme: „Auch dazu hat mich Jesus befreit, daß ich als Mann weinen kann, weil unser Enkelsohn gesund geboren ist." Das wäre ihm früher nicht möglich gewesen. Meiner Mutter war es mit Jesu Hilfe gelungen, ihren Mann zu enthärten und zu entfalten, so daß wir Kinder nur staunen konnten. Gerade weil wir ihn vorher anders kennengelernt hatten. Und umgekehrt hat mein Vater seine Frau schön und fröhlich gemacht, so daß sie als Siebzigjährige immer noch zehn Jahre jünger aussah, als es ihrem wirklichen Alter entsprach, und dabei war sie jahrelang krank gewesen. Gott will Seine Herrlichkeit in unsere Ehen hineinlegen. Dazu gibt uns die Bibel praktische Hinweise an die Hand.

1. Beiwohnen mit Vernunft

„Ihr Männer, wohnet euren Frauen bei mit Vernunft und ehret das weibliche als das gebrechlichere Geschlecht!" so lesen wir in 1 Petr 37. Beiwohnen ist ein treffendes Wort. Es ist ganz wörtlich aus dem Griechischen übersetzt. Es hat Atmosphäre. Da ist Raum nötig in allen seinen drei Dimensionen, eine Wohnung und Schutz. Das heutige Wort „Geschlechtsverkehr" entspricht dem nicht, es ist zu nüchtern, zu technisch. Ihr Männer, wohnt euren Frauen bei, seid euren Frauen ein bergender Ort – und jetzt läge uns nahe, fortzusetzen: „mit schwärmender, erotischer Liebe" – aber die Bibel sagt „mit Vernunft". Weil nur der beiwohnen kann, der weiß, wem er beiwohnt. Beiwohnen will vorbereitet sein. Da müssen wir etwas investieren. Verkehr ist leicht zu haben. Beiwohnen ist teuer, deswegen aber auch wertvoller und anhaltender. Zum Beiwohnen gehört der vorbereitete Raum des Herzens und die vorbereitete Zeit.

Beiwohnen mit Vernunft: Dazu gehört, daß der Mann den Leib seiner Frau kennt und umgekehrt. Und sollte es nicht der eine dem anderen am besten erklären können? Wiederholtes Hineinnehmen in die Wunder des Leibes vertieft das Verständnis. Zum Beiwohnen mit Vernunft gehört, daß der Mann den Zyklus seiner Frau versteht, daß er um die fruchtbaren und unfruchtbaren Tage weiß, daß er das Abklingen der Periode beachtet, da die Bibel in der ersten Woche keine leibliche Vereinigung erlaubt, damit „der Brunnen ihres Blutes nicht aufgedeckt wird" (3 Mose 20, 18). Wenn Mann und Frau sich mit Vernunft in den Zyklus hineinbegeben, können sie auch auf technische Verhütungsmittel verzichten, wie es Ingrid Trobisch in ihren Büchern herausgearbeitet hat. Durch das Beachten der fruchtbaren und unfruchtbaren Tage wiederholt sich in jedem Monat das Liebesspiel von verliebt, verlobt, verheiratet sein, weil es Tage gibt, wo man sich nicht intim begegnen darf, solche, an denen man sich näherkommt und solche, an denen man darf. Der Mann muß auch wissen, daß der Zyklus seine Frau seelisch beeinflußt, daß es Tage gibt, an denen ihr alles leicht von der Hand geht, und andererseits Tage innerer Niedergedrücktheit. Gerade hier bewährt es sich, ob ein Mann gelernt hat, „seine Frau fröhlich zu machen" (5. Mose 24, 5 wörtlich). Zum Beiwohnen mit Vernunft gehört auch unbedingt dazu, daß Mann und Frau darum wissen, daß das Erlebnis des Höhepunkts in der geschlechtlichen Vereinigung verschieden verläuft, daß ein Mann sehr schnell zum Orgasmus gelangt, während eine Frau langsam geführt sein möchte – hier ist die Frau einmal die Langsamere! –, und daß es das Glück der ehelichen Gemeinschaft ausmacht, den Orgasmus gemeinsam zu erleben. Das ist eine hohe Kunst, die nicht leicht zu erlernen ist. Darin sollten auch Frauen ihren Männern Verständnis entgegenbringen. Wecken und gleichzeitig an sich halten will gelernt sein. Erinnern wir uns noch einmal an das Wort zu Anfang: „Sex ist ein zwanzigjähriges Warmlaufen." Es braucht keiner mutlos zu werden. Wir können unsere acht oder zwölf Jahre ganz gut irgendwo in diesen zwanzig Jahren einordnen.

2. Das Erwecken

Wir lesen im Hohenlied: „Seine Linke liegt unter meinem Haupte, und seine Rechte herzt mich. Ich beschwöre euch, ihr Töchter Jerusalems . . . daß ihr die Liebe nicht aufweckt und nicht stört, bis es ihr selbst gefällt" (2, 6–7).

Herzen und Erwecken

Das Erwecken ist mit dem Herzen gepaart. Das Herzen muß auf den Grad des Erwachens abgestimmt sein. Zu diesem Zeitpunkt sagt die Braut zum „herzen" *ja*, aber zum Wecken des geschlechtlichen Verlangens, wie das Wort „Liebe" wörtlich übersetzt werden müßte: *noch nicht.* „Beschwörend" noch nicht! Ein klares Wort gegen das voreheliche Petting, wo Junge und Mädchen den anderen in ihren Intimbereich eindringen lassen! Und dann lesen wir dieselben Sätze noch einmal im letzten Kapitel des Buches, nachdem Freund und Braut einander schon leiblich bewundert und entdeckt haben: „Seine Linke liegt unter meinem Haupte, und seine Rechte herzt mich." Und wieder die beschwörende Bitte zum Verhalten, zum Einhalten der rechten Zeit, obwohl ganz kurz vor der Hochzeitsnacht: „Ich beschwöre euch, ihr Töchter Jerusalems, daß ihr die geschlechtliche Liebe nicht aufweckt und stört, bis es ihr selbst gefällt" (Kap. 8, 3–4).

Die Hochzeitsnacht

„Wer ist sie, die heraufsteigt von der Wüste und lehnt sich auf ihren Freund? Unter dem Apfelbaum weckte ich dich, wo deine Mutter mit dir in Wehen kam, wo in Wehen kam, die dich gebar. – Lege mich wie ein Siegel auf dein Herz, wie ein Siegel auf deinen Arm! Denn Liebe ist stark wie der Tod und Leidenschaft unwiderstehlich wie das Totenreich." (8, 5.6). Erst auf seiner letzten Seite spricht das Hohelied von der geschlechtlichen Weckung der Braut. Dieses entscheidende Ereignis im Leben von Mann und Frau bedarf des „Pleromas", der vollen und erfüllten, der vorbereiteten Zeit. Es will in der Rückschau durch die vorbereitende Hinführung und im Vorausblick durch das Siegel des Treuegelöbnisses in der erfüllten Zeit und in dem erfüllten Raum *eingebettet sein.* Wecke die Liebe nicht, bis dieser Zeitpunkt gegeben ist!

Wie fein nun die Umschreibung der Hochzeitsnacht! Der Bräutigam sagt: „Unter dem Apfelbaum weckte ich dich, wo deine Mutter mit dir in Wehen kam." Zwei Linien streben hier ihrem Höhepunkt entgegen: Die Linie des aufstrebenden Sinnenglücks verankert sich nach unten in die grundsuchende Linie von Wehen und Geschlechterfolge. Zweierlei will die Bibel sagen: Geschlechtliche Vereinigung ist nicht nur ein individuelles Erlebnis, sondern steht im Zusammenhang mit der Geschlechterfolge; die Mutter ist hier genannt. Zum anderen weist sie darauf hin, daß Lust und Weh bei Gott nicht zu trennen sind, und daß man das eine nicht ohne das andere haben kann. „Weckung" und „Wehen", Lust und Leid, stehen in einem tiefen Zusammenhang und eines ermöglicht das andere. Je höher der Spannungsbogen der Freude reicht, desto tiefer wirkt sich die Schwerkraft des Leides aus. So hat Gott das Leben gegründet. Selbst Seinen Sohn hat er „durch Leiden vollendet“ (Hebr 2,10). Was für ein auffallender Gegensatz zu unserer Konsumentenhaltung, wo man Lust ohne Weh haben möchte, eines vom anderen trennt und sich dann wundert, daß die Lust un-lustig macht!

„Lege mich wie einen Siegel auf dein Herz, auf deinen Arm, denn Liebe ist stark wie der Tod!“ Liebe, und hier vor allem die geschlechtliche Liebe, kann nur einmal geweckt werden. Wird sie fallengelassen, stirbt sie. Denn Liebe ist wie der Tod. Von daher ihre Leidenschaft, ihre Unwiderstehlichkeit wie das Totenreich und ihre beschwörende Bitte nach Schutz und Treue. Das Wekken erweckt Urkräfte im Herzen einer Frau, einen Urinstinkt, der ihr sagt, daß sie den Mann für sich und die Kinder braucht. „Dein Verlangen soll nach deinem Manne sein ...“ (1 Mose 3, 16). Ein Mann, der sich über diese Zusammenhänge hinwegsetzt, ist niederträchtig und gemein. Er verkennt und verspielt, was Gott hochheilig ist. Der Platz des Siegels ist das Herz und der Arm. Wir würden heute sagen: die Hand. Die Treue des Herzens bedarf des sichtbaren Bekenntnisses, *des Ringes,* und des hörbaren Gelöbnisses zum Schutz und zur Entfaltung der Liebe. Genauso wie der Glaube des Herzens erst durch das Bekennen des Mundes zur Seligkeit durchstößt (vgl. Röm 10, 9.10), so gewähren, auch das Gelöbnis und der Ring der Ehe die Gewißheit und macht sie selig. Man könnte geradezu von einer Heilsgewißheit des Ehebundes sprechen.

Der Dornröschenschlaf der Frau

Das Bild vom Erwecken setzt die Vorstellung vom Schlafen voraus. Ist es falsch, von einem Dornröschenschlaf der Frau zu sprechen? Zum Wecken gehörten Kunst und Feingefühl. Wer einen Schlafenden laut und hastig weckt, kann heftige Gegenreaktionen auslösen. In Spr 27, 14 heißt es: „Wenn einer seinen Nächsten des Morgens früh mit lauter Stimme segnet, so wird ihm das für einen Fluch gerechnet.“ Das ist großartig gesagt. Der eine schmettert sein Morgenlied und meint, er tue seinem Nächsten etwas Gutes, und der andere wird sauer und empfindet es als eine

Zumutung! Vielleicht findet hier so manches Ehepaar den Schlüssel zum Verständnis seines Problems. Im Überschwang der Freude weckte der Mann die Frau in der Hochzeitsnacht mit einem „schmetternden Gesang“ – und sie war erschreckt oder verdattert! Es wurde ihm als „Fluch“ ausgelegt. Häufig beginnt in der ersten Nacht die Fehlentwicklung vieler Ehejahre, bis hin zum Abscheu und zum Erkalten. Ein schlafender Mensch will mit Verstand geweckt sein. Vielleicht können aufgrund dieser Einsichten einige Frauen ihren Männern williger vergeben. Er wollte ja segnen, er wollte ihnen etwas Gutes tun, aber es geriet zum Schlechten, und alles lief schief.

Das Getriebe eines neuen Wagens muß behutsam eingefahren werden. Jeder Autofahrer weiß das. Meine Frau empfiehlt Jugendlichen oft: „Legt nicht sofort den vierten Gang ein und jagt die Maschine nicht gleich auf 150 km/h. Das hält sie nicht aus. Sie muß eingefahren werden. Es gibt Geschwindigkeitsgrenzen, die nur langsam überschritten werden können.“

Das Erwecken ist ein schönes, treffendes Bild. Also nicht mit ungebändigter oder ungewollter Grobheit vorgehen, sondern mit Takt. Viele Verkrampfungen im Leibe einer Frau rühren von einem falschen Gewecktwerden her. Eine Vergewaltigung schon gar wirkt wie ein Gewecktwerden mit dem Holzhammer, und ein unvorbereiteter, vorehelicher Geschlechtsverkehr trägt den Keim zur Verkümmerung schon in sich. Er bringt die Frau nicht zur Entfaltung, sondern zur Verklemmung. Von daher müssen wir Gottes scharfe Worte gegen den vor- und außerehelichen Geschlechtsverkehr verstehen. Dadurch wird ein unguter Prozeß eingeleitet, der sich entweder gierend nach außen entlädt oder nach innen frißt und zerstört.

„Unter dem Apfelbaum weckte ich dich . . .“ – nicht im Walde, an einem gestohlenen Ort; nicht unter dem wilden Baum, sondern unter dem veredelten, dem Apfelbaum weckte ich dich, unter dessen schützendem Schatten zu sitzen und von dessen schmackhaften Früchten zu essen eine Frau begehrt (vgl. Hld 2, 3!). Hier soll der Mann sein ganzes Können einbringen, und die Frau wird dankbar jedem neuen Schritt folgen, wenn das Wecken ihrem Wesen gemäß erfolgt.

3. Das Erkennen

Die Bibel benutzt noch ein anderes Wort für die leibliche Vereinigung, das Wort „erkennen". In 1 Mose 4,1 lesen wir: „Adam erkannte sein Weib Eva, und sie ward schwanger." Wir sollten sehr genau hinschauen. Es heißt nicht: Adam erkannte *ein* Weib, sondern Adam erkannte *sein* Weib *Eva.* So war nicht nur die Schwangerschaft vorbereitet, sondern in einem viel wesentlicheren Sinn das Erkennen möglich gemacht. Zum geschlechtlichen Erkennen gehört der Name, der den Menschen als Person würdigt, und gehört die gegenseitige Verpflichtung zur Treue. Mein und dein sind besitzanzeigende Fürwörter. So nehmen Mann und Frau sich gegenseitig auf Lebenszeit in Besitz, und das ist die Voraussetzung zum gegenseitigen Erkennen. Die Bibel sagt: „Wie sich im Wasser das Angesicht spiegelt, *so* ein Mensch im Herzen des anderen" (Spr 27, 19). Auf einer ruhelosen Wasserfläche verzerrt sich das Bild. Erst wenn das Herz zur Ruhe gekommen ist in der unbedingten Gewißheit der Verläßlichkeit des andern, ist das Erkennen des Herzens, ist das Durchschauen bis zum Herzensgrund möglich. Wo Mann und Frau nicht zu dieser Ruhe gelangen und aus Glauben in sie eingehen – es ist wahrhaftig *ein Glaubensakt* vor Gott als dem einzig legitimen Dritten einer jeden Ehe (vgl. Pred 4,12 und Hebr 4, 3) –, wo Mann und Frau also nicht zur Ruhe finden, entstehen Zerrbilder, unwahre Bilder voneinander, die einander mehr und mehr verschließen, das gegenseitige Aufschließen, das Erkennen, verbauen. Erkennen kann man nur mit dem Herzen. Die leibliche Vereinigung hat dieses innere und innige Ziel.

So sah sich Adam im Herzen seiner Frau. Durch seine Hingabe weckte er das Frausein Evas. Und durch die Begegnung mit ihrem Frausein wurde Adam seinerseits zum Mann. Er empfing sich gleichsam selbst im Frauwerden seiner Frau. Sein Mannwerden war die Bestätigung und der Lohn dafür, daß er seine Frau geweckt hatte, denn ihr Frausein hatte ihm das Mannsein geschenkt. Was für Vorgänge! Welches Gut hat Gott in die Ehe gelegt! Man kann mit Recht von einer „Kunst und Wissenschaft der Ehe" sprechen, wie ein Buchtitel zum Thema lautet. Die leibliche Vereinigung darf als Ausgangspunkt dieses tiefen, verwandelnden und schöpferischen Erkennens dienen. Es ist aber nicht darauf beschränkt und geht nicht in ihr auf.

Bestehen hier nicht tiefe Zusammenhänge mit der geistlichen Weckung, der Erweckung? Die Bibel geht auf diese Parallele ein, wenn sie spricht: „Wer dem Herrn anhanget, der ist ein Geist mit ihm." Im Vers zuvor hieß es: „Es werden die zwei" – sagt die Schrift – „ein Fleisch sein" (vgl. 1 Kor 6, 16b.17). Wer Jesus anhanget – unbedingt, ungeteilt, auf immer –, der wird ein Geist mit Ihm. Da hebt das Erkennen an, die geistliche Einsicht und Erkenntnis. Ohne das Ja des Glaubens, ohne das Liebes- und Treueversprechen zu Jesus bis hin zum öffentlichen Christus-Bekenntnis gibt es keine Gotteserkenntnis, bleiben wir in grauer Theorie. Wenn wir aufhören würden, uns vor Gott zu behaupten oder uns Ihm zu verweigern, wenn wir in Seine Ruhe eingingen und unser aufgewühltes Herz bei Ihm zur Ruhe käme, dann würden wir erkennen und erkannt werden in stillen, tiefen, erquickenden Wassern. Solches Erkennen ist ein rechtes „Wasserbad im Wort", wie es Paulus in einer Parallelaussage über das Verhältnis Jesu zum Gläubigen und zur Gemeinde nennt (vgl. Eph 5, 26). Es schenkt uns das Glück der geistlichen Vereinigung mit Christus.

Zur leiblichen Vereinigung gehören Takt, Verständnis, das hilfreiche Entgegenkommen der Frau, das Zur-Ruhe-Kommen des Wasserspiegels, das Aufräumen der Vergangenheit und das Eintreten ins Licht, damit alle Störungen ausgeschaltet werden können. So gewinnt unser Blick Tiefe, bis ins Herz des andern, ja bis ins Vaterherz Gottes hinein. Diese gewaltigen Vorgänge hat Gott an das Erkennen gebunden, dessen vergängliches, leibliches Gleichnis auf das geistliche und ewige Erkennen hinweist.

4. Das Herzen

Vor der Ehe

Wir lesen noch einmal: „Seine Linke liegt unter meinem Haupte und seine Rechte herzt mich" (Hld.8,3). Ein schönes Wort: „herzen". Wir sprechen von der herzenden Hand, aber auch von herzenden, herzlichen Worten. Wir meinen damit, daß sowohl die Hand wie auch das Wort des Mundes das Herz ausdrücken und es anrühren sollen: „herzen". Wer kann das noch? Heute spricht man recht platt vom „Petting“ und meint damit einen winzigen Teilbereich des „herzens“. Dabei gibt es soviel zu herzen und zu Herzen zu nehmen. Wer darin blind ist, lese einmal aufmerksam Kapitel 1-7 des Hohenliedes! Deswegen soll das „Herzen“ zur leiblichen Vereinigung getrost für die Hochzeitsnacht aufbewahrt sein. Da werden die tiefen Saiten der Harfe gespannt. Sind zuvor die höheren Saiten nicht entdeckt und eingespielt worden, wird das Spiel monoton, ja langweilig. Manche Verbindungen kennen überhaupt nur eine Saite, zwar die tiefste und vibrierendste, wenn aber immer nur sie erklingt, was für ein Trauerspiel ist das! Jedes verlobte Paar sollte sich Zeit nehmen, eine möglichst weitgespannte Harfe einzustimmen und auch im Spiel zu meistern. Hier soll keiner ein Stümper bleiben, sondern vom Lehrling zum Meister des „herzens“ werden. Und je weiter die Harfe geformt wurde, je intensiver sich die einzelnen auf die Ehe vorbereiteten, um so mehr Saiten können benutzt werden und um so reicher und volltönender werden die Harmonien sein. Keiner sollte es zu eilig haben! Man versäumt nichts, sondern überspringt höchstens etwas oder überspannt die Saiten.

In der Ehe

Das „Herzen“ öffnet den Raum des Herzens für die leibliche Begegnung, nicht nur in der Hochzeitsnacht, sondern in jeder ehelichen Nacht. Zum „Herzen“ gehört unbedingt das Wort. Jemand hat es so formuliert: Die empfindsamste Zone der Frau ist ihr Herz, und der schnellste Weg dahin führt übers Ohr, übers Wort, über das herzende Wort. Wie sprudelten früher zur Zeit des verliebten Kennenlernens die herzenden und scherzenden Worte über unsere Lippen! Warum haben wir diesen Quell des Herzens versanden lassen? Meinten wir, ihn nicht mehr nötig zu haben, oder hat die Arbeit und Pflicht ihn zugeschüttet? Das war dann ganz sicher zu unserem eigenen Schaden. Was kann ein Kompliment, eine Liebenswürdigkeit ausmachen und erreichen! Manchmal geraten Frauen in tiefe innere Bedrängnis und wähnen sich nicht mehr geliebt, weil der Mann sein Verliebtsein nicht zeigt oder herunterspielt. Das muß anders werden. Sie dürfen als Mann ruhig wieder anfangen zu stottern, aber herzen sie Ihre Frau, Ihr liebes Herz. Eine Frau erzählte uns wie verblüfft sie war, als ihr Mann sie eines Tages mit dem Satz aufweckte: „Heute möchte ich dir eine Freude bereiten.“ Sie hatten kritische Monate und Jahre hinter sich, und die Worte des Herzens waren erstorben. Und nun hatte dieser Satz Kräfte der Freude in ihr ausgelöst. Mit einem Satz war sie aus dem Bett und in der Küche . . . Das lösende, herzende Wort.

Befreite Geschöpflichkeit

In diesen Bereich gehört auch die befreiende, herzende Hand. Warum hat Gott den Geschlechtsbereich so empfindsam geschaffen? Die Bibel gibt uns Freimut zum Herzen. „Seine Linke liegt unter meinem Haupte, und seine Rechte herzt mich“ (Hld 8,3). Was für eine treffende, wegweisende Aussage! Die Linke ruht unter dem Haupt, hält das Antlitz und die Augen: das „Licht und die Leuchte des Leibes“ (vgl. Lk 11, 34). Von dort aus, über die Linke und übers Herz, empfängt die Rechte Auftrag und Weisung zum „herzen“, wie es am Gesicht abzulesen ist und die Braut es gern hat. Der Leib der Braut ruht gleichsam auf den bergenden und wohltuenden Armen des Mannes wie ein Schatz, der wertgehalten ist. Weil die Bewegung von Herz zu Herz über die Augen geht, ist alles in Licht gebadet. Der Leib wird ganz licht, daß er „kein Stück Finsternis“, nicht einen Hauch des Gemeinen, Ungeheiligten hat, weil er im überirdischen Licht „des Blitzes“, des göttlichen Wohlgefallens erstrahlt. Hier wird uns der Weg zur befreiten Geschöpflichkeit aufgetan. Wen das aufdeckende, überführende Licht Jesu geläutert, erwärmt und rein gemacht hat, der kann herzen und wohltun. Gottes Licht macht auch die leiblichen und geschöpflichen Vorgänge licht. Sie stammen ja von Ihm, sind von Ihm gewollt und geschaffen. Und „den Reinen ist alles rein“ (vgl.Tit 1,15). In diesem Licht wollen wir auch über das Folgende nachdenken.

Wer hat die Verfügungsgewalt über den Leib?

In 1 Kor 7, 4 lesen wir: „Die Frau ist ihres Leibes nicht mächtig, sondern der Mann. Desgleichen der Mann ist seines Leibes nicht mächtig, sondern die Frau."

Im Alten Testament und Bund hat Gott Anspruch auf die Vorhaut des Mannes erhoben. Er sagte damit dem israelitischen Mann: Wie die Vorhaut dich schützt, so will ich dich schützen. Wie dein Glied dich wesentlich bestimmt in deinem Mannsein, so empfängst du deine Bestimmung von mir. Dies war der eigentliche, der geistliche Sinn der Beschneidung. Im Neuen Testament übergibt Gott das Recht auf die Vorhaut der Frau. Im Auftrag Gottes soll sie ihren Mann schützen und ihn seiner Bestimmung als Mann zuführen, soll mächtig sein und Autorität haben über den Leib des Mannes. Diese ihre Autorität soll sie beglückend und erfreuend einsetzen. So wie der Mann die Frau erweckt, so darf auch die Frau den Mann glücklich machen, mächtig sein über ihn innerhalb der Grenzen des Geschöpflichen. Weil sie ihn umhüllt, darf sie enthüllen. Umgekehrt vertraut Gott die Frau dem Manne an, damit er sie ihrer Bestimmung als Frau zuführe. Hier geht es um die Klitoris am Eingang der Scheide, die in einer direkten Verbindung zu ihrem Frausein steht. Gott hat das Recht über die Klitoris dem Mann übergeben. Sie ist wie ein Glöcklein, das die Begegnung der Nacht einläuten möchte. Viele Männer wissen nicht darum – und die Frauen verraten es nicht. Warum eigentlich? „Die Frau ist ihres Leibes nicht mächtig, sondern der Mann." Er soll die Frau ihres Leibes, ihrer selbst bewußtmachen. Sie weiß ja gar nicht, was alles in ihr steckt, was Gott alles in sie hineingelegt hat. Das herzende Wort und die herzende Hand heben es in ihr Bewußtsein, wie auch umgekehrt ins Bewußtsein des Mannes.

Selbstbefriedigung ist Diebstahl

Von diesen Aussagen und diesem Verständnis her fällt auch neues Licht auf die Selbstbefriedigung (Onanie). Gott erhebt Anspruch auf die Geschlechtlichkeit des Menschen. Er hat sie nicht nur geschaffen, sondern auch ihren Vollzug bestimmt. Nicht der einzelne, sondern der andere hat Recht darauf. Sie ist nicht für mich, sondern für den Partner bestimmt. Nicht ich, sondern der zukünftige Partner soll sie entwickeln und mich dadurch zu mir selbst führen, mein Frausein oder Mannsein entfalten. Gott hat Seinen Anspruch auf die Vorhaut und die Klitoris nicht zurückgenommen, sondern das Anrecht unserem zukünftigen Partner übertragen und aufgetragen. Wer sich selbst befriedigt, vergeht sich an Gottes Eigentum und seinem zukünftigen Partner, dringt in einen Bereich ein, der ihm nicht gehört. Er tut sich selbst ein Leid an. „Die Frau hat keine Verfügungsgewalt über ihren eigenen Leib, sondern der Mann. Desgleichen hat auch der Mann kein Verfügungsrecht über seinen eigenen Leib, sondern die Frau“ (vgl. das griechische exusiazein als „Verfügungsrecht ausüben“, 1 Kor 7, 4). Wer seinen Frieden in Gott gefunden hat, braucht sich selbst nicht mehr zu „befriedigen.“

Entartungen des Herzens

Heute wird viel über Sexualpraktiken geschrieben und gelesen. Sogar auch gelehrt. „Werden Jugendliche durch Sexualerziehung zur Unmoral verführt?“ lautete die Überschrift eines scharfen Zeitungsartikels aus Bonn. Das erste Recht zur Sexualerziehung hat Gott den Eltern gegeben. Sie sollen ihre Kinder dazu fähig machen, „verlassen“ und ihrem Partner „anhangen“ zu können. Der Staat kann hier nur sekundäre und zusätzliche helfende Funktionen übernehmen. Seine primäre Aufgabe ist es, Eltern wieder zu rechten Eltern zu machen. Die diese zugedachte Funktion hat Gott nicht dem Staat übertragen. Sexualerziehung muß deswegen im Einvernehmen mit den Eltern und unter Beachtung der biblischen Richtlinien verlaufen. Wo sie zu entwürdigenden Sexualpraktiken verleitet, ist sie entschieden abzulehnen.

Das „Herzen“ geschieht mit dem Mund und mit der Hand. „Herzen“ drückt das Herz aus und will das Herz erreichen. Der Mund berührt das Antlitz, die Hand den ganzen Leib. Wenn wir dem Leitsatz folgen, immer den Schöpfer im Geschöpf zu ehren, dann bleiben wir auch vor abstößigen Entgleisungen bewahrt.

Aus der Wüste ins gelobte Land

„Wer ist sie, die heraufsteigt von der Wüste und lehnt sich auf ihren Freund?" Hier wurde der Mann zum Mann und die Frau zur Frau, als der Mann anfing zu leiten und die Frau sich anlehnte an ihren Freund. Was für ein Bild! Gerade weil wir es verloren haben, sollten wir ihm lange nachsinnen.

Der Bräutigam soll nicht nur Ehemann sein, sondern auch Freund. Die ganze Spielbreite der kindlich-verspielten, der überquellend-jugendlichen und der gebändigt-gereiften Beziehung soll in die Ehe eingebracht werden. Wir sind Spielgefährte, Freund, Kamerad, Bräutigam und Ehepartner in einem. All dieser Reichtum wird in unser Leben und in unsere Ehe einfließen, wenn wir heraufsteigen aus der Wüste und die Braut sich auf ihren Freund lehnt.

Hier darf der Mann wie der Wind und die Frau wie das Meer sein (vgl. Spr 30, 18–19). Sie dürfen sich zum Schwingen bringen und auch wieder miteinander abklingen aus dem Glück, eins geworden zu sein. Und dennoch spricht die Bibel in unserem Eingangswort nicht so romantisch. Sie tut es ganz bewußt nicht. Sie weiß um den langen Anmarschweg, der zurückgelegt sein muß: „Wer ist die, die aufsteigt aus der *Wüste*?" Wir gelangen zum Glück und zur Schönheit der Ehe nur durch viele Durst- und Wüstenstrecken. Nicht wenige kommen in der Wüste um – aus Unglauben (vgl. Hebr 3, 18-19). Die meisten kommen aus der Wüste mit Veränderungen zurück, gezeichnet von Traumata aus den frühen Kinder-, Jugend- und Ehejahren. Nicht wenige haben sich zerstört, sind ausgebrannt, haben alle Hoffnung aufgegeben oder fragen: Kann es überhaupt noch werden? Andere haben sich abgefunden und beschlossen, von dem allem nichts mehr wissen zu wollen: Wüste und Verwüstung! – Haben wir es vergessen, daß in der Wüste die eherne Schlange aufgerichtet wurde? Daß deswegen „des Menschen Sohn", des Menschen treuester Anwalt, am Kreuz erhöht werden mußte, damit alle Ihn sehen sollten und durch den *Glaubensblick* das Schlangengift seine Kraft verlöre und die Genesung einsetzte (vgl. Joh 3, 14–18). Wir benötigen nur das eine Wort, um das der Hauptmann von Kapernaum bat (vgl. Lk 7, 7 und Ps 80, 4).

Durch die Wüste führt der Weg ins gelobte Land, und er wird

zusehends schöner. Wir sollen das Land einnehmen und bebauen – das ist die Linie der Bibel. Je älter ein Paar wird, desto schöner sollte es zwischen ihnen werden.

Und dennoch spricht die Bibel von der Wüste. Auch wir sind Jahr um Jahr durch Wüste gegangen. Es gab wohl immer wieder „Quellorte“ (Ps 84,7), aber es war Wüste. Es war ein weiter Weg ins gelobte Land – und auch jetzt noch haben wir bisweilen das Gefühl, es nur von ferne erblickt zu haben.

> „Wohl den Menschen, die dich für ihre Stärke halten
> und *von Herzen* dir nachwandeln!
> Wenn sie durchs dürre Tal ziehen, wird es ihnen zum Quellgrund . . .
> Sie gehen von einer Kraft zur andern
> und schauen den wahren Gott in Zion.“

Aus Ps 84, 6–8

Es braucht keiner den Mut sinken zu lassen. Die Kraftquellen sind eine Realität, und es gibt Wege aus der Wüste. Ja, es gibt Heilung in der Wüste und von der Verwüstung. Wer Gott für seine Stärke hält, hält die Hand des treusten Anwalts der Ehe, des allmächtigen Vaters und Schöpfers der Ehe. So gehen wir unseren Weg „von Kraft zu Kraft“, bis wir begriffen haben und es immer tiefer erfassen, was Gott mit der Ehe gemeint hat, bis wir Ihm in unserer Ehe schauen und unser Heim ein Zion wird.

Das Geheimnis ist groß, wirklich ganz groß. Wir gelangen in seine Tiefe nur durch Christus, durch Sein Vorbild und Sein Verhältnis zur Gemeinde, weil Er als Ebenbild Gottes uns den göttlichen Entwurf der Ehe wieder entwirrt und verdeutlicht hat (vgl. Eph 5, 25–33).

> Die Braut sagte:
> „Lege mich wie ein Siegel auf dein Herz,
> wie ein Siegel auf deinen Arm . . .“

Hld 8,6

Wie sollen wir es sagen?

> „Sei mir der Ring meiner Hand“ –
> „und du der Edelstein auf dem Golde . . .“

Zur Frage der Empfängnisverhütung

Ich möchte nur so viel zeugnishaft sagen, daß wir selbst und viele andere Ehepaare, die die Schau empfangen haben, daß Elternschaft von Gott anvertraut wird, entweder von vornherein keine Freiheit dazu gehabt haben oder wieder abgekommen sind von den Mitteln der technischen Empfängnisverhütung. Wir haben mehr und mehr auf Gottes Schöpfungsordnung vertraut, auf das, was Gott selbst in uns hineingelegt hat: die fruchtbaren und die unfruchtbaren Tage, das ganz bewußte Leben mit dem Zyklus. Und wir haben es zunehmend als heilsam empfunden, daß darin Zeiten der Enthaltsamkeit eingeplant sind als ein Mittel Gottes, uns vor Überdruß zu bewahren. Immer wieder essen zu müssen schafft Überdruß. An dieser Stelle steht in mancher Ehe eine Not! Gott hat es eingeplant, daß da Zeiten sind, wo wir uns enthalten können und dürfen, wo wir eine gesunde Zucht lernen. Und ich bin dankbar, daß wir gerade da immer wieder erfahren: Gott steht auf unserer Seite und hat volles Verständnis für uns. Wir haben das oft erlebt, gerade weil mein Mann und ich oft getrennt sind, weil es nur begrenzte Zeiten gibt, in denen wir uns sehen – daß Gott das versteht, und auch den Zyklus verändern kann – selbst wenn er sonst regelmäßig ist –, damit wir zusammenkommen können. Ich kann nur sagen: Unser himmlischer Vater fühlt mit uns und hat auch unseren Leib, unsere leiblichen Wünsche in Seiner Hand, in Seinem Plan.

Und dann dürfen wir die Kinder, die Gott schenkt, auch dankbar annehmen. Unsere drei ersten, die sehr schnell hintereinander kamen, entsprachen durchaus nicht meinem Zeitplan und meinen Zielen. Ich war als Missionarin ins Ausland gegangen und wollte als solche arbeiten, und dann war ich schon im ersten Term durch drei kleine Jungen angebunden. Doch was geschah? Die Frauen des Missionsfeldes kamen zu mir und sagten: „Du bist ja genauso eine Frau wie wir, du hast auch fast jedes Jahr ein Kind." Das war Gottes Strategie, um mich in einem Dorf zur Missionarin zu machen, in dem es noch keine Christen gab, in dem aber die Frauen auf diese natürliche Weise Zutrauen faßten. Sie kamen mit allerlei Fragen, die die Kinder betrafen, und mit den kranken unter ihnen zu uns! Dankend empfangen – nach Gottes Plan und zu der Zeit, in der Er uns Kinder schenkt. Ich habe sogar erlebt, daß Schwäche und Krankheit kein Grund zur medizinischen Indikation der Schwangerschaftsunterbrechung sein müssen. Meine Schwiegermutter, die Ärztin und eine wirkliche Seelsorgerin von Gottes Gnaden war, hat mir oft davon erzählt, daß Frauen in Notlagen zu ihr kamen und um Rat fragten: „Mein Arzt“, so hieß es, „sagt, ich dürfe keine Kinder mehr haben, aber ich bin schwanger. Was soll ich tun? Er sagt, es sei lebensgefährlich.“ Als Medizinerin war unsere Mutter ja auch in der Lage, sich ein Urteil zu bilden. Einmal betraf es eine Frau, die an TBC erkrankt war. Der behandelnde Arzt hatte gemeint, daß eine Schwangerschaft ihren Körper zu sehr schwäche, daß ihr Leben auf dem Spiel stünde und daß damit auch die Versorgung ihrer anderen, noch kleinen Kinder gefährdet sei. Meine Schwiegermutter konnte selbst als Ärztin vom biblischen Standpunkt aus nur sagen, daß Abtreibung, daß Schwangerschaftsunterbrechung, Mord sei. Sie hat dann mit dieser Frau zusammen die Schwangerschaft im Gebet vor Gott gebracht. Es geschah das Erstaunliche, daß die Frau über dieser Schwangerschaft gesund wurde. Meine Schwiegermutter berichtet, daß im Bereich ihrer seelsorgerlichen Tätigkeit mehrere Fälle ähnlicher Art vorgekommen seien.

X. Gottes und unser Vatersein

Das verzerrte Vaterbild – ein geschichtlicher Rückblick. Vaterschaft ist nicht mehr „in". Wir haben den Vater abgeschafft. Als der Himmelfahrtstag zum Vatertag erklärt wurde, wurde der Vater auch noch mit Bier und Schnaps begossen und begraben. Wie konnte es dazu kommen? Wie konnte das Bild des Vaters derart verzeichnet und verzerrt werden, daß man es ganz über den Haufen warf und heute meint, den Vater nicht mehr nötig zu haben? Dabei vermittelt die Bibel ein ungemein anziehendes Bild von Gottes Vaterschaft.

Ich glaube an Gott, den Vater und Schöpfer

Als Vater ist Gott nicht der Fordernde, sondern der Schenkende. Er verlangt nichts, was Er nicht selber schafft. Er beschenkt, aber Er beschneidet nicht. Er erzwingt unsere Liebe nicht, allenfalls be-zwingt Er uns mit Seiner Liebe. Er läßt uns mit leidendem Herzen laufen. Er erleidet unsere Rebellion, unsere Arroganz, unseren Ungehorsam, der Ihm das Hören und Gehorchen versagt. Er erleidet unsere Aggressionen, aber auch unsere Depressionen. Und Er hat einen Weg gefunden, einen entsetzlich teuren Weg, um uns von unserer Gottlosigkeit zu heilen. So ist Gott. So ist der himmlische Vater. Er gibt und gibt und gibt . . . und vergibt. Er schont Sich in keinem und verschenkt Sich in allem – nur um uns schonen und uns vergeben zu können. Das Vaterbild der Bibel ist niemals despotisch-erdrückend, ist immer lebenspendend und fördernd, zeigt Seine großzügige Richtung – ist weisende und offene Hand, beschirmend und bewahrend.

Wenn wir in die Natur hinausfahren, wer kann da noch auf den Gedanken kommen, daß Gott knauserig sei, wo Er solch unermeßliche Schönheit ausgestreut hat? Welche Gedankenfülle, welcher Ideenreichtum wird hinter Seiner Schöpfung sichtbar (vgl. Ps 104, 24), unzählbar wie Meeressand (Ps 139, 17–18) – so daß der Dichter folgert:

„Wenn am Schemel seiner Füße und am Thron schon solch ein Schein, oh, was muß an seinem Herzen erst für Glanz und Wonne sein!"

Ohne Gott den Schöpfer

Beides, Gottes Schöpfersein und Gottes Vatersein, bejahen wir in unserem Glaubensbekenntnis als die Grundlage unserer Existenz, und beides haben wir uns ausreden und nehmen lassen; den Schöpfer durch die Evolutionstheorie und den Vater durch die Theorie von der Vaterprojektion, die Gott zum bedrückenden Über-Ich abstempelte. So wurde das Schöpfer- und Vaterbild Gottes deformiert und entstellt. Heute gibt es Wissenschaftler, die sagen, daß es leichter sei, an den Schöpfer als an die Evolution zu glauben. Die Bibel unterstreicht in ihrem Schöpfungsbericht immer wieder, daß Gott „ein jedes nach seiner Art" geschaffen hat. Gott gab jedem Lebewesen seinen Platz und seine Bestimmung. Wer Gott als Schöpfer aufgibt oder entstellt, entstellt und verrückt sich selbst und verliert seine Bestimmung. Wäre am Ende des 19. Jahrhunderts die Mendelsche Lehre von der Entstehung der Arten schneller und nachdrücklicher verbreitet worden als die Darwinsche Theorie, welch Unheil hätte vermieden, welche Irrwege hätten uns erspart bleiben können!

Ohne Gott den Vater

Feuerbach sprach von Gott als einer Projektion des Vaters in den Himmel. Er lehnte das biblische Vaterbild – hat er es je sorgfältig studiert? – als Wunschtraum ab und verlor dadurch auch das menschliche. Die Psychologie erklärte Gott als das Über-Ich des Menschen. Auch hier wurde das Gottesbild vom Menschenbild bestimmt, wo es doch genau umgekehrt sein müßte. Durch derartige Voreingenommenheiten geschwächt, war Deutschland dem Ansturm der nationalsozialistischen Bewegung nicht gewachsen. Als der Führer sich als Verführer entpuppte, erholten sich viele Väter nicht mehr von diesem Tiefschlag und wagten fortan nicht mehr zu führen. Aus Angst vor falscher Autorität und vor dem Versagen haben sie sich ihrer Aufgabe als Väter versagt. Und das ist bei vielen bis heute so geblieben. Väter wagen nicht, das Heft in die Hand zu nehmen, weil ihre Väter oder sie selbst einmal ein falsches Heft, eine irrtümliche Anweisung in der Hand gehalten haben. So entstand der *schweigende Vater,* der Kinder und Familie mehr oder weniger sich selbst überläßt oder nach eigener Fasson selig oder unselig werden läßt, da er selbst keine überzeugende Fasson für sich und seine Familie gefunden hat – ganz zu schweigen davon, daß die Frage nach der Seligkeit niemals eine Fassonfrage gewesen ist und es auch nicht sein kann! Ein Vater aber, der seinen Kindern kein ansprechendes, nachdenkens- und erstrebenswertes Lebenskonzept vermitteln kann, hat seinen Platz in der Familie verspielt, hat die Erwartungen seiner Kinder enttäuscht und wird darüber selbst verbittern. So wird aus dem schweigenden der *frustrierte, der mißmutige und entmutigte Vater.* Wenn aber unsere Kinder keinen Vater mehr haben, bekommen sie auch kein Verhältnis zu Gott, dem Vater, der jeden Vater zum Abbild und Wiederschein seines Vaterseins eingesetzt hat. So schließt sich der Todeszirkel.

Wenn dann auch noch die Frau ihren Mann nur kritisiert, kann in diesem Kreis die Hölle losbrechen, und die Atmosphäre im Hause wird dämonisiert. Kann man es da den Betroffenen verdenken, daß die Flucht aus der Mitte einsetzt? Die Frau sucht im Beruf nach Bestätigung, der Mann geht in der Leistungsgesellschaft auf – oder unter –, und die Kinder werden süchtig nach früher Mündigkeit, weil sie den „Mund der Eltern“ nicht kennenlernten. Durch den Verlust der Mitte steht dann der Zentrifugalkraft, der nach außen gerichteten Fliehkraft, keine Zentripetalkraft, keine nach innen ziehende Kraft, mehr gegenüber und die Reise geht in den dunklen, kalten Weltenraum, wo die einzelnen als irrende Kometen entweder verglühen oder in Kälte erstarren.

Wir haben die Richtung verloren

Es ist schmerzlich, einzugestehen, daß unser Leben verarmt ist und wir wertvolle Lebensbezüge verloren haben, wie sie in den familiären Beziehungen zum Ausdruck kommen. Jesus sagte zu denen, die Ihn als Lebensmitte ablehnten: „Siehe, euer Haus soll euch wüste gelassen werden!" (Mt 23, 38).

Aus solcher Verwüstung tasten wir uns nun zurück: „Herr, was ist der Mensch?" (Ps 8, 5). Wie hast Du ihn gemeint? Wie soll ich leben? Ich kann doch nicht mit einem langen Gesicht durch eine Welt schleichen, die Du schön gemacht hast. Die Welt ist schön, und ich bin traurig! Gott, wie hast Du Kind- und Erwachsensein, wie hast Du Ehe und Elternhaus gedacht?

Gottes Schöpfungsordnung hat unsere Gesellschaft geprägt. Es ist eine zeitlose Ordnung. Nur Anmaßung kann behaupten, daß die Bibel und das, was sie über Ehe und Familie sagt, nicht mehr in unsere Zeit hineinpasse. Gegen wen richtet sich das? Gott paßt immer und ewig in unsere Zeit hinein, denn sie gehört Ihm! Er ist immer „up to date", Er ist immer „in". Aber ob wir „in" sind, ob unsere Gesellschaft „up to date" ist, das ist die große Frage, wo doch alles darauf hindeutet, daß wir uns schon weit aufs Abstellgleis eines sogenannten alternativen Lebensstiles haben schieben lassen, der im Grunde ein Todesstil ist; denn die Alternative zum Leben ist Tod.

Was tat Gott als Vater, und was sollen wir tun?

Im Epheserbrief finden wir die eindeutige Aussage, daß „alle Vaterschaft" – so wörtlich – „im Himmel und auf Erden von Gott seinen Namen" und Bedeutung hat (Eph 3, 14). Ohne Gott als Vater zu kennen, vermag kein Mensch recht Vater zu sein. Das ist eine glatte Überforderung, die entweder im Abtreten des Vaters oder in einem Zerrbild vom Vater endet. Nur wen Gott väterlich behandelt, kann selber als Vater handeln. „In deinem Licht sehen wir das Licht" (Ps 36, 10), da fällt auch Licht auf das rechte Vatersein.

Im Hebräerbrief, einem der menschlichsten Briefe des Neuen Testaments, lassen sich kostbare Hinweise über die Beziehung des ewigen Vaters zum ewigen Sohn entdecken. Im ersten Kapitel heißt es: Der Vater hat den Sohn „zum Erben über alles eingesetzt" (V. 2), indem Er Ihn an der Schöpfung mitarbeiten ließ (V. 2), indem Er Ihm an Seiner „Herrlichkeit" und an Seinem

„Wesen“ Anteil gab (V. 3) und indem Er Ihn „einführte in die Welt“ (V. 6). Das hat wiederum den Sohn „tragkräftig“, belastbar und leidensbereit gemacht (V. 3; 2, 9!), hat in Ihm die Liebe zur Gerechtigkeit und den Haß gegen die Ungerechtigkeit geweckt, hat Ihn unaussprechliche Freude „wie keinen andern“ erfahren lassen (V. 9), und Ihn wieder an die Seite Seines Vaters gezogen (V. 3 13), um für immer zur Rechten des Vaters zu herrschen. Es lohnt sich, diesen Zielvorstellungen von Gottes Vatersein nachzudenken, zumal sie Jesus zum „vollendeten“ (2, 10) Sohn gemacht haben (Jes 9, 5!), mit andern Worten: „erfolgreich waren“, wenn man das so sagen darf.

1. Zum Erben einsetzen

Das Ziel des Vaterseins Gottes ist es, Seinen Sohn zum Erben zu machen. Als Geber „aller guten und vollkommenen Gabe“ (Jak 1, 17) möchte Gott geben, weitergeben, ja übergeben. Er möchte mitteilen, anvertrauen und vererben.

Um Jesus zum Erben einzusetzen, hat Gott Sich Seinem Sohn mitgeteilt, Er hat mit Ihm gesprochen, Er hat ihm Anteil gegeben an Seinen Gedanken und Plänen, an Seinen Freuden und Schmerzen: Gott spricht: (vgl. 1 Mose 1, 3) „Im Anfang war das Wort!“ Gott ist Wort (vgl. Joh 1, 1). Das ist etwas ganz Wichtiges für uns als Väter. Wir kennen in unserer Gesellschaft den tätigen Vater, der, teilweise zusammen mit der Mutter, das Geld herbeischaffen muß. Wir kennen auch noch – wenn auch schon etwas spärlicher – den planenden Vater, der sich über die Feriengestaltung oder über die berufliche Zukunft seiner Kinder gemeinsam mit seiner Frau Gedanken macht. Aber wir finden kaum noch den sich mitteilenden Vater. Das ist ein großes Defizit. Gott hat sich vorgenommen, Seinen Sohn zum Erben zu machen, indem er Ihm Sich selbst und alles Wissenswerte und -notwendige mitteilte.

Sollte alles, was das Leben uns Ältere gelehrt hat, umsonst gewesen sein? Sollte die nicht selten teuer erkaufte Lebenserfahrung, auch die Ausbildung und schulische Erfahrung, unseren Kindern vorenthalten werden? Vatersein muß wieder ganz primär heißen: sich mitteilen und weitergeben.

Um Jesus zum Erben zu machen, hat Gott Seinem Sohn vertraut. Er hat Ihm eine Aufgabe anvertraut, die nur Er als Sohn ausführen sollte und konnte. Der Vater hat den Sohn langfristig für diese Aufgabe vorbereitet, „ehe der Welt Grund gelegt ward" (1 Petr 1, 18–20), also von Ewigkeit her. An dieser Aufgabe wurde der Sohn zum Sohn, empfing er Seine Identität.

Die Weitergabe von Aufgaben an die Kinder, angefangen mit unbedeutenden bis hin zu verantwortungsvollen Aufgaben, schult und stählt nicht nur unsere Kinder, sondern stellt auch einen Vertrauenserweis der Eltern dar. Kinder wissen das zu schätzen. Es war für mich sehr bezeichnend, daß in einer Gesprächsrunde, wo unsere Kinder aufschreiben sollten, was ihnen an ihren Eltern gefiel, unser Ältester u. a. erwähnte: daß Vati mir schon so viel Vertrauen schenkt.

Um Jesus zum Erben einzusetzen, mußte Gott Seinen Sohn „erbfähig" machen. Er mußte Ihn befähigen, das anspruchsvolle und weitgesteckte Erb-Ziel anzutreten, mußte Ihn motivieren, Ihn mitarbeiten und teilhaben lassen, und Er mußte Ihn informieren.

2. Den Sohn motivieren

In Hebr 1, 5 finden wir das erstaunliche Zitat aus Ps 2: „Du bist mein Sohn. Heute habe ich dich gezeugt." Verantwortliche Vaterschaft beginnt mit dem Zeugen und setzt sich fort im steten Überzeugen: Du bist mein Sohn. Ich stehe zu dir. Ich achte und schätze dich. Ich liebe dich. Du bist mein. Du bist ein Teil von mir. Und doch sollst du nicht ich, sondern du selbst sein, nicht Vater, sondern Sohn.

Durch Empfängnis- und Zeugungskraft entstehen Kinder, durch elterliche Überzeugungskraft Söhne und Töchter. Zum Zeugen bedarf es des lange vorbereiteten Augenblicks der erfüllten Zeit, wie wir sahen. Zum Überzeugen braucht es das Vorbild und Vorbilden eines ganzen Lebens: Söhne und Töchter wachsen an dem ermutigenden, formenden und fordernden Gegenüber ihrer Eltern. Sie prüfen die Motive ihrer Eltern, ehe sie sich motivieren lassen. Und das ist recht so. Nur was sich erproben läßt und erprobt ist, ist wert, übernommen zu werden. So heißt es von dem

Worte Gottes, daß es nicht nur einmal sondern „siebenmal geläutert“ ist (Ps 12, 7). Eltern sollten sich nicht unwillig, sondern vorbereitet den prüfenden Herausforderungen ihrer Kinder im Pubertätsalter stellen. Sie sollten den längeren Atem und die Geduld bewahren und sich die Zeit ihres eigenen Prüfens und Ringens ins Gedächtnis rufen. Verantwortungsbewußt kann nur werden, wer antworten durfte. Die Antworten unserer Kinder werden sicher auch unsere eigenen Standpunkte läutern. Wenn sich Gottes Wort schon einer siebenmaligen Prüfung stellte, um wieviel mehr müssen wir Menschen dazu bereit sein! „Ein Messer wetzt das andere und ein Mann den anderen“ (Spr 27, 17), sagt die Bibel. In der Pubertätszeit wird es sich zeigen, ob Eltern über geistliche Argumente verfügen. Wir stehen auch bei unseren Kindern nicht gegen Fleisch und Blut, sondern gegen eine dämonisierte Welt, die nur durch geistliche Waffen, durch Gebet und Gottes Wort zu schlagen ist (vgl. Eph 6, 10–12). Fürbitte ist die lange Leine, an der Eltern ihre Kinder in dieser Zeit des Forderns halten, und in ihrer Liebe darf sich etwas von der unüberwindbaren himmlischen Gnade (Nähe) und Wahrheit verleiblichen.

3. Den Sohn mitarbeiten lassen

„Durch den Sohn hat Gott die Welt gemacht“ (Hebr 1, 2). Der Sohn war nicht nur bei der Arbeit des Vaters zugegen, sondern Er war entscheidend an ihr beteiligt. Das war Sein Praktikum. Das Eigentliche lernen wir erst im Vollziehen, im Praktizieren. In der früheren Gesellschaftsstruktur war es ganz natürlich, daß der Sohn dem Vater bei der Berufsausübung zur Hand ging, von der Hand des Vaters lernte und selber Hand anlegte. Bei der heutigen Verfeinerung und Technisierung der Berufe können Kinder das erst relativ spät tun. Und doch bleibt es unsere Aufgabe, die Kinder zur Mitarbeit zu befähigen.

In Spr 8, 22–31 lesen wir das Bekenntnis der Weisheit, das als rückblickende Prophetie Licht auf das Verhältnis des Sohnes zum Vater fallen läßt. Die Weisheit erscheint als Person. Jesus wurde nicht nur uns zur Weisheit gemacht (vgl. 1 Kor 1, 30) und mit dem Geist der Weisheit ausgestattet (Jes 11, 2), sondern hat Sich selbst so genannt (Lk 7, 35). Hier lesen wir: „Der Herr hat mich schon gehabt im Anfang seiner Wege, *ehe er etwas schuf,* von Anbeginn her. Ich bin eingesetzt von Ewigkeit her, im Anfang, *ehe* die Erde war" (V 22. 23). Der Sohn hat Priorität vor dem Schaffen des Vaters. Er bekennt: Ehe der Vater anfing zu wirken, war Ich da. Ich bin meinem Vater mehr wert als Sein Arbeiten. In der Bibel hat die Person immer Vorrecht vor der Sache, das Menschsein vor der Leistung. Unsere Kinder müssen es wissen, daß wir uns niemals von unserer Arbeit so beanspruchen lassen wollen, daß wir für sie keine Zeit mehr haben. Das soll keine quantitative, sondern eine qualitative Aussage über unsere Zeiteinteilung sein. Wir mögen relativ wenig Zeit haben. Aber sie muß so gefüllt sein, daß der Sohn und die Tochter ganz zur Rechten des Vaters sein und alles mit ihm besprechen dürfen. Das gleiche gilt für die Mutter. Kinder müssen wissen: Wir sind unseren Eltern mehr wert, als ihre Arbeiten. Die rechte Balance zu finden ist nicht einfach und will immer wieder errungen sein.

4. Dem Sohn Anteil an Herrlichkeit und Wesen geben

Hier haben wir eine Blockierung zu überwinden. Zu lange ist der Persönlichkeitskult durch unsere Jahrhunderte gegeistert, so daß wir eine Scheu haben, die Person im Kinde anzurühren, und meinen, es könne sich und sein Personsein von selbst entfalten. Dabei haben wir vergessen, daß der Sohn erst Sohn werden konnte am Bilde des Vaters, daß der Sohn seine Identität erst finden kann durch die Orientierung und durch den Bezug zum Vater. Ohne Beziehung zu einem Gegenüber kann sich kein Neues positiv entfalten. Ohne Vater gibt es keinen Sohn.

Wir erinnern uns an den Ausspruch Martin Bubers: „Ich bin durch dich." Das Kind wird am Gegenüber der Eltern zum Sohn und zur Tochter, und der Mensch wird am Gegenüber Gottes zum Menschen. Wer Gott verliert, muß notwendig sich selbst verlieren. Denn nur im Angesichte Jesu Christi werde ich meiner selbst ansichtig. Das ist der biblische Weg zur Persönlichkeitsfindung, der sich von dem antiken Weg (persona = Maske und personare = hindurchtönen) durch seinen *gewissen Bezugspunkt* unterscheidet. Dazu bedarf es allerdings des schöpferischen Eingreifens Gottes, wie wir es in 2 Kor 4, 6 lesen: „Gott, der da hieß das Licht aus der Finsternis hervorleuchten, der hat einen hellen Schein in unsere Herzen gegeben . . . in dem Angesicht Jesu Christi.“ Im Gegenüber Jesu finde ich zu mir; in Seinem Angesicht finde ich das meine – mein Wesen und meine Bestimmung.

Anteil am Wesen

In Hebr 1, 3 wird vom ewigen Sohn gesagt, daß Er das Ebenbild (der Abdruck, der „Charakter“ – wörtlich!) von Gottes väterlichem Wesen ist. Der Vater hat dem Sohn Sein Wesen „eingeprägt“. Der Sohn sollte nicht Klischee des Vaters sein, aber dem Vater ebenbildlich, so daß Jesus sagen konnte: „Wer mich sieht, der sieht den Vater“ (Joh 14, 9). Im Angesicht Jesu wurde die Herrlichkeit des Vaters sichtbar. Das heißt Ebenbildlichkeit. Aber es geht noch tiefer: Nach Hebr 1, 3 hat der Vater Sein Wesen in den Sohn „hineingeprägt“ und dem Sohn ermöglicht, „Charakter“ zu werden und Charakter zu haben. Gottes Wesen hat prägende, charakterformende Kraft! Wir sehen es daran, daß der Sohn im folgenden wie der Vater „die Gerechtigkeit liebt und die Ungerechtigkeit haßt“ (Hebr 1, 9). So kam Er „wie kein anderer“ in die bestätigende Freude hinein, die aus der Wesensgleichheit mit dem Vater quillt. Was für entscheidende Vorgänge!

Auch das Wesen der Eltern hat prägende Kraft, und Gott hat die Kinder sehr prägsam und empfindsam geschaffen. Was für einen Eindruck bekommen sie von uns? Was Eltern „eindrücken“, drücken Kinder aus. Prägen wir unsere Kinder nicht, so tun es andere. Prägen kann nur, wer selbst Wesen und Charakter hat. Aber auch ein schlechter Charakter prägt sich ein. Wem überlassen wir die Prägung? Der ewige Vater hat den ewigen Sohn nicht sich selbst überlassen, sondern sich prägend zu Ihm bekannt: „Du bist mein Sohn“ (V. 5). Das hat sich dem Sohn für immer eingeprägt. Hier tut uns die Bibel den Weg zu verantwortungsbewußter Elternschaft auf, die nicht mehr aus Angst vor falscher Prägung das Prägen versäumt.

Anteil an der Herrlichkeit

Zur prägenden Kraft des Wesens Gottes gehört der überflutende Glanz der Herrlichkeit. Der Sohn ist „Abglanz der väterlichen Herrlichkeit" (V. 3). Er strahlt Herrlichkeit aus. Das machte Ihn zum Sohn, daß der Vater Ihm Anteil an Seiner Herrlichkeit gab. Hier kommen wir auf ein Urbedürfnis unserer Kinder zu sprechen. Kinder möchten sich freuen an der Herrlichkeit ihrer Väter, an der Herrlichkeit ihres Könnens, an der Herrlichkeit ihres Handelns. Kinder wollen stolz auf ihre Eltern sein. Die Bibel sagt: „Der Kinder Ehre sind ihre Väter" (Spr 17, 6). Welche Gelegenheiten lassen wir uns entgehen, wenn wir beim Entzweigehen eines Spielzeugs nur brummen: „Hast du das wieder kaputtgekriegt!" Anstatt es heil zu machen und sich an dem stolzen Staunen der Kinderaugen zu freuen: Das kann der Vater! Und wenn dann der Vater das Kind noch mit in seinen Werkraum nimmt, und vor den Augen des Kindes das Auto oder die Puppe wieder zusammenbaut . . .! Kinder möchten staunen, möchten ihre Väter und Mütter bestaunen: ein ganz urwüchsiger Drang, weil Kinder ihre Eltern wertschätzen möchten. Die Eltern sind ihnen von Gott als Halt und Orientierungspunkt gegeben, als Schützer, Ernährer und Entfalter, als Wegweiser und Friedensstifter, als Gottes Priester, Könige und Propheten. Deswegen sollen Vater und Mutter Herrlichkeit haben: Herrlichkeit des Verstehens, Herrlichkeit des Lebens, Herrlichkeit des Denkens und des Glaubens. Kinder sollen herrlichkeitsgesättigt sein. Sie möchten mit hineingenommen werden in die Herrlichkeit ihrer Eltern. Wenn Väter und Mütter ihre Herrlichkeit in Gott nicht gefunden haben, haben sie letztlich ihren Kindern nichts Verpflichtendes und Anziehendes zu bieten; dann wird es den Kindern langweilig, und sie suchen sich andere Leitbilder.

Von dem ewigen Sohn wird gesagt, daß Er sich nach Erfüllung Seiner Aufgabe freiwillig zur Rechten des Vaters gesetzt hat (Hebr 1, 3). Er wurde nicht beordert, es drängte Ihn in die Nähe und Herrlichkeit des Vaters. Haben wir als Eltern diese Herrlichkeit? Herrlichkeit der Liebe, des Anteilnehmens, des Raten-Könnens? Kommt meine Tochter, kommt mein Sohn mit ihren oder seinen Fragen gern zu mir? Und zieht es unsere Kinder auch später ins Elternhaus zurück?

Der biblische Weg zur Mündigkeit

Heute wird es vom Gesetz begünstigt, wenn Kinder so schnell wie möglich das Elternhaus verlassen. Am liebsten würde man die Mündigkeitsgrenze noch weiter herunterschrauben! Doch Mündigkeit ist nicht primär eine Frage des Alters. Ein israelisches Kind mußte mit zwölf Jahren mündig sein. Mündig kann nur werden, wer den Mund genossen hat. Und jeder Mensch, auch ein Erwachsener, handelt unmündig, wenn er des Mundes entbehrt hat. Europa ist in eine folgenschwere Unmündigkeitsepoche zurückgefallen, weil es den Mund Gottes und das Wort, das aus Seinem Munde geht, weitgehend verloren hat. Der sprechende Mund Gottes macht uns gesund, hat der Liederdichter vom „güldnen Mund Gottes" gesungen. Das tägliche Wort aus dem Munde Gottes ist wie ein mutmachender Morgenkuß auf die Stirn Seiner Kinder. Ohne den sprechenden Mund Gottes bleiben wir unmündig, Verführern und Ummodellierern wehrlos ausgesetzt.

Der sprechende Mund – den schulden Eltern vor allen Dingen ihren Kindern. Dann, wenn Väter und Mütter wieder etwas zu sagen haben, weil sie sich etwas sagen ließen, wenn Eltern wieder zu sprechenden Mündern werden, weil sie am Munde Gottes „hängen", dann – und nur dann bekommen wir auch wieder mündige Söhne und Töchter, die Stehvermögen haben und belastungsfähig sind.

Was hat Jesus geholfen, ein Ja zu Seiner Aufgabe als Sohn zu finden? Was hat Ihn befähigt, zu leben, wie Er gelebt hat? Die Antwort kann nur lauten: Daß Jesus einen Vater gehabt hat, der Seinen Sohn vorbereitete für die Belastung, fürs Leid, fürs Opfer, einen Vater, der Seinem Sohn das Los und Leid einer entfremdeten Menschheit ins Herz prägte, die keine Söhne und Töchter mehr waren, der Seinen Sohn hineinnahm in Seinen Plan und Heilsratschluß, in Sein Hilfsprogramm – mit einem Satz: weil der Sohn am Munde des Vaters mündig geworden war. So bekam Jesus Anteil am Wesen des Vaters. Er hat es selbst zusammengefaßt in dem Satz: „Geben ist seliger als nehmen" (vgl. Apg 20, 35, auch Lk 6, 36–40).

In Krelingen spielten wir Fußball. Wir Väter wurden von der Jungmannschaft zweimal geschlagen. Einmal 7 : 2 und einmal 5 : 3. Mein Sohn meinte: „Vati, war das nicht etwas zu hoch?" Da wurde mir klar: Zum Vatersein gehört auch, daß der Sohn besser Fußball spielen darf als der Vater. Daß es Gebiete gibt, die man gerne abgibt und sich daran freut, wenn der Sohn es besser kann als der Vater. Das tut unserm Vatersein keinen Abbruch. Im Gegenteil: In der Freude am Können des Sohnes erweisen wir uns als rechte Väter. Wir sollten es ihnen sagen. Wir dürfen uns auch in ihrem Glanz sonnen, denn es sind ja unsere Söhne, denen es ungemein hilft, wenn sie merken, daß wir stolz auf sie sind, und daß sie etwas zur Familien-Herrlichkeit beitragen konnten. Zur Entfaltung ist Freiraum nötig. Der ewige Sohn bekam von Seinem Vater den Freiraum, der Ihm die ganze Entfaltung des Sohnseins ermöglichte.

5. Den Sohn einführen

Wie Gott „den Erstgeborenen in die Welt einführte" (Hebr 1, 6), so sollen die Eltern, und vornehmlich die Väter, ihren Kindern helfen, sich in der Welt zurechtzufinden. Einführen in die Welt: das ist kein Fünf-Jahres-, das ist ein fünfmal Fünf-Jahres-Programm! Da ist die materielle und spirituelle, die sichtbare und unsichtbare Welt, mit Materie, Raum, Zeit, Geist und Ewigkeit. Eltern sollen ihren Kindern die Welt des Glaubens, des Denkens, die Welt der Kunst, der Musik, des Berufes, die Welt der Völker und Länder, der Sippe und Familie, die Welt der mitmenschlichen Beziehungen, des Spiels, des Zusammenlebens, die Welt der Wirtschaft und Politik und der Wissenschaften, die Welt der Kirchen- und Missionsgeschichte, der Gottes- und Menschengeschichte, ja die Welt als Gottes Schöpfung mit göttlichem Ziel erschließen helfen – eine Stoffülle, die uns mit den unerschöpflichen Gedanken Gottes konfrontiert. Sicher, vieles nimmt uns die Schule ab, und darüber sollten Eltern den Lehrern öfter ihre Dankbarkeit bekunden. Das Volumen des Stoffes lernen die Kinder in der Schule, die glaubensmäßige Durchdringung des Stoffes jedoch muß ihnen in der Familie vermittelt werden. Diese Aufgabe ist den Eltern nicht abzunehmen. Sie müssen es einmal vor Gott verantworten, wie sie ihre Kinder geführt oder welchen ideologischen Verführern sie sie überlassen haben.

Wie und wo geschieht nun das Einführen der Kinder in der Familie? Jedes Haus hat zwei Schwerpunkte: das Bett und den Tisch. Die meiste Zeit im Hause verbringen wir beim Schlafen und Essen, vielleicht noch beim Lernen. Über das Bett und seine Funktion ist schon gesprochen worden. Jetzt wollen wir über die Funktion des Tisches nachdenken.

Die Bedeutung des Tisches

In Ps 128 lesen wir eine praktische Anleitung zur Gestaltung des Vaterseins: „Wohl dem, der den Herrn fürchtet und auf seinen Wegen geht! Du wirst dich nähren von deiner Arbeit. Dein Weib wird sein wie ein fruchtbarer Weinstock drinnen in deinem Hause, deine Kinder wie junge Ölbäume *um deinen Tisch her.*"

Der Tisch im Hause ist der Ort, wo Kinder und Eltern sich treffen, wo die Familie sich findet und sich als Familie genießt. Deswegen sollten wir so früh wie möglich unsere Kinder dazu anhalten, am Tisch sitzen bleiben zu können, denn wir wollen ja nicht nur für unseren Leib, sondern auch für Geist und Seele sorgen. Die gemeinsamen Mahlzeiten sind das A und O einer Familie. Wenn wir ihren Stellenwert erkannt haben, wird jede Familie die Zeit am Tisch verantwortungsvoll nützen. Hier vollzieht sich „das Einführen" von Kindesbeinen an. Hier sind die Eltern für die Kinder da – ungezwungen, selbstverständlich, aufmerksam und beschenkend.

Meine Frau und ich waren mittags meistens nicht im Hause. Unsere Kinder kamen auch später von der Schule heim. Deswegen haben wir ganz bewußt die Abendmahlzeit von 18–19 Uhr als Familienstunde eingeplant. Die Arbeit und möglichst auch etwaige Besucher versuchten wir aus diesem Zeitraum herauszuhalten. In dieser Stunde waren wir für die Kinder da. Es wurde tüchtig und dankbar gegessen, und die Kinder durften reden, durften auspacken. Grundsätzlich sollten Kinder über alles reden dürfen. Eltern müssen darauf achten, wie geredet wird. Sie bestimmen den Umgangston in der Familie. Sie achten darauf, daß man sich achtet.

Die goldene Gelegenheit bei Tisch

Was für eine wundervolle Gelegenheit bietet uns die Tischgemeinschaft, um unsere Kinder zu formen, ihnen zur Ein-Sicht und zum Verarbeiten ihrer Eindrücke zu helfen, um sie einzuführen ins Leben, in seine Kämpfe und Probleme („Vati, was meinst du dazu?"), um sie auch die Kämpfe der Eltern verstehen zu lassen. „Wie habt ihr das gemacht?" fragen uns manchmal unsere Kinder. Hier ist auch der Ort, wo wir Emotionen auffangen können, die sich zwischen Geschwistern aufgestaut haben, wo wir auch einmal schweigen müssen, vielleicht auch einmal das Losplatzen ertragen müssen, obwohl der Vater darauf zu achten hat, daß Nekkereien nicht in Ungerechtigkeiten ausarten. Als ich einmal nicht wachsam genug war und den Hitzegrad einer Auseinandersetzung übersah, verließ einer unserer Söhne empört den Tisch und ließ eine erschütterte Familie zurück. Wir haben uns dann dazu durchgekämpft, ihn wieder abzuholen. Wir wollten nicht aufstehen, ohne daß die Sache bereinigt war. Dafür war uns die Tischgemeinschaft zu wertvoll. Ist sie verletzt worden, sollten wir nicht ruhen, bis sie wiederhergestellt ist. So ist der Tisch auch der Ort, wo sich entschuldigt, wo erklärt und gebetet wird, der Ort, wo unser Vatersein zu seiner letzten Bedeutung durchstößt: die Gegenwart des göttlichen Vaters in der Familie zu gewährleisten. Vor Ihm beugt sich die Familie. So bekommt der Vater Autorität. Er verpflichtet seine Kinder zum Gehorsam gegen den himmlischen Vater, dem er selbst gehorsam ist. Nur so läßt sich der Friede verbürgen. Mein Vater hat immer darauf geachtet, daß neben dem Essen auch die Tischgemeinschaft etwas Anziehendes war. Es wurde viel gelacht. Gäste sprachen vom fröhlichen Pfarrhaus. Man lernte, Komplimente zu machen, einander „aufzuziehen", ohne zu verletzen, und manchmal wurde auch ganz schön scharf geschossen. Es ist Aufgabe der Eltern, für Fröhlichkeit zu sorgen.

Der Tisch und die Ordnungen

Der Tisch ist auch der Ort, um die Ordnungen des Hauses zu vermitteln, zu erläutern und zu festigen. Ohne Ordnung gibt es kein Zusammenleben. Da muß jedes Familienmitglied an seinem

Teil beitragen und mitbauen, mit williger Disziplin und Pünktlichkeit. Wie hieß es von dem ewigen Sohn: „Du hast geliebt die Gerechtigkeit und gehaßt die Ungerechtigkeit" (Hebr 1, 9). Ordnung ist gelebte Gerechtigkeit. Jedes Haus braucht seine Hausordnung. Die Ordnung im Hause wird in Verantwortung vor Gott aufgerichtet und bestimmt. Sie ist verpflichtend für klein und groß. „Wir machen das hier so, auch wenn es andere Familien anders machen." Und wir geben unsere Gründe bekannt. An einer guten Ordnung muß gebaut werden. Sie ist etwas Organisches, weil sie Leben schützen soll. Sie soll aber auch Halt gewähren und muß deswegen stark sein. Sie soll vor Schaden bewahren und muß deswegen Autorität besitzen. Chaos ist die Folge der Ungerechtigkeit, wie Ordnung Folge der Gerechtigkeit ist. Beides sind Zwillingsbrüder, und sie lassen sich nicht trennen. Wo aber Ordnung herrscht, da zieht Freude ein, da wird alles eingetaucht in das Öl der Freude, von dem Hebr 1, 9 spricht.

Der Morgentisch

Der Morgentisch unterscheidet sich vom Mittags- und Abendtisch. Er ist in besonderer Weise der Zurüstungstisch für den neuen Tag. Hier kommt der geistlichen Zurüstung neben der leiblichen eine hohe Bedeutung zu. Hier sollte die Familie mit dem Anbruch des Lichts und dem Gesang der Vögel dem himmlischen Vater Zeit und Lob schenken. Hier grüßt sie der Morgenkuß des Vaters – das Wort, das aus Seinem Munde geht –, und hier befiehlt sie sich dem Schutz Seiner allmächtigen Hand an. Die Familienstunde am Morgen verlangt Einsatz, ist aber unbezahlbar. Man kann die Morgenandacht auch alleine halten; von einer bestimmten Altersstufe an sollten Kinder lernen, allein zu hören und im Wort zu graben. Es gibt ja viel gutes Hilfsmaterial, wie etwa das vom Bibellesebund. Aber dann zusammenzutragen und gemeinsam zu hören und zu danken hat doch seinen besonderen Schmelz und Segen, auch das gemeinsame Gebet füreinander, bis man sich wiedersieht. Familien, die einmal den Nutzen und Glanz einer gemeinsamen Zeit am Morgen genossen haben, wollen ihn nicht mehr missen.

Die Gäste

Gäste sind für Kinder immer ein besonderes Erlebnis und für die Familie eine willkommene Abwechslung. Es spornt Kinder an, dabeisein und am Tisch mitessen zu dürfen. Außerdem gibt's dann meistens besonderes Essen! Gäste bringen Horizonterweiterung und bereichern die mitmenschlichen Beziehungen und die Zahl der Bezugspersonen für die Kinder. Deswegen sollen Familien gastfrei und offen sein und bewußt einladen. Geteilte Freude ist doppelte Freude, und ein geteilter Tisch macht das Leben reich.

Hier ist auch Platz für Alleinstehende. Sie teilen den Tisch mit uns, nehmen teil an der Familie, tragen zur Freude der Kinder bei und füllen wichtige Plätze aus. Manche werden in Stoßzeiten gar unentbehrlich.

Redende Väter und Mütter benötigen die Tisch*zeit* – und Kinder die Tisch*gemeinschaft*. So wachsen sie als „junge Ölbäume" um den Tisch her; und wo sie genährt und gezogen werden, verlieren sie ihre Wildheit und Torheit.

6. Helfen und fördern

Luther gibt dem 5. Gebot in seiner Auslegung eine positive Wendung und sagt: „Wir sollen unserm Nächsten helfen und ihn fördern in allen Leibesnöten." Dazu gehören gewiß auch die Seelennöte. Und unsere Nächsten sind zuerst einmal unsere Kinder.

Von Kindesbeinen an sind Kinder von Furcht umgeben: die ersten Schritte, das Schlafen im Dunkeln, das Schwimmenlernen, der Schritt in den Klassenverband, in die Schule, in den Beruf – überall werden Mutproben gefordert, die ein Kind nur besteht, wenn es vertrauen gelernt hat. Woher soll ein Kind Vertrauen nehmen, wenn es ihm nicht von den Eltern gegeben und bestätigt worden ist. Kindern zu helfen und sie zu fördern in allen Leibes- und Seelennöten ist Uraufgabe der Eltern, weil dadurch das Urvertrauen im Kind ermöglicht und geschaffen wird. Damit ist bestimmt keine Affenliebe gemeint, aber eine besonnene, fordernde und fördernde Zuwendung an das Kind, so wie Gott es mit uns tut. Vertrauen fassen kann eigentlich nur, wer den Schöpfer kennt, den Vater aller Menschenkinder. Den müssen unsere Kinder kennenlernen, sollen sie nicht ein Leben lang von Furcht bedroht und geknechtet sein (vgl. Hebr 2, 14–15).

Fördern und Helfen heißt bei dem Sohn vor allem, Vertrauen in seine Gaben und Fähigkeiten zu pflanzen und seine Grenzen zu erkennen. Grenzen fordern uns heraus und wollen gemeistert sein. Wenn der Sohn sagt: „Ich schaffe es nicht", tritt der Vater an seine Seite und sagt: „Ich bin bei dir. Du schaffst es. Wir machen es zusammen." Grenzen wollen aber auch anerkannt sein, und wir sollen unsern Kindern helfen, mit und in ihren Grenzen zu leben. Grenzen stoßen an Gott. Von der Grenze zu Gott ist immer nur ein Schritt, und das Meistern der Grenze ist nur durch Gottes Helfen und Fördern möglich.

Ein Sohn braucht vor allen Dingen das Lob, die Bestätigung und das Vertrauen seines Vaters. Bekommt er es nicht, wird er anfangen, sich selbst zu loben: Er ist der Beste, der Größte, er schafft alles! Er überschätzt sich, weil die Eltern ihn zu wenig geschätzt und zu wenig geholfen haben, sich richtig einzuschätzen. Wir nennen das Angeberei. Angeberei stößt ab oder verführt und läßt sich leicht verführen.

Für die Tochter kann das Helfen und Fördern besonders darin bestehen, daß der Vater ihr hilft, ihren Leib zu akzeptieren. Viele Mädchen haben Not, sich in ihrer Figur anzunehmen. Das sind „Leibesnöte". Was kann es für eine Tochter bedeuten, wenn der Vater sie mit klaren Gründen ermutigt, zu ihrem Leibe „ja" zu sagen! Dazu gehört Takt, ein gutes Maß von ausbalancierendem Humor und vor allem geistliche Überzeugungskraft.

Der Vatersegen

Das Helfen und Fördern der Eltern ihren Kindern gegenüber erlangt seinen Höhepunkt im prophetischen Vatersegen. In einer Zeit, wo Rat- und Sinnlosigkeit überhandnehmen, vertraut Gott Sein richtungsweisendes Wort für die Kinder solchen Vätern an, die sich aus einem „Jakob" zum „Israel" machen ließen (vgl. 1 Mose 32).

Der Vatersegen geht zurück auf den Gott der Väter, der Abraham, Noah, der Adam und Eva „segnete“ (vgl. 1 Mose 12, 1–3; 9, 1; 1, 28). Diesen Seinen Segen hat Gott den Vätern als Hauspriestern ihrer Familie im Sinne des neutestamentlichen, allgemeinen Priestertums übergeben (vgl. 1 Petr 2, 9): „*Ihr sollt meinen Namen* auf die Kinder Israel *legen,* daß *ich* sie segne“ (4 Mose 6, 27). Segnen heißt: den Schutz und die Kraft des Namens Gottes auf die Kinder legen und über ihnen zur Wirkung bringen.

Im Segen ruht die prophetische Kraft, einen Menschen seiner Lebensbestimmung und Lebensaufgabe zuzuführen, wie wir es in den überlieferten Vätersegnungen lesen (vgl. 1 Mose 27, 29; 49, 8–28; 5 Mose 33, 1–29). Diese für das Leben des Kindes entscheidende Funktion der Eltern hat Gott durch das vierte Gebot unterstrichen – es verheißt erfülltes, langes Leben! – und durch scharfe Strafandrohung geschützt: „Wer seinem Vater und seiner Mutter flucht, dessen Leuchte wird verlöschen in der Finsternis“ und: „Ein Auge, das den Vater verspottet, und verachtet der Mutter zu gehorchen, das müssen die Raben am Bach aushacken und die jungen Adler fressen“ (Spr 20, 20; 30, 17). Gottes Wort wird nur scharf, wenn es etwas ganz Wertvolles zu schützen gilt. Sonst ist es nicht scharf.

Wie finden wir zurück zur prophetischen Kraft des Vatersegens?

Ein kreatürliches und ein geistliches Moment will beachtet sein: Väterliche und mütterliche Augen, die mit den Augen des himmlischen Vaters zu sehen gelernt haben, verstehen vor allen anderen, was Gott in ihr Kind hineingelegt und was es ererbt hat. „Schon einen Knaben erkennt man an seinem Tun, ob er lauter und redlich werden will“ (Spr 20, 11). Und: „Gewöhne einen Knaben an seinen Weg, so läßt er auch nicht davon, wenn er alt wird“ (Spr 22, 6). Damit ist das Erkennen und Pflegen der kreatürlichen Gaben im Kind umschrieben, um es von seiner Gabe zur späteren Aufgabe hinzuführen.

„In der Bibel steht von mir geschrieben“

Das Erkennen und Pflegen der geistlichen Begabung, des Charismas, und der Berufung eines Kindes wirft die Eltern auf den Geber aller Gaben, auf den Herrn. Wir fragen: Wie wurde der ewige Sohn Seiner Berufung gewiß? Wie geschah es, daß die Gedanken des Vaters im bejahenden Wort des Sohnes Gestalt annahmen, Realitäten wurden in der Kraft des Heiligen Geistes? Wir sahen, wie wichtig das Gespräch des ewigen Vaters mit dem Sohn war, wie wichtig das der Eltern mit ihren Kindern ist – der Austausch der Gedanken und Gefühle.

Zum entscheidenden Anstoß des Willens gehört aber eine höhere als die menschliche Autorität. Jesus bezeugt sie bei Seinem Berufsantritt: „Siehe, ich komme; *im Buch ist von mir geschrieben.* Deinen Willen, mein Gott, tue ich gern“ (Ps 40, 8.9; Hebr 10, 5–7). Der ewige Ratschluß und Wille, im Buch der Bücher niedergeschrieben, gab den Anstoß zur Willensentscheidung und Willensentfaltung Jesu. Nur der ewige Ratschluß macht unserer Ratlosigkeit ein Ende (vgl. Ps 33, 11.12).

Jesus ist uns zum Vorbild gegeben. Er ist der „Erstgeborene unter vielen Brüdern“ (Röm 8, 29). Er „schämte sich nicht, uns Brüder zu heißen“ (Hebr 2, 11). Wie Jesus lebte, um „alle Gerechtigkeit zu *erfüllen*“(Mt 3, 15) und „um zu *vollenden,* was geschrieben steht“ (Lk 18, 31), so sind auch wir geboren und gesandt, um Gottes Ratschluß zu erfüllen, sofern wir in Jesus und für ihn leben. Als Bruder gibt uns Jesus teil an dem väterlichen Wohlgefallen an Ihm (Mt 3, 17). Als Menschensohn gibt Jesus dem Menschen die Sohnschaft zurück. So gilt auch für uns: In der Bibel ist von mir geschrieben. In ihr erkenne ich die Lebensaufgabe, die ich „vollenden" soll. Durchs Erfüllen wird unser Leben erfüllt.

Es ist die gemeinsame Aufgabe von Eltern und Kindern, die Bibel so zu lesen und in ihr zu Hause zu sein, daß sie die ewigen Gedanken des Vaters, Sein Programm und Seine herrlichen Motive kennen und schätzen lernen und bereit werden, sie an ihrem Teil zu erfüllen. Um Gottes Ruf zu vernehmen, müssen wir in Seiner Rufweite leben und uns im Horchen und Gehorchen geübt haben. Was für einen Ansporn gibt es unserem Bibellesen, wenn wir wissen: In diesem Buch ist von mir geschrieben! Gottes Ratschluß für mich und für meine Lebensaufgabe erkenne ich im Anruf des himmlischen Vaters, und er wird bestätigt und wirksam durch das erwägende elterliche Gespräch und durch die prophetische Kraft des väterlichen Segens. Diesen Segen auszusprechen wagt nur ein Vater, der Gott zum Vater hat und Gottes Namen schützend, befreiend und verpflichtend auf den Sohn und die Tochter legt. Segnen ist eine geistliche Handlung, ist Kampf gegen die Geister der Verführung, ist ein glaubensgewisses In-Beschlag-Nehmen für Jesus als unsern Bruder, als „Erstgeborenen" und Überwinder. Segnen stößt die Tür in die Zukunft auf.

P. S.: Von Jakobs Segen wird hervorgehoben, daß er „einen jeden mit einem *besonderen* Segen segnete" (vgl. 1 Mose 49, 28!).

7. Das Verhältnis des Vaters zur Tochter

Alles, was bisher gesagt wurde, hat immer die Tochter mit eingeschlossen, wenn auch vornehmlich der Sohn genannt wurde. Daneben aber widmet die Bibel der Tochter noch besondere Aufmerksamkeit.

Töchter brauchen den Vater

Es gibt tieftraurige Töchter, die unter einer seelischen Belastung stehen, deren Grund sie gar nicht erfassen. Einer der häufigsten Gründe ist, daß sie an ihrem Vater niemals einen Halt gehabt haben. Da geschieht es dann, daß sie mit zwölf bis vierzehn Jahren anfangen, sich zu verlieben. In Wirklichkeit lieben sie aber gar nicht den Jungen, sondern sie suchen den Vater. Ein Junge interpretiert das falsch und denkt, das Mädchen möchte ein sexuelles Erlebnis. Da das ihrem Bedürfnis aber gar nicht entspricht, fühlt sie sich abgestoßen und ist noch tiefer enttäuscht. Sie braucht den Halt am Vater, die Bestätigung des Vaters, daß auch sie schön ist. Wenn sie diesen Zuspruch und Beistand nicht findet, entsteht ein Vakuum. Es kommt zur Ersatzlösung der frühen Freundschaften, in denen beide von Anfang an aneinander vorbeileben, weil jeder etwas ganz anderes will. Eine Tochter sucht Geborgenheit, und wenn der Vater und die Mutter sie nicht geben können, drängen sie ihr Kind in die Verführung. Die frühen Freundschaften unserer Zeit stellen ein Krankheitssymptom dar. Jeder Vater sollte einmal den nicht abgesandten Brief einer 16jährigen Tochter an ihren Vater lesen, den W. Trobisch in seiner Briefkorrespondenz mit Jugendlichen unter dem Titel „Mit unerfüllten Wünschen leben" herausgegeben hat. Da gehen uns Welten auf! Kindheitsenttäuschungen am Vater und Jugendenttäuschungen am jungen Mann machen Mädchen für die Ehe untauglich. Feministen und Terroristen entstehen aus gestörten menschlichen und geschlechtlichen Beziehungen.

Was erwartet eine Tochter von ihrem Vater?

Es hat einmal jemand gesagt: „Der Vater ist der erste Mann im Erfahrungsbereich der Tochter." In seinem Verhältnis zur Mutter und in seinem väterlichen Verhalten zu ihr lernt die Tochter, wer ein Mann ist und wie ein Mann sein soll. Was erwartet eine Tochter von ihrem Vater?

In 2 Sam 12, 3 wird uns von einem Armen erzählt, der nur ein einziges Schäflein besaß. Es heißt: „Es aß von seinem Bissen und trank aus seinem Becher und schlief in seinem Schoß, *und er hielt's wie eine Tochter.*" Hier gibt uns die Bibel einen wichtigen Hinweis. Während ein Sohn primär die Vermittlung von Befähigung braucht, um sich im Leben zurechtzufinden, so braucht eine Tochter Geborgenheit. Sie findet sie auf dem Schoß des Vaters. Schoßwärme schafft Geborgenheit, väterliche Geborgenheit – das gilt auch für das gemeinsame Essen. Zuteilen der Speise bedeutet besonders für die Tochter Zuteilen von Liebe, Zuwendung und Beistand. Aus Jungenmund hören wir selten, was Mädchen häufiger aussprechen: „Ich möchte nahe bei Vati sitzen." Wie der Sohn seine wesensmäßige Geborgenheit an der Brust der Mutter genießt (vgl. Ps 22, 10), so findet die Tochter sie auf dem Schoß des Vaters. Später als Frau soll sie einmal ihrem Mann Bestätigung und Rückhalt gewähren, in ihm Vertrauen erwecken und stärken. Diese Aufgabe kann sie nur erfüllen, wenn sie vorher zu einem Menschen geworden ist, der in sich ruht, wenn sie Geborgenheit gefunden hat auf dem Schoße ihres Vaters. Eine Tochter braucht deswegen vor allem anderen Zärtlichkeit und Halt. Beides sucht sie beim Vater. Deswegen müssen Väter Zeit für ihre Töchter haben.

Väter sollten nicht spröde sein im Ausdruck der Zuneigung zu ihren Töchtern. Gerade wenn Töchter ins Pubertätsalter kommen, brauchen sie die Nähe des Vaters und dessen objektivierendes Wort. Sie werden gegen einen jungen Mann bestehen können, wenn sie an der Seite ihres Vaters stehen dürfen. Nur Beistand schafft „gestandene" Mädchen. Nur Nähe schafft Vertrauen: „Was meinst du, Vati? Du hast ihn ja kurz gesehen. Was hältst du von ihm?" Warum soll die Erfahrung des Vaters als Mann der Tochter vorenthalten bleiben! Als Tochter hat sie ein Anrecht, ja ein Erbrecht darauf.

Viele Väter ziehen sich von ihren heranwachsenden Töchtern zurück aus Angst, das Verhältnis könne zu eng werden. Diese Furcht ist berechtigt, aber die väterliche Aufgabe bleibt doch bestehen. Gemeisterte Geschlechtlichkeit und eine bewußte Vatereinstellung wachen darüber, daß es immer ein väterliches Verhältnis bleibt. Unser Mannsein ist im Vatersein geschützt und aufgehoben. Das Korrektiv durch die Ehefrau und vor allem die Rückverankerung in Gottes Vatersein schaffen den fröhlichen, weiten Raum in der Familie und bewahren vor Grenzüberschreitungen.

Töchter vorgezogen?

Diesen Sachverhalt hat Gott ganz fein in der alttestamentlichen Gesetzgebung unterstrichen. Im Gesetz für die Wöchnerinnen lesen wir, daß eine Frau nach der Geburt eines Sohnes dreiunddreißig Tage, nach der Geburt einer Tochter jedoch sechsundsechzig Tage „daheimbleiben" mußte. Danach erst durfte sie wieder die eheliche Zuwendung mit ihrem Mann teilen oder sich öffentlichen Verpflichtungen widmen (vgl. 3 Mose 12, 1–5). Bei oberflächlicher Betrachtung könnte die unterschiedliche Behandlungsweise auf eine Diskriminierung der Tochter schließen lassen. Wenn wir aber genauer hinhorchen, entdecken wir, daß das Gegenteil der Fall ist. Sechsundsechzig Tage darf die Tochter die Mutter ganz für sich alleine haben. Keine außerhäuslichen Aufgaben, nicht einmal der Vater und Mann darf die Hinwendung der Mutter an die Tochter stören. So unterstreicht die Bibel das Bedürfnis der Tochter nach Wärme, Zuspruch und Geborgenheit. Wahrlich eine Aufwertung der Töchter!

Zusammenfassende Gedanken

Wir haben versucht, das biblische Vaterbild nachzuzeichnen. Wir haben nichts davon gefunden, daß Vatersein heißt: den Diktator und Familienpascha spielen. Im Gegenteil: Der Vater ist der Initiator, der Sich-Einsetzende. Er achtet auf Ordnung im Hause und schützt sie. Er ist da. Er schafft Raum und Freiheit, damit die Kinder Kinder sein und heranwachsen können und zu sich selber finden. Wenn Muttersein Leben schenken und Leben bewahren bedeutet, so heißt Vatersein Leben zeugen und Leben fördern, und zwar in jedem Stadium des Menschseins.

Unsere Kinder sind vielen Strömungen ausgesetzt und können auch unter manch verderbliche Einflüsse geraten. Das stimmt. Das andere aber stimmt auch: Ein Sohn, der ein Vaterhaus gehabt hat, weiß immer, wohin er zurückkehren kann; und einer Tochter ist das Vaterhaus die teuerste Mitgift.

Je mehr ich über diese Zusammenhänge nachgedacht habe und im Spiegel der Schrift erkannte, was Vatersein bedeutet, desto kleiner kam ich mir vor und dachte: Was für eine Aufgabe hat Gott uns Menschen anvertraut! – desto fröhlicher wurde ich aber auch, denn Vatersein lernen wir erst im Umgang mit dem Vater.

Und unser Versagen?

Alles Gesagte will uns Mut machen, aus der Rolle des schweigenden Vaters herauszutreten und die Aufgabe des sich mitteilenden Vaters wieder bewußt und fröhlich anzufassen. Um die Not unserer Vaterlosigkeit zu überwinden, fing Gott an, zu uns zu reden. Er tat es durch Seinen Sohn. Das Wort unseres himmlischen Vaters, das uns zutiefst in unserem Innersten trifft, ist kein Scheltwort, sondern ist Jesus, der Bruder. Gerade wo wir den Vater verloren haben, gibt uns Gott den Bruder, der sagt: „Ich stehe zu den Menschen, ich schäme mich ihrer nicht. Ich vergebe und heile die Schuld der Väter. Ich erlöse die Kinder von den Folgen eines falschen Vaterbildes und decke die Erinnerung an die inneren Verwundungen zu. Ich führe Vater und Sohn und Kinder und Eltern wieder zusammen. Ich stifte Frieden in der Familie im Auftrag des Vaters der Herrlichkeit." Jesus, der Bruder: Das ist Gottes Wort für unser Versagen und für unsere Versäumnisse als Väter (vgl. Hebr 2, 11–18)! Jesus, der Bruder: Das ist die Erfüllung der letzten Verheißung des Alten Testaments! Denn „er bekehrt das Herz der Väter zu den Söhnen und das Herz der Söhne zu ihren Vätern" (Mal 3, 24). Er macht alles neu (Offb 21, 5). So ist Gott!

Durch den Sohn hat Er viele Kinder zur Herrlichkeit geführt (Hebr 2, 10).

Er macht auch uns wieder zu herrlichkeits-gesättigten Menschen.

Fragen zur Hilfe und zum Nachdenken:

Was habe ich an meinem Vater hilfreich empfunden?
Was macht mir Freude an meinem Vatersein?
Was fällt mir schwer?
Wo brauche ich Hilfe und Verständnis von seiten meiner Frau?
Und von Gott?

Was macht mir Freude an deinem Vatersein?
Ein Wunsch von seiten der Frau als Mutter.

XI. Erziehen im Auftrag Gottes

Als die Kinder zu Jesus kamen, fragte Er sie nicht: „Seid ihr auch artig gewesen?“ Er machte Seinen Segen nicht von ihrem Liebsein abhängig. Sie kamen, wie sie waren: schmutzig, mit verschmierter Nase; und Jesus hat sie in die Arme genommen und hat sie gesegnet. So ist Gott! Er segnet, damit wir Kraft bekommen, dem Bösen zu widerstehen. Wir können unsere Kinder erst erziehen und auch züchtigen, wenn wir sie akzeptiert, sie ganz angenommen haben. Kinder müssen wissen: Meine Eltern stehen zu mir auf Gedeih und Verderb. Ein Kind, das sich angenommen weiß, ist dankbar für klare Worte und eine klare Sprache, auch wenn letztere sich einmal „handgreiflich“ abspricht! Die alten Ägypter sagten: „Das Ohr des Knaben sitzt auf seinem Rücken; er hört, wenn du ihn schlägst.“

Die Vorbereitung

Paulus schreibt in 1 Tim 2, 8 an die Väter: „So will ich nun, daß die Männer *beten* an allen Orten und aufheben heilige Hände *ohne Zorn* und *Zweifel.*“ Zorn und Zweifel sind die Hauptmächte, gegen die ein Mann zu kämpfen hat und die ihn am Beten hindern. Beten ist Männersache, unterstreicht die Bibel. Denn wer nicht beten kann, kann nicht Mann und Vater sein, kann nicht leiten und erziehen.

Zorn und Zweifel verunreinigen die Hände des Mannes. Hinter einem übermäßigen Zorn steht meist eine große Unsicherheit. Von dieser Unnatürlichkeit will Jesus befreien, auch von dem ungeistlichen Erbe des Jähzorns, der oft aufgrund okkulter Betätigung einen Mann, ja ein ganzes Geschlecht belasten kann. Hier darf ein Mann erfahren, was Erlösung ist (vgl. 1 Petr 1, 18–19).

Und dann der Zweifel. Er ist die zweite Macht, die die Hand des Mannes lähmt. Männer wollen alles rational durchdringen und durchdenken. Sie sind so veranlagt. Das ist gut – aber es ist nicht alles! Der Glaube gehört dazu, denn Glauben ist mehr und umfassender als Denken. Der Glaube inspiriert das Denken, beflügelt das Gefühl und stählt den Willen. Wiederum wirkt das angesprochene Denken und Fühlen und der herausgeforderte Wille (challenged) gleichsam als Induktionsstrom des Glaubens : Ich will mich Gott angeloben! Wenn ich gelobt habe (in der doppelten Bedeutung der deutschen Sprache, denn nur dem Lobenswerten gelobt man sich an!), wenn ich mich Gott versprochen habe, dann kann ich glauben. Dann wächst der Himmelsgarten in meinem Herzen. Denn Glaube ist letztlich ein Vertrauensakt, ein Akt des Herzens.

Zorn und Zweifel: das sind die beiden Grundgefahren des Mannes, die seine Hände entheiligen wollen, daß sie den Segen und den Kraftzuspruch Gottes nicht weitergeben können, der unbedingt zum Erziehen nötig ist.

1. Erziehen ist ein Schöpfungsauftrag

Als Gott die Erde schuf, war sie „wüst, leer und finster" (1. Mose 1, 2). Das hebräische Wort Tohuwabohu, das hier gebraucht ist, drückt das Ungeordnete, das Chaotische des Zustandes der Erde aus. Mit der Kraft Seines Geistes und Seines Wortes ordnete Gott die Erde und trennte sie von der Unordnung. Er schuf das Licht und trennte es von der Finsternis. Er schied das Wasser von der Feste, dem Festland. Er schuf Samen und ordnete jedes Gewächs nach seiner Art. Er ordnete die Zeit, den Tag, die Nacht, die Woche, das Jahr. Er füllte Wasser, Land und Luft mit Getier. Er bestimmte Gattungen, Farbe und Form. Er schuf den Menschen nach Seinem Bilde. Schuf ihn als Mann und Frau und übergab beiden die Erde, Seine Schöpfung, um über sie zu herrschen, sie zu schützen und zu pflegen.

In diesem schöpferischen Ordnen Gottes ist der Kultur- und Erziehungsauftrag des Menschen vorgezeichnet (vgl. 1 Mose 1, 27.28). Erziehen heißt ursprünglich: aus einem Chaos einen Kosmos machen.

Aus dem Chaos einen Kosmos machen

Wie die Erde, so trägt auch jeder Erdgeborene die Zeichen von „wüst, leer und finster“ an sich, die sich früher oder später, stärker oder weniger stark bemerkbar machen. Heißt das, daß das Kind eine „tabula rasa“ ist, ein unbeschriebenes Blatt? Die Bibel gebraucht den Ausdruck „leer“ im Zusammenhang mit ungeordnet und finster. Wenn wir den Vergleich vom unbeschriebenen Blatt übernehmen, müssen wir allerdings sogleich hinzufügen, daß dieses Blatt in einem dunklen Buch eingeheftet ist. Bleibt das Kind sich selbst überlassen, bleibt es im Dunkeln verschlossen, leidet unter Chaos, Orientierungslosigkeit und Leere.

Erziehen heißt ganz elementar: Ein Kind zum Licht ziehen und es von der Finsternis befreien, es den Kosmos, Ordnung und Schönheit genießen lassen, Erkenntnis wie Samen in seine Seele streuen, über dem Unkraut wachen, und mit dem allem das Kind zu Gott, seinem Schöpfer, hinziehen. So hat der Erzieher das Kind nach dem Bilde Gottes zu formen, nach dem es geschaffen ist (1 Mose 1, 26–27).

Die Methode

Die Bibel berichtet davon, daß Gott die Erziehung Seines Volkes Israel nach einem Zweistufenplan vorgenommen hat, wie es in dem doppelten Bund zum Ausdruck kommt. Sowohl im Alten wie im Neuen Testament handelt es sich um einen Liebesbund. Israel war erwählt. Doch die Inhalte und die Art der Erziehung waren verschieden: Gott ergriff Israels „Hand“, bevor Er „ihr Herz“ ergriff (vgl. Hebr 8, 9–10). Parallel dazu wurde das Versehen mit dem Bundeszeichen zuerst am Leibe vorgenommen und später am Herzen, im Wegnehmen der Vorhaut des Herzens. Das erste zielt auf das zweite. *Die Hand* hat ihren notwendigen Platz und ihre Funktion in der Erziehung. Sie führt heraus und befreit. Sie packt zu und überläßt das Kind nicht seiner Torheit. Doch sie hat ihre Grenzen. Sie kann die Lektion wohl auf Tafeln, Hefte und Bücher schreiben und wenn nötig auch auf den Leib, aber ins Herz vermag sie nicht zu schreiben. *Das Herz* läßt sich nur vom Herzen ergreifen. Dazu gehört eine innere, eine geistige Zeugungs- und Überzeugungskraft. Die „fleischernen Tafeln des Herzens“ wollen „mit dem Geist des lebendigen Gottes beschrieben werden“, denn sie gehören Ihm (vgl. 2 Kor 3, 3). Wenn Gott Sein Gesetz in den Sinn gibt und ins Herz schreibt, dann „werden mich alle kennen, von dem Kleinsten an bis zu dem Größten“ (vgl. Hebr 8, 10–11) – so wie es Mose gesehen hat:

„Wie hat er sein Volk so lieb!
Alle Heiligen sind in deiner Hand.
Sie werden sich setzen zu deinen Füßen
und werden lernen von deinen Worten.“

5 Mose 33, 3

Vor allem aber gegen Bosheit und gar willentliche Verstockung ist die Hand unfähig und wehrlos. Hier bedarf es der entschiedenen, sich aufopfernden Liebeskraft des Herzens, der göttlichen Liebe.

2. Erziehen bedeutet Kampf

Hinter dem Chaos, hinter der Unordnung und hinter der Rebellion stehen Mächte: keine mythischen, sondern geistige Mächte. Erziehen heißt, sich dem Kampf mit diesen Mächten stellen, ja, sich dem Bösen stellen. Nur der, dessen Hände von Zorn und Zweifel gereinigt wurden, und wer gelernt hat, das Schwert des Geistes, das Wort Gottes, zu führen, ist dieser Aufgabe gewachsen.

Sehr realistisch sagt die Bibel: „Torheit steckt dem Knaben im Herzen; aber die Rute der Zucht treibt sie ihm aus“ (Spr 22, 15). Eltern tun ihren Kindern den größten Gefallen, wenn sie das Kind von der Torheit und dem Bösen befreien. Wer ein Kind sich selbst überläßt, entwickelt nicht seine Unschuld, sondern läßt das Böse in seinem Herzen ins Kraut schießen. Die Legende von den unschuldigen, unverdorbenen Kindern hat man allzulange geglaubt, und eine ganze Erziehungswissenschaft hat sich von ihr an der Nase herumführen lassen. Nicht Unschuld, sondern Torheit und Bosheit stecken den Kindern im Herzen, sagt die Bibel seit eh und je und urteilt: „Wer seine Rute schont, der haßt seinen Sohn“ (Spr 13, 24).

Der göttliche Sinn der Strafe

In unserer gegenwärtigen Verwirrung über den Ort und Sinn der Strafe orientieren wir uns an Gott. Warum züchtigt Gott? Warum straft Er? Wenn wir zunächst vom Wortsinn ausgehen, so hängt Strafe mit Tadel, Verweis, Schelten und Anfechten zusammen. Ein *Verweis* ist ein verstärkter, vielleicht gar energischer *Hinweis* in die rechte Richtung. Schelten und Anfechten weisen auf die Kampfsituation. Zu untersuchen wäre auch, inwieweit das niederdeutsche und niederländische „straffen" und das hochdeutsche Adjektiv „straff" und auch „stramm" mit dem Verb „strafen" in Verbindung stehen. Strammen, straffen tun wir etwas, das lasch geworden ist. Wie dem auch sei, das Wort „Strafe" hatte ursprünglich eine positive Bedeutung. Wenn Gott als Vater alles Lebendigen straft, will Er das Leben schützen vor der Verirrung, vor der Vernichtung, vor der Krankheit und vor dem Abrutschen ins Böse. Strafe hat bei Gott immer lösende und befreiende Wirkung. Wenn Gott zuschlägt, trennt und befreit Er vom Bösen, von dem Verderber. Strafe ist Gottes heilsames Mittel zu unserm Guten.

Wir haben in der deutschen Sprache noch das andere Wort „heimsuchen". Harte Strafe kann zur Heimsuchung werden. Gott läßt viel Herzeleid, Vernichtung und Verwüstung zu, doch immer mit dem positiven Ziel, um uns heimzusuchen, um uns nach Hause zu bringen (vgl. Jer 2, 19!). Heimsuchungen sind Gottes Ruf zur Umkehr. Wenn Er uns laufen läßt, gibt Er uns auf und das bedeutet: vollzogenes Gericht. Solange Er uns straft und züchtigt, zieht Er uns zu sich. Denn „Er will das geknickte Rohr nicht zerbrechen und den glimmenden Docht nicht auslöschen" (Jes 42, 3).

Das elterliche Erziehen und Strafen

a. „beizeiten"

So ist auch das elterliche Strafen eine Liebestat, sofern es mit „reinen Händen" (1 Tim 2, 8) geschieht. Wer seinen Sohn haßt, der schont seine Rute, „wer ihn aber liebhat, der züchtigt ihn beizeiten" (Spr 13, 24). „Beizeiten" heißt es hier. Das Erziehen fängt im Säuglingsalter an. Welch beharrliche Liebe gehört dazu, um einem Kind den rechten Weg zu weisen und ihm keine Ungehörigkeiten durchgehen zu lassen! „Gewöhne einen Knaben an seinen Weg, so läßt er auch nicht davon, wenn er alt wird“ (Spr 22, 6). Die Investition an Zuwendung, geduldigem „Gewöhnen“ und strafendem „Verweisen“, die von frühester Kindheit an geschieht, zahlt sich reichlich aus. Mit acht, spätestens mit zehn, bei Jungen vielleicht zwölf Jahren sollte die Zeit des manuellen Züchtigens vorbei sein. Deswegen sagt die Bibel: „beizeiten“.

b. „Mit ernsten Schlägen“

„Man muß *dem Bösen wehren* mit harter Strafe und *mit ernsten Schlägen, die man fühlt“* (Spr 20, 30). Mit dem Bösen ist nicht zu scherzen. Aus kleinen Bosheiten werden große, und ein ausgewachsener Tiger ist nicht mehr zu bändigen. Hier geht es auf Leben und Tod. Zur Überwindung des Bösen braucht es Entschiedenheit und ganzen Einsatz. Schlaffes Nachgeben und Aufgeben des Widerstandes gibt dem Bösen Raum. Von daher braucht es den Ernst und die Härte der Strafe, die Kinder von ihren Eltern spüren sollen, die sie „fühlen“ müssen, wenn sie nicht „hören“ wollen.

Trennung vom Bösen und Hinführung zu Jesus ist für das Kind lebensentscheidend. Gegen den Teufel kann nur gewinnen, wen Jesus hält. Nur wenn der Herr Jesus im Herzen wohnt, kann der „Bock“ nicht hineinkommen. Und wie können Kinder sich verbocken und losschreien! Manchmal erscheint es mir wie das Auftreten eines bösen Geistes. Wir kämpfen wahrlich nicht mit Fleisch und Blut (Eph 6, 12), auch in der Erziehung nicht. Wenn wir unsere Kinder liebhaben, werden wir es nicht zulassen, daß sie sich dem Bösen überlassen.

Schläge haben die befreiende Wirkung eines Gewitters. Vorher schaffen oft Nörgeln und Unlust eine schwüle Atmosphäre. Nichts will mehr gelingen. Dann fährt der Blitz und der Donner herein – und auf einmal geht es! Wie eines unserer Kinder sagte: „Es war gut, Mutti, daß du mich gehauen hast. Jetzt kann ich wieder lernen.“

Strafe befreit nicht nur vom Bösen, sondern richtet die Ordnung wieder auf. Wenn die Ordnung überschritten wird, entsteht eine Lücke. Der Wall gegen das Böse und den Bösen bekommt eine Öffnung. Ordnungsbruch gefährdet die Familie. Deswegen müssen es Kinder lernen, sich auch bei unbemerkten Verletzungen der Ordnung zu stellen. Das Bekenntnis hilft, die Lücke in der Mauer zu schließen.

3. Kein Erziehen ohne Leiden

Wenn Erziehen Kampf bedeutet, so ist das Leid daher inbegriffen, denn es gibt keinen Kampf ohne Wunden. Wer nicht zum Leiden bereit ist, kann nicht erziehen. Auch hier ist das Leiden in Gottes Plan eingeschlossen und muß Nutzen bringen (vgl. Röm 8, 28). Leiden vollendet (Hebr 2, 10). Leiden lehrt horchen und gehorchen und trennt von der Sünde (Hebr 5, 8; 1 Petr 4, 1). Besonders in der Pubertätszeit zeigt es sich, ob Eltern einen „heißen Draht nach oben" haben. Ein bekannter Evangelist und Pastor erzählte von seiner Mutter, daß sie jedesmal, wenn er über Gott und die Bibel abfällige Bemerkungen machte, traurig in ihr Schlafzimmer ging und nach einiger Zeit fröhlich wieder herauskam mit einer Gewißheit, die ihn entwaffnete. Als wollte sie sagen: Junge, ich hab's schon fähigeren Ohren und Händen weitergegeben. Sie hat die Worte ihres Sohnes betend und triumphierend erlitten. Sie hat getan, was Gott tat. Wer die Geschichte des Alten und Neuen Testamentes liest, kommt aus dem Verwundern nicht heraus, wie Gott Sein Volk erlitten hat und dann die Strafe auf Seinen Sohn legte, damit die Ungehorsamen ob solcher Liebe *ins Zittern kommen.* „Jesus hat die unterste Hefe der Hölle getrunken" (M. Luther), Er hat das Verdammtsein erlitten und den Fluch unserer Taten zu seinem Fluch gemacht. Er tat es, indem Er sich „dem anheimstellte, der da recht richtet" (1 Petr 2, 23). Er tat es nicht blind, sondern bewußt, durch Glauben Gott ehrend (Hebr 5, 7). Und Gott erhörte Ihn und sein „starkes Geschrei unter Tränen und Flehen" und machte Ihn zum „Urheber unseres ewigen Heils" (Hebr 5, 9). Sollten nicht auch wir zu denen gehören, die endlich „in der letzten Zeit *mit Zittern* zu dem Herrn und Seiner Gnade kommen" (Hos 3, 5)?

Es ist immer das Kreuz, das einen Menschen entmachtet und

die Faust sich öffnen läßt zum Empfangen. Wenn Gott soviel Geduld haben mußte mit Seinem Volk, sollten nicht auch wir Geduld aufbringen für unsere Kinder? Wie Jesus uns erlöste, indem Er uns erlitt, so erlösen auch wir unsere Kinder von den verschlossenen Herzensohren, indem wir sie erleiden.

4. Erziehen ist nicht „umsonst“

Eltern erziehen im Auftrag Gottes. Sie sind nicht vollkommen, und die Kinder sind eines vom andern verschieden. Was bei dem einen Kind richtig war, braucht bei dem anderen noch lange nicht zu fruchten. Wegen der vielen unberechenbaren Faktoren, der vielen Imponderabilien, wie man sie nennt, sagt der Volksmund: „Erziehen ist Glücksache.“ Wir sagen: „Erziehen wirft uns auf Gott.“ Die Erziehungsaufgabe ist ein Anruf Gottes zur Umkehr. Denn ohne Ihn können wir nichts tun (Joh 15, 5). – Wir selbst haben viele Fehler gemacht. Manche ihrer Folgen sehen und erleiden wir bis heute. Häufig sind wir uns ihrer gar nicht bewußt! Wie dankbar sind wir, wenn wir sie einsehen können und uns vergeben wird. Das hilft uns auch, heftige, unschöne Reaktionen in Demut, Glaube und Geduld zu tragen. Dennoch gilt: Bei allem Versagen, bei aller Beschränkung und Sünde, deren sich Eltern, die vor Gott erziehen, bewußt sind, stehen sie doch „in dem Werk des Herrn“ und sollen wissen, daß ihre Arbeit „nicht vergeblich ist in dem Herrn“ (1 Kor 15, 58). Der eigentliche Erzieher ist Gott. Und Gott ist immer größer als unser Versagen, als unsere Kinder, auch als alle Versäumnisse. Bei aller gebotenen Zurückhaltung, aber auch mit vollem Vertrauen zum Auftraggeber, leisten Eltern „Werke, die in Gott getan sind“ (Joh 3, 21), die ihnen in die Ewigkeit „nachfolgen“ (Offb 14, 13). Es gibt nichts Lohnenderes, als Gott durch uns arbeiten zu lassen – vor allem in der Erziehung unserer Kinder. Denn:

„Alles, was Gott tut, das besteht für ewig.“

Pred 3, 14

5. Drei praktische Hinweise zum Erziehen

a. Eltern müssen gemeinsam eine klare Linie vertreten.
b. Eltern müssen konsequent sein.
c. Eltern dürfen konzessionsbereit sein.

a. Gemeinsam eine klare Linie

Eltern beschenken ihre Kinder am meisten dadurch, daß sie selbst eine klare und gute Haltung haben. Ein gesundes eheliches Verhältnis schafft die Basis für ein gutes Eltern-Kind-Verhältnis. Wenn Mann und Frau noch um ihre Positionen streiten und ihre Rechte behaupten, wenn eine falsch verstandene, unbiblische Emanzipation die Ehe verunsichert und einen „Dreißigjährigen Ehekrieg" heraufbeschwört, dann können Mann und Frau schwerlich gute Eltern werden, können nicht gemeinsam und in geschlossener Front erziehen – zum großen Nachteil der Kinder. Deswegen gehört es zum Gebot der Stunde, alle falschen Leitbilder der Ehe, die uns entweder aufgestachelt oder „heruntergeputzt" haben und die Ehe und Familie von Grund auf gefährden, von dem Sockel zu stürzen, der ihnen nicht zukommt. Über Ehe und Familie bestimmt Gott und keine Zeitströmung oder Ideologie. Ströme verlaufen sich im Sande, und Ideologien verblassen wie Gestirne. Die Familie aber empfängt ihre Konturen unter ewigem Licht.

Weil Erziehen nicht einfach ist, hat Gott die Aufgabe zwei Menschen anvertraut. Nicht damit der eine „Hü" und der andere „Hott" sagt, der eine an dem rechten und der andere an dem linken Zügel zerrt, sondern sie sollen sich einig sein. Die Zügel gehören jeweils in eine Hand; wer von den Eltern sie nicht hält, steht als Ratgeber daneben. Der Mann darf die Zügel abgeben – vielleicht manchmal nur zu gerne! –, aber er darf es nur zeitweilig tun. Die Verantwortung für die Familie wird Gott primär von ihm fordern. Denn *er* wurde als „Kapitän des Familienschiffes" eingesetzt. Kinder brauchen klare Weisung. Die Ordnung im Haus kann nur aufgebaut und aufrechterhalten werden, wenn Mann und Frau gelernt haben, eins zu werden und so füreinander einstehen, daß Kinder sie nicht entzweien oder gar gegeneinander ausspielen können.

b. Konsequent

Konsequent sein – das ist die zweite Bedingung des Erziehens. Wird sie nicht befolgt, erweist sich das Erziehen als Bumerang. Wenn Kinder herausbekommen, was Vater und Mutter sagen, meinen sie gar nicht so, dann ist es um die elterliche Autorität geschehen. Eltern erziehen an Gottes Statt. Mit Gottes Wort und Gebot läßt sich nicht feilschen und handeln. Es ist lebendig, an die Person Gottes gebunden. Nichtbeachtung Seiner Gebote verletzt Gott, entzieht und versagt Ihm die Achtung und beraubt uns des Lebens. So wird unser Leben schutzlos. Menschenwort ist diskutabel; Gottes Wort nicht. Wenn Gott eine Weisung gibt und ich sage: „Das will ich mir erst einmal überlegen", dann *lege* ich meine Anschauung gleichsam *über* die Weisung Gottes und halte mich für klüger. Auf dem Kampfplatz unserer gefallenen Erde helfen keine Meinungen und Ansichten oder gar Experimente. Wo es ums Leben geht, brauchen wir klare Weisung und eine das Leben schützende und es fördernde Aktion. Sonst gehen wir verloren, bevor wir beginnen.

Wo Eltern an Gottes Statt erziehen und darauf achten, daß das Gebot Gottes geachtet und Gottes Ordnung in der Familie aufgerichtet wird, da müssen sie lernen, daß ihre Worte gelten. Zum Beispiel: „Heute abend essen wir um 18.00 Uhr. Ihr kommt um 17.45 Uhr nach Hause, müßt euch noch waschen, um 18.00 Uhr fangen wir an." Wenn dann die Kinder erst 5 Minuten nach 18.00 Uhr ins Haus trödeln, ist es ein Abmachungs- und Ordnungsbruch. Wir meinen vielleicht: „eine Kleinigkeit! eine Lappalie!" – aber alles leidet: Der Vater schaut nervös auf die Uhr, da er um 19.00 Uhr schon zu einer Sitzung erwartet wird. Die Mutter wird aufgeregt, weil das Essen kalt wird. Die Kinder streiten sich, wer sich zuerst wäscht, und die Stimmung am Tisch ist verdorben. Also doch keine „Kleinigkeit"! Welche Unordnung und Mißstimmung bricht in die Familie ein! Wollen wir Familie sein, dann müssen wir uns auch an ihre Ordnungen halten. Wie schön ist eine gemeinsame Essenszeit mit gemeinsamem Lied oder dankbarem Gebet zu Anfang! Dafür lohnt es sich, Kraft zu investieren, auch wenn es viel konsequente Kleinarbeit kostet.

Ohne Konsequenz können wir den Willen unserer Kinder nicht schulen. Zum konsequenten Erziehen gehört, daß ich die Ausführung eines Gebots überprüfe. Das ist etwas zeitraubend, aber notwendig. Wenn wir einmal ein Ultimatum gesetzt haben, müssen wir es auch einhalten und ein Kind bestrafen, das sich nicht daran hält. Die Strafe zielt darauf ab, den Willen des Kindes zu „straffen“, damit es sich nicht von der Willenlosigkeit vergewaltigen läßt: Bei den Jungen ist es oft die Laschheit und bei den Mädchen die Gefühle, die „überborden“. Sie müssen lernen, ihr Gefühl und ihren Willen in den Griff zu bekommen, sonst sind sie ihr Leben lang geschädigte Menschen.

Die Tischsitten

Tischsitten entstehen nicht von selbst. Sie wollen bestimmt, gefördert und beachtet werden. Eltern dürfen bei Tisch nicht blind sein und ihren Gedanken und Problemen nachhängen. Mein Vater pflegte zu sagen: „Meine Arbeitsprobleme sollen meine Kinder nicht belasten.“ Auf die Tischsitten wurde geachtet. Es mußte alles gegessen werden, auch wenn man es nicht mochte. Man brauchte dann nicht so viel zu nehmen, aber es gab nichts anderes. Übers Essen durfte nicht geklagt werden. Und der Teller mußte leer gegessen werden. Es durften keine Reste bleiben. Ich kann mich nur an ein einziges Mal erinnern, wo nach einer einstündigen Essensverlängerung eine Tomatensuppe von uns Geschwistern in einem unbeachteten Augenblick im Garten begraben worden ist!

Am Tisch geschieht Willensschulung. Alles essen zu können ist für später ein großer Gewinn. Das will und kann gelernt sein! Und nicht selten kommt der Appetit beim Essen! Auch auf den Umgangston bei Tisch muß geachtet werden, damit die Familie vor lauter zoologischen Bezeichnungen nicht zum Tiergarten wird, sondern immer ein Menschengarten bleibt; der Ton gegenüber Erwachsenen, vor allem gegen die Mutter, soll dankbar und ehrfürchtig sein.

c. Konzessionsbereit

Zum geschlossenen, gemeinsamen und konsequenten Erziehen gehört als drittes die Konzessionsbereitschaft. Sie beginnt damit, daß Eltern zugeben können, wenn sie etwas falsch gemacht haben. Kinder haben ein ausgeprägtes Gerechtigkeitsempfinden. Um eine Situation zu retten, können Väter manchmal zu schnell dreinfahren, ohne vorherige, sorgfältige Prüfung der Tatbestände. Es kann böse Folgen haben, wenn wir den Falschen erwischen. Das trifft Kinder oft ganz tief. Wie sehr brauchen wir die „gereinigten Hände ohne Zorn und Zweifel“ (1 Tim 2, 8)!

Einer unserer Jungen saß einmal schluchzend und am ganzen Körper zitternd vor mir – weil ich ihn fälschlich beschuldigt und bestraft hatte. Wie gut war es, daß ich sagen konnte: „Du hast recht, ich bitte dich um Entschuldigung.“ Da schaukelte sich das Weltgefüge in seiner Seele wieder ein, und die Erschütterung war überstanden. Hätte ich mich nicht entschuldigt, hätte die Vertrauensbrücke zu mir einen empfindlichen Riß bekommen. Die Begebenheit ist mir unvergeßlich geblieben.

Kinder erwarten von ihren Eltern keine Vollkommenheit, aber Ehrlichkeit. Wenn wir zu unserem Versagen stehen, bekommen auch sie Zutrauen zu einem Gott, der vergibt, vor dem man ehrlich sein darf, und der einen nicht verstößt, sondern zu sich zieht, wenn es etwas zu bereinigen gilt, was die Ordnung, die Gerechtigkeit und den Frieden gestört hat.

Zur Konzessionsbereitschaft gehört weiterhin, daß die Eltern nicht immer nur ihre Wünsche durchdrücken, sondern auch nach den Vorschlägen der Kinder fragen: beim Bestimmen der Ausflugsziele, der Ferienplanung u. a. Diese Flexibilität ist gut und nötig. Wo es aber um die Prinzipien Gottes geht, gibt es keine Konzession. Ein Achtzehnjähriger bedankte sich bei seinem Vater nach fünfjährigem Kampf: „Ich danke dir, Vater, daß du mir widerstanden hast.“

Erziehen bedeutet Kampf. Dabei kann es nicht um Frieden um jeden Preis gehen. Hier gibt es etwas Wichtigeres als den Frieden, und das ist: die Befreiung unserer Kinder vom Bösen. Das bringt Spannungen mit sich, die ertragen werden müssen, die aber für alle Betroffenen weit lohnender sind, als ein fauler Friede, der das Böse nährt und ihm Raum gibt. Jesus sagt: „Ich bin nicht gekommen, Frieden zu bringen, sondern das Schwert“ (Mt 10, 34). Mit dem Bösen gibt es keinen Kompromiß. „Hasset das Böse!“ heißt es in Röm 12,9. Wer hier Frieden schließt, verrät das Leben, hängt nicht mehr dem Guten, hängt nicht mehr Gott an und ist letztlich inhuman. Wer aber zum Schwert des Wortes Gottes greift, verteidigt und schützt den Menschen und weist dem Bösen das Feld. Das ist rechte Humanität.

XII. Verantwortungsbewußte Elternschaft

Es ist uns ein tiefes Anliegen, daß wir als christliche Eltern unsere Aufgabe an den Kindern mit Hoffnung und gutem Mut anfassen, nicht in Resignation oder voller Furcht. Wir wissen, daß wir den stärksten Verbündeten auf unserer Seite haben: Gott selbst! Darum ist es die falsche Blickrichtung, wenn wir ständig nur auf die böse Welt und all die schlimmen Einflüsse starren, die auf unsere Kinder einstürmen. Das ist ein lähmender Blick. Nein, „aufsehen auf Jesus, den Anfänger und Vollender unseres Glaubens“ (Hebr 12, 2), das ist auch im Blick auf diese Aufgabe der einzige Weg. „Als ich den Herrn suchte, antwortete er mir und errettete mich aus aller meiner Furcht. Die auf ihn sehen, werden strahlen vor Freude, und ihr Angesicht soll nicht schamrot werden“ (Ps 34, 3 + 4).

Auch unsere Kinder sind „nach Seinem Bilde geschaffen“ und „geheiligt“ (1 Kor 7, 14) durch ihre gläubigen Eltern – sei auch nur einer von beiden gläubig. Welch ein Ausgangspunkt, den wir aber im Glauben ergreifen müssen! Dazu hat Gott ja einen Plan für unsere Kinder – alle Tage ihres Lebens waren „in sein Buch geschrieben“, als sie noch nicht bereitet waren (Psalm 139, 16). Wir sind als Eltern zu Mitarbeitern Gottes berufen, um diesen Seinen Plan im Leben unserer Kinder auszugestalten. Von Ihm dürfen wir Weisung erbitten und erwarten bis in praktische Belange hinein. Vergleiche Kapitel 13 im Buch der Richter, wo ein Ehepaar Gott um solche Weisung bittet, um der großen Verantwortung gerecht werden zu können, ihr Kind für Gott zu erziehen.

Erziehung ist nicht unserem Belieben anheimgestellt. Wir können nicht mit unseren Kindern tun, was wir wollen, noch sie den Strömungen der Zeit überlassen. Eltern sind Gott verantwortlich für die Kinder, die nicht ihr eigen, sondern ihnen nur anvertraut sind. Und ihre Aufgabe ist, sie als Gottes Kinder für Seine Ziele zu erziehen.

In allen Verheißungen der Bibel für unsere Kinder spielt der

Wandel der Eltern eine große Rolle: „Wer den Herrn fürchtet, hat eine sichere Festung, und auch seine Kinder werden beschirmt." Warum fürchten wir die bösen Einflüsse? Wenn wir Gott fürchten, können wir diese Furcht über Bord werfen. „Glaube du an den Herrn Jesus, und du und dein Haus werden errettet."

Fassen wir doch Mut für unsere Kinder! Mut zum Kinderbekommen und zum Kindererziehen. Der Befehl Gottes in 1 Mose 1, 22 ist für Christen bis heute nicht aufgehoben. „Gott segnete sie und sprach: Seid fruchtbar und mehret euch!" Das gilt bis heute – trotz Bevölkerungsexplosion. Denn für die nahezu hoffnungslosen Nöte unserer Welt gibt es Hoffnung nur noch durch Menschen, die zur Verantwortung vor Gott erzogen sind.

Dazu entstehen viele zusätzliche Probleme in der Erziehung durch die nicht von Gott gewollte Situation, daß in den Familien nur ein oder zwei Kinder sind, in die alles hineingesteckt wird, die verwöhnt werden und dann unfähig sind, in der Gemeinschaft zu leben – unfähig, Opfer zu bringen, unfähig, zu lieben. Vor allem können sie nicht mehr dankbar sein für alles, was sie im Überfluß empfangen haben, sondern sind von Anfang an auf Fordern und Empfangen eingestellt und leben in ständiger Unzufriedenheit. Vieles fürs Leben Wertvolle wird in kinderreichen Familien leichter und selbstverständlicher erlernt als da, wo „zum Wohl des Kindes" nur ein oder zwei angenommen werden.

Christliche Kindererziehung erfordert Eltern, die sich ganz bewußt als Mitarbeiter an Gottes Heilsplan verstehen. Wir empfangen unsere Kinder, um diesen Plan in der Welt zu verwirklichen. Und deshalb ist das wichtigste Erziehungsmittel das Gebet.

Das wichtigste Erziehungsmittel ist das Gebet

Dabei wollen wir drei verschiedene Arten des Gebets betrachten:

1. Das dankbar empfangende Gebet

Im dankbar empfangenden Gebet geschieht die innere Ausrichtung auf Gottes Willen und die Korrektur unseres eigenen Willens, unserer eigenen Vorstellungen und Wünsche. So empfangen wir jedes Kind dankbar aus Gottes Hand im Vertrauen auf Seine Planung. Leben wir verantwortliche Elternschaft in der Ausrichtung darauf: „Wieviele Kinder möchtest Du uns anvertrauen?“ Oder wird die Frage der Empfängnisverhütung daran gemessen, wieviele Kinder wir wollen?

Die Frage der Familienplanung ist eine eminent geistliche – wie sollte es auch nicht? „Ihr esset oder trinket, tut *alles* zur Ehre des Herrn“ (1 Kor 10, 31). Wenn schon essen und trinken nicht aus dem Zusammenhang mit Gott entlassen sind, wieviel weniger die leibliche Gemeinschaft von Mann und Frau mit ihren tiefgreifenden Auswirkungen?

Gewiß sollen unsere Kinder nicht Folgen einer aus der Verantwortung vor Gott gelösten Konsumhaltung sein, sondern Frucht geheiligter Freude, die in der von Gott gesetzten Zucht nicht ärmer, sondern umso tiefer wird. Sie sind dann auch kein „Zufall“, sondern Gottesgaben, die wir dankbar und zuversichtlich annehmen.

Wenn aber das sich regende Leben dennoch ein „Unfall“ war? Wenn die Eltern bei der Empfängnis schon eigene Wege gingen und nun der „große Jammer“ folgt? – Umso wichtiger ist es, daß sie zur Buße finden und in erfahrener Vergebung dennoch ein „Ja“ zum Kind finden, ein Ja, in dem das Ja Gottes zu uns aufgenommen wird und dann doch noch ein dankbares Annehmen der Leibesfrucht geschenkt wird.

Das Kind so annehmen, wie es ist

Nun ist es noch nicht damit getan, daß wir das Kind, sein Leben dankbar annehmen. Wir müssen es auch so annehmen, wie es ist. Das ist eine Aufgabe, die uns über Jahre immer wieder gestellt wird.

Da hätte man lieber einen Sohn gehabt statt einer Tochter, oder umgekehrt. – Wie wichtig, daß wir das gegebene Geschlecht von Herzen annehmen als Gottes Plan entsprechend. Wir könnten leicht unserem Kind im tiefsten Wesen schaden, wenn es uns nicht gelänge! Es ist nicht harmlos, wenn man dem Mädchen, das ein Sohn hätte sein sollen, von klein auf Hosen anzieht und es männlichen Beschäftigungen zuführt, oder umgekehrt. Wie manches Leben ist so schon verbogen worden!

Oder aber: Wie gern hätten wir eine hübschere Tochter, einen gescheiteren oder sportlicheren Sohn. Warum? Vielleicht spielt der Ehrgeiz oder das Wetteifern mit den Kindern von Geschwistern, Nachbarn oder Freunden eine Rolle. Da geschehen mancherlei Verdrängungen. So geradeheraus sagen wir es wohl nicht, daß ein Kind uns so, wie es unter uns ist, nicht paßt. Aber im tiefsten Herzen haben wir es doch nicht angenommen. Wie sehr aber braucht das Kind diese liebevolle, vorbehaltlose Annahme von seiten der Eltern! Wie tief können Kinder unter dem leiden, was sie selbst als Mangel empfinden, sei es an ihrem Leib oder in ihrer Begabung! Wie leicht entsteht Neid auf Geschwister oder Freunde! Und wie fein empfinden sie die Haltung ihrer Eltern; wie wird alles noch vertieft und verschärft, wenn die Eltern ein Kind dem andern vorziehen. Haß und Neid unter Geschwistern können da tiefe Wunden schlagen. Wie leicht entfährt den Eltern eine wertende Aussage, vielleicht im Gespräch mit Freunden, die das Kind mit anhört (obwohl man es in sein Spiel vertieft glaubte): „Sie ist nicht so klug, so anziehend oder flink wie ihre Schwester." So ein Satz kann schwer treffen und nagende Zweifel an sich selbst noch tiefer einbrennen. Auf diese Weise kann das Selbstwertgefühl eines Menschen, das so sehr nötig ist zum Leben, schon in der Kindheit zerstört werden, und zersetzende Minderwertigkeitsgefühle treten an seine Stelle. Der Schritt zum Zweifel an der Gerechtigkeit Gottes und der Verteilung Seiner Gaben ist dann nicht mehr weit.

Welch tiefen Einfluß haben hier Eltern: Sie wirken lebenszersetzend oder lebensentfaltend. Und das alles hängt davon ab, ob wir unser Kind, so, wie es ist, dankbar aus Gottes Hand nehmen, Ihm vertrauend, daß Er es richtig gemacht hat: geschaffen nach dem Bilde und zum Lobe Gottes, richtig nach Seinem vollkommenen Plan mit diesem Leben.

Wir sollen unserem himmlischen Vater glauben und unsere Kinder lieben und loben. Wenn wir Gott vertrauen, können wir leichter das entdecken, was Gott in jedes einzelne Kind hineingelegt hat, seine Stärken anerkennen und loben. Und dadurch machen wir ihm Mut zu sich selbst, wecken seine Freude an sich selbst und vertrauensvolle Dankbarkeit seinem Schöpfer gegenüber. Das aber schafft das beste Wachstumsklima!

Ablehnung öffnet dem Teufel die Tür

Dagegen öffnet jede Art von Ablehnung dem Teufel die Tür, sei es nun solange das Kind noch im Mutterleibe ist oder zur Zeit seines Heranwachsens.

Mir steht eine Familie mit acht Kindern vor Augen. Die Eltern und sieben der Kinder sind gläubig, fröhlich und aufgeschlossen. Doch eines steht dazwischen wie ein Fremdes. Häufig sondert es sich ab oder folgt schlechten Freunden. Mit allen Mitteln war es den Eltern nicht möglich, das Herz dieses Kindes zu erreichen. Erst als in tiefer Not der Eltern der Herr ihnen die Einsicht und das Bekenntnis schenkte: „Dieses Kind haben wir von Anfang an nicht gewollt. Wir hatten andere Pläne. Vergib uns Herr!", erst als sie sich vor Gott beugten und auch ihr Kind um Vergebung baten, da geschah etwas Neues: Auch diesem Kind ging die Tür aus dem Gefängnis der Ablehnung auf, es kam zum Glauben und überwand allmählich seine notvollen Fehlhaltungen. Wie wichtig ist das dankbar empfangende Gebet!

2. Das lösende Gebet

Unsere Kinder sollen Gesegnete sein, aber sie sind es nicht automatisch. Viele Kinder schleppen schwere Lasten mit sich, schleppen den Fluch von Vätern und Vorvätern.

Uns Europäern ist das Verstehen dieser geistlichen Dimensionen verlorengegangen, aufgelöst in psychologische Erklärungen. Und wir selbst fanden nur mit Mühe zu ihnen zurück durch ein Eingreifen Gottes.

Im Jahre 1967 schenkte Gott durch das Wirken Seines Geistes an unserer Bibelschule beim Lehren des Wortes eine Erweckung. Ein tiefes Erschrecken fiel auf die Studenten von der Stelle 2 Mose 20, 2 her: „Ich der Herr, dein Gott, bin ein eifernder Gott, der die Missetat der Väter heimsucht bis ins dritte und vierte Glied an den Kindern derer, die mich hassen, aber Barmherzigkeit erweist an den vielen Tausenden, die mich lieben und meine Gebote halten."

Zitternd kamen sie zu uns. „Unsere Eltern und Voreltern waren Zauberer, haben an Götzen geglaubt und sie angebetet. Sie haben Fetische im Haus bewahrt und an sich getragen. Wahrsagen ist üblich. – Das liegt doch nach Gottes Wort alles auf uns!" Zunächst versuchte ich sie zu beruhigen: sie seien doch schon zum Glauben gekommen, hätten ihr Leben nach persönlicher Buße Gott übergeben, wollten Ihm ja doch dienen. Damit sei für sie alles in Ordnung. Aber sie kamen nicht los von der Furcht. Sie zitterten. „Helft uns!" Und das trieb uns ins Gebet mit der Bitte um geistliche Erkenntnis.

Die Belastungen auf unseren Kindern

Darauf geschah etwas Merkwürdiges, das ich nur mit einem persönlichen Zeugnis erläutern kann:

Wir hatten schon längere Zeit Not mit unserem Ältesten. Er war damals erst vier Jahre alt, aber er zeigte eine tiefe, unnatürliche Abwehr allem Geistlichen gegenüber. Wenn ich ihm eine biblische Geschichte erzählte, drehte er sich im Bett zur Wand. Wenn wir beteten, auch wenn es nur ein kurzes Tischgebet war, wurde er aufsässig. Es war uns rätselhaft. Nachdem ich aber abends den Herrn um Erkenntnis gebeten hatte, um unseren Studenten helfen zu können, geschah dieses: Wieder wurde der Junge beim morgendlichen kurzen Tischgebet rebellisch und störte. Ich schaute auf und erblickte plötzlich in seinem Gesicht die Züge meines Großvaters und meines Onkels. Und augenblicklich erinnerte mich der Geist Gottes daran, daß nach Erzählungen meiner Mutter dieser Großvater einen Freund hatte, der das zweite Gesicht besaß und als „Heiler" bekannt war. Auch mich hatte er als Kleinkind einmal geheilt.

Plötzlich stand es klar vor mir: Unser eigenes Kind – das Kind von gläubigen Missionaren! – litt unter dem Fluch Gottes „bis ins dritte und vierte Glied“. Ich erzählte das Erlebnis meinem Mann, und abends, als die Kinder schon schliefen, haben wir beide über dem Ältesten gebetet und für ihn im Glauben die Verheißung aus 1 Petr 1, 18 ergriffen: „Wisset, daß ihr nicht mit vergänglichem Silber oder Gold erlöst seid von eurem eitlen Wandel nach der Väter Weise, sondern mit dem teuren Blut Christi als eines unschuldigen und unbefleckten Lammes.“

Erlöst – mit dem teuren Blut Christi vom eitlen Wandel nach der Väter Weise. Ebenso wie die Rechtfertigung für uns erworben ist, bereitliegt als ein Kapital, das nur darauf wartet, abgehoben zu werden, so ist es auch mit der Erlösung! So haben wir für unser Kind im Gebet in Anspruch genommen, was Gott uns zugedacht hat: die völlige Erlösung vom eitlen Wandel der Väter, der den Fluch zur Folge hatte. Wie schon gesagt, schliefen die Kinder derweil. Aber als wir am nächsten Morgen beim Frühstück beten wollten, kam unser Ältester uns zuvor: „Mami, Gunnar möchte beten!“ Mittags wiederholte sich das gleiche und abends wieder. Wochenlang ging das so. Es war mir ein Wunder. Und welch ein Anschauungsunterricht war es für uns: täglich neu zu erleben, daß nun seine Seele frei geworden war zum persönlichen Umgang mit Gott.

Wie oft geht es mir durchs Herz, wenn ich ganze Kirchengemeinden sehe – Menschen, die unter Gottes Wort kommen –, die doch nicht zu einer persönlichen Verbindung zu Gott durchbrechen können. Ohne es zu wissen, mögen viele von ihnen einen solchen Fluch von ihren Vorvätern her mit sich herum tragen, wie eine Abschirmung, durch die sie nicht hindurchstoßen können.

Welch ein Vorrecht für christliche Eltern, daß sie gerufen und beauftragt sind, priesterlich für ihre Kinder zu beten, und ihnen damit einen offenen Himmel bereiten dürfen!

Anzeichen der Belastung

Woran können wir erkennen, daß unsere Kinder unter der Wirklichkeit von 2 Mose 20,2 stehen (oder auch wir selbst!)?

Ein Symptom kann die oben beschriebene Ablehnung gegen

geistliche Einflüsse sein. Das gilt natürlich nicht für den Fall, wenn Eltern geistlich überfüttern, z. B. in Gegenwart kleiner Kinder allzulange beten. Dann ist die Rebellion eines Kindes verständlich. Oft sprechen schreckliche, quälende Träume oder nicht zu überwindende Furcht vor der Dunkelheit für eine solche Belastung.

Auch Jähzorn oder übermäßige Triebhaftigkeit können Anzeichen sein.

In solchen erzieherischen Situationen sollten wir Gott um Erkenntnis bitten und auch die Lebensweise unserer Vorfahren in Betracht ziehen. Und selbst wenn uns nicht alles überschaubar ist – man bedenke, daß in der vierten Generation der Vorfahren jeder Mensch zweiunddreißig Ururgroßmütter und -väter hat – brauchen wir nicht zu zögern, von dem Angebot Gottes und der durch Christus erworbenen Erlösung Gebrauch zu machen. „*All'* Sünd hat er getragen, sonst müßten wir verzagen. Erbarm dich unser, Herr Jesus!"

Vielleicht taucht die Frage auf, warum wir nur mit dem ersten Sohn in dieser Weise beteten. Es scheint so, als ob dämonische Belastungen beim ersten Kind in besonderer Weise auftreten. Vielleicht ist auch das Gebot Gottes in 2 Mose 22, 28 auf diesem Hintergrund zu verstehen: „Deinen ersten Sohn sollst du mir geben." Doch haben wir später auch mit unseren anderen Kindern ähnlich gebetet, und da sie es in diesem Alter schon konnten, beteten wir *mit* ihnen statt über ihnen.

3. Das segnende Gebet

In 4 Mose 6, 24 heißt es: „So sollt ihr sagen zu den Kindern Israel, wenn ihr sie segnet: Der Herr segne dich und behüte dich; der Herr lasse sein Angesicht leuchten über dir und sei dir gnädig, der Herr hebe sein Angesicht über dich und gebe dir Frieden. Denn ihr sollt meinen Namen auf die Kinder Israel legen, daß ich sie segne."

Gewiß, dieser Segen ist zuerst den Priestern des Volkes Israel anvertraut worden. Doch sind wir in der neutestamentlichen Gemeinde alle zu Priestern berufen, zu „königlichem Priestertum" (1

Petr 2, 9). Und dieser Auftrag, dieses Vorrecht, gilt ganz gewiß in erster Linie Eltern in der verantwortungsvollen Erziehungsaufgabe an ihren Kindern.

Tief eingeprägt hat sich mir die Atmosphäre eines bestimmten Hauses – unser Beruf führt uns ja in viele Häuser. Über Eltern und Kindern lag ein solch tiefer Friede, eine so große Ruhe und Geborgenheit, daß wir staunten. Als die Kinder abends ihrer Mutter „Gute Nacht!" wünschten, antwortete sie: „Gute Nacht, mein Kind. Der Herr segne und behüte dich!" Da verstand ich das Geheimnis dieser Familie. Im ausgesprochenen Segen wurde immer wieder die Gegenwart Jesu spürbar.

Wie wichtig ist es, daß wir jeden Morgen unsere Kinder auch mit dem Segen Gottes in die Welt entlassen, in ihre Schulen hinein. Dann bleiben wir nicht in einer verzagten Verteidigungshaltung stecken, sondern leben in der Siegesgewißheit des „königlichen Priestertums", das vor der Dunkelheit der Welt nicht feige zurückweicht, sondern sich auserwählt und als Gottes Eigen geheiligt weiß, „die Wohltaten dessen zu verkündigen, der uns berufen hat von der Finsternis zu seinem wunderbaren Licht" (1 Petr 2, 9).

Wir sind nicht auf der Flucht! Wir befinden uns im Angriff, im Angriff der sieghaften Liebe Jesu; das gibt uns eine große Zuversicht.

Hat Er nicht versprochen, bei uns zu sein – „alle Tage, bis an der Welt Ende", d.h. auch in der bösen Endzeit?! Diese Verheißung gilt uns und unseren Kindern. Das sollte der helle Oberton sein, wenn wir unsere Kinder darauf vorbereiten, in einer entarteten Welt leben zu müssen. Sie sollten auch wissen, daß es noch viel schlimmer werden wird, und doch keine Angst haben, weil wir sie unter dem Schutz dessen erziehen, der gesagt hat: „Mir ist gegeben alle Gewalt im Himmel und auf Erden!" – Auch auf Erden!

Die Übermacht des Lehrers

Wie leicht vergessen wir das! Vor allem, wenn es um die täglichen, praktischen Belange unserer Kinder geht. Und dann stehen wir ihren Problemen angstvoll und hilflos gegenüber. Ich möchte an dieser Stelle ganz besonders auf die Schul-Angst hinweisen.

Diese besteht ja vor allem in der Furcht vor der Übermacht des Lehrers (oder auch der quälenden Kameraden).

Vor Jahren kamen wir auf dem Missionsfeld selbst in eine schwierige Schulsituation. Die einzige Möglichkeit, unsere Kinder bei uns zu behalten, bedeutete, sie nach dem vierten Schuljahr in die indonesische Schule zu geben. Wie sehr bedrückte sie die Aussicht auf den ersten Schultag! Nach vier bzw. fünf Jahren Privatunterricht und gerade vorhergegangenem Heimaturlaub, in dem sie einen Großteil ihrer Indonesischkenntnisse vergessen hatten, war das eine schlimme Sache. Mit blassen Gesichtern saßen sie am Abend vorher in ihren Betten. Welch ein Vorrecht war es für uns, ihnen sagen zu können: „Der Herr Jesus hat versprochen, bei euch zu sein. Er hat die größte Macht auf der ganzen Welt, und Er hat euch lieb. Ihr braucht keine Angst zu haben.“ – Danach konnten sie entspannt einschlafen, und der erste Schultag wurde zu einem frohmachenden Erlebnis.

Nur einer unserer Jungen bekam sehr bald zu spüren, daß im Herzen eines Lehrers die bitteren Erinnerungen an die Kolonialzeit noch nicht verblaßt waren. Dazu kam die andere Religion. Es war ein Risiko, mit dem wir gerechnet und wofür wir bereits Jesu besonderen Schutz über den Kindern erbeten hatten. Aber – nach einer Woche kam der kräftige Junge schluchzend nach Hause: „Mein Lehrer mag mich nicht. Er kann nur die indonesischen Kinder leiden. Und er hat gesagt, daß ich ganz bestimmt nicht versetzt werde.“ Eine solche Aussage eine Woche nach der Einschulung, dazu am Anfang des Schuljahres – die Haltung dieses Lehrers war eindeutig feindselig.

Wie reagiert ein Mutterherz auf so etwas? Empört, verletzt, hilflos, zornig – je nach Temperament. Nicht immer ist es sinnvoll und hilfreich, einen solchen Lehrer direkt anzusprechen. Seine Reaktion könnte dem Kind noch mehr schaden. Doch wie oft geschieht es auch, daß sich die Hilflosigkeit und der Ärger der Eltern im Schimpfen auf den Lehrer Luft macht! Manchmal spielt sich das vor den Ohren des Kindes ab, so daß dann eine negative Haltung entsteht: „Der doofe Lehrer!“ Die Autorität des Lehrers, die für das Kind so wichtig ist, wird dabei untergraben. Wir sollten auf diese Gefahr vor allem achten, wo wir aus Ärger und Sorge wegen einer verderblichen Ideologie oder des gefährlichen Sexualkundeunterrichts eines Lehrers diesen vor dem Kind schlecht machen! Dann versuchen wir nämlich, den Teufel mit Beelzebub auszutreiben – was nie gelingt – und vergessen den segensreichen Weg, den Jesus uns eröffnet hat.

> „Vergeltet nicht Böses mit Bösem oder Scheltwort mit Scheltwort, sondern *dagegen segnet*, weil ihr dazu berufen seid, daß ihr den Segen ererbt."
>
> 1 Petr 3, 9

Wie dankbar war ich in der kritischen Situation über die Stimme des Geistes Gottes in meinem Herzen: „Der Herr lenkt die Herzen der Könige wie Wasserbäche" (Spr 21, 1). Ich staunte: „Was willst Du mir sagen, Herr? Ja! Das ist's!" Bitterkeit, Ärger oder Verzagtheit durften nicht in mein Herz eindringen, und statt dessen erfüllte es eine tiefe Freude. Ich sagte zu meinem Sohn: „Mein Junge, der Herr Jesus ist doch viel mächtiger als dein Lehrer. Wir brauchen vor ihm keine Angst zu haben. Jeden Morgen, bevor du zur Schule gehst, wollen wir für ihn beten, daß der Herr ihm hilft und sein böses Herz gut macht. Wir wollen darum beten, daß Gott ihn segnet. Und dann laß uns zusehen, was Jesus tut. Er lenkt die Herzen der Könige wie Wasserbäche, wie sollte Er nicht das Herz deines Lehrers überwinden können!" Nach vier Wochen kam unser Junge strahlend nach Hause: „Mutti, nun ist der Lehrer mein Freund geworden!" – Er blieb es über Jahre.

Die Schwierigkeiten, die Gott uns in den Weg legt, sind Gelegenheiten, Seine Macht und Treue zu erproben!

> „Ihr seid das königliche Priestertum! Ihr sollt den Namen des Herrn auf eure Kinder legen."

XIII. Das Wort Gottes in der Familie

„Die Worte, die ich dir heute gebiete,
sollst du zu Herzen nehmen
und sollst sie deinen Kindern einschärfen
und davon reden.“

5 Mose 6, 6–7

Wo liegen die Wurzeln des moralischen Niedergangs unseres Volkes, dessen einschneidende Folgen sich längst in der Erschütterung aller sozialen Sicherheiten auszuwirken beginnen? Nirgends anders als im Verlust des Wortes Gottes! Seit gut 100 Jahren von Menschenweisheit verdrängt, verdächtigt, ausgehöhlt, zersetzt – welch tiefe Schuld der Schultheologie! – wurde es in den Kirchen kraftlos und verschwand aus den Familien.

Dabei heißt es Hebr 1,3: „Der Sohn trägt alle Dinge mit seinem kräftigen Wort.“ Wir, die wir vom Wanken aller tragenden Werte unserer Kultur zutiefst erschüttert sind, sollten deswegen um nichts mehr besorgt sein als darum, dieses lebendige, kräftige, alle Dinge tragende Wort wiederzugewinnen.

Die wichtigste Aufgabe der Eltern

Von Anfang an war die Überlieferung des Wortes, das die Erkenntnis Gottes vermittelt, den Familien anvertraut und besonders den Eltern aufgetragen.

5 Mose 6,1ff faßt die Bedeutung des überlieferten Wortes folgendermaßen zusammen: „Dies sind die Gesetze und Gebote und Rechte, die der Herr, euer Gott, geboten hat, daß ihr sie *lernen* und *tun* sollt in dem Lande, in das ihr zieht, es einzunehmen, damit du dein Leben lang den Herrn, deinen Gott, fürchtest und alle Seine Rechte und Gebote hältst, die ich dir gebiete, *du* und *deine Kinder* und deine *Kindeskinder, auf daß du lange lebest.* Israel, du sollst es hören und festhalten, daß du es tust, *auf daß dir's wohlgehe* und du groß an Zahl werdest, wie der Herr, der Gott deiner Väter, dir zugesagt hat in dem Lande, darin Milch und Honig fließt.“

Das heißt doch: Wenn wir auf Leben und Wohlergehen unserer Kinder bedacht sind (und welche Eltern wären das nicht!), so können wir die Grundlage dazu nur legen durch die Achtung und Wahrung des Wortes Gottes in unseren Familien.

Vernachlässigung dieser wichtigsten Elternpflicht wird unsere Kinder, unser Volk in dieselben Niederlagen bringen wie das Volk Israel.

Folgen ihrer Vernachlässigung

Richter 2, 10–20: Danach „kam ein anderes Geschlecht auf, das den Herrn nicht kannte noch die Werke, die er an Israel getan hatte. (Warum? Weil die Eltern unterlassen hatten, ihre Kinder über Gott zu belehren!) Da taten die Kinder Israel, was dem Herrn mißfiel, . . . und verließen den Herrn, den Gott ihrer Väter . . . und folgten anderen Göttern nach von den Göttern der Völker, die um sie her wohnten, und beteten sie an und erzürnten den Herrn . . . So entbrannte denn der Zorn des Herrn über Israel, und er gab sie in die Hände von Räubern, die sie beraubten, und verkaufte sie in die Hände ihrer Feinde ringsumher. Und sie konnten nicht mehr ihren Feinden widerstehen, sondern sooft sie auszogen, war des Herrn Hand wider sie zum Unheil, wie denn der Herr ihnen gesagt und geschworen hatte. Und sie wurden hart bedrängt . . . Sie ließen nicht von ihrem Tun noch von ihrem halsstarrigen Wandel. Darum entbrannte der Zorn des Herrn über Israel . . ."

Eine Niederlage über die andere traf sie, da war keine Kraft zu widerstehen. Statt der segnenden Hand Gottes lag Sein Zorn auf ihnen. Das war die Frucht dessen, daß ein Geschlecht, ja ganze Geschlechter den Herrn nicht kannten, weil die Eltern in der Überlieferung des Wortes versagt hatten. Eine furchterregende Konsequenz, die sich nur allzu sichtbar auch über unserem Volk abzuzeichnen beginnt.

Es gibt keinen anderen Ausweg als den: Wir müssen zurückfinden zum lebendigen Wort Gottes! Dieses Wort bietet sich uns neutestamentlichen Christen in zweifacher Gestalt dar: Erstens ist es in Jesus „Fleisch geworden", und Er will durch den Glauben und durch den Geist in uns geboren werden und in uns leben. Und zweitens begegnet uns dieses Wort in der Schrift, die von Gott eingegeben und uns notwendig ist „zur Lehre, zur Aufdeckung der Schuld, zur Besserung, zur Erziehung in der Gerechtigkeit“ (2 Tim 3, 16). Man kann das eine nicht ohne das andere haben: die Innewohnung Jesu nicht ohne das geschriebene Wort und das Verstehen des geschriebenen Wortes nicht ohne den innewohnenden Geist.

Voraussetzung: das persönliche Glaubensleben der Eltern

Weiter heißt es in 5 Mose 6, 4: „Höre, Israel, der Herr ist unser Gott, der Herr allein, und du sollst *den Herrn, deinen Gott, liebhaben von ganzem Herzen*, von ganzer Seele und mit aller deiner Kraft. Und diese Worte, die ich gebiete, *sollst du zu Herzen nehmen* . . .“

Das persönliche Glaubensleben der Eltern ist Voraussetzung, damit nicht totes, erstarrtes Wort gesetzlich weitergegeben wird, was nur „fromme“ Mißbildungen bei den Kindern zur Folge haben kann. Doch das geliebte, befolgte, erfahrene, lebendige Wort, das sollst du „von Herzen“, nicht als bloße Pflichtübung, „deinen Kindern *einschärfen* und davon reden, wenn du in deinem Hause sitzt, oder unterwegs bist, wenn du dich niederlegst oder aufstehst“ (5 Mose 6, 7).

Welch ein Aufruf zur Selbstprüfung! Welchen Platz hat das Wort in unserem Herzen, unserem Leben, im Haus und bei der Arbeit? Nehmen wir uns die Stille Zeit am Morgen, um nicht nur flüchtig die Losungen zu überfliegen, sondern um uns das Wort „zu Herzen zu nehmen“? Begleitet es uns in den Tag hinein? Wird es Richtschnur, Wegweiser, Zuspruch, Trost und Ermahnung? Ist es das persönliche Wort des lebendigen Gottes an uns? Hat es unser Leben schon beeinflußt, verändert? Gibt es in unserem Leben Heilstaten Gottes, die den großen Taten des Gottes Israels entsprechen: daß Er uns „aus Ägypten geführt“ hat, aus der Knechtschaft der Sünde, und Zeichen und Wunder getan hat in unserem Leben, von denen wir unseren Kindern berichten können, ja sollen (5 Mose 6, 20–25). Können wir von Herzen dem Psalmisten nachsprechen: „Großen Frieden haben, die dein Gesetz lieben . . . Meine Seele hält sich an deine Mahnungen und liebt sie sehr ... Herr, mich verlangt nach deinem Heil, und an deinem Gesetz habe ich Freude“ (Ps 119, 165. 167. 174)?

Geistlich überfüttern?

Andernfalls haben wir nichts weiterzugeben. Wir könnten dann uns selbst und unsere Kinder nur mit tötenden Buchstaben und gesetzlichen Maßregeln füttern, dem Leichnam des lebendigen Wortes. Auf diese Weise sind nicht selten aus „frommen“, d. h. gesetzlichen Häusern, Feinde und Verächter des Wortes hervorgegangen.

Daher stammt wohl auch die unterschwellige Furcht gläubiger Eltern, ja nicht ihre Kinder mit dem Wort zu „überfüttern“. Doch Eltern, die durch den lebendigen Umgang mit dem Wort weise gemacht werden, brauchen dieses Schreckgespenst nicht zu fürchten. Es gibt keine gesündere Nahrung für das geistig-geistliche Wachstum unserer Kinder als das Wort Gottes, das mit „lauterer Milch“, „Brot des Lebens“ und „Honigseim“ verglichen wird (1 Petr 2, 2; Joh 6, 33.35; Ps 19, 11). Wie heißt es von dem, der „Lust hat am Gesetz des Herrn und sinnt über seinem Gesetz Tag und Nacht? – Der ist wie ein Baum, gepflanzt an den Wasserbächen, der seine Frucht bringt zu seiner Zeit, und seine Blätter verwelken nicht!“ (Ps 1, 2.3)

Wenn unser eigenes Leben erfüllt ist mit dem Wort Gottes, wenn dies uns Quelle aller Freude, allen Trostes, aller Segnungen unseres Lebens geworden ist, dann wird es nicht nur bei konventionellen Gelegenheiten aus unserem Mund kommen, sondern in der Ruhe und bei der Arbeit, zu Hause wie unterwegs unser ständiger Begleiter sein. Unsere täglichen Beschäftigungen werden dabei kein Hindernis sein, sondern oft genug Material zur Veranschaulichung des Wortes darbieten. Das spontane Zeugnis unserer Erfahrungen mit dem Herrn wird Seine Gegenwart in unserem täglichen Leben den Kindern nahebringen. Nichts unterstreicht das Wort Gottes kräftiger und prägt es tiefer in die Herzen unserer Kinder ein als ein damit übereinstimmendes Leben der Eltern.

So laßt uns als rechte Eltern Gott um Weisheit bitten, damit wir unseren Kindern Sein gutes, heiliges Wort vermitteln können, daß es ihnen so lieb und wert wird, wie es uns selbst ist. Möchten wir in dieser so wichtigen Aufgabe treu erfunden werden!

Wann beginnen?

Wann ist es Zeit, mit der religiösen Unterweisung unserer Kinder zu beginnen?

Im Mutterleib

Wenn unser eigenes Leben gesättigt ist an Gott und Seinem Wort, wenn wir Ihn von ganzem Herzen, mit aller Kraft und von ganzem Gemüt lieben, so wird unser Kind schon im Mutterleib den Segen unseres Glaubens erfahren.

Vor wie vielen Ängsten und Unruhen wird eine Mutter bewahrt, die ihre Schwangerschaft und die Geburt ganz im Vertrauen auf Gott erlebt! Seit wir wissen, wie sehr vorgeburtliche Stimmungen der werdenden Mutter das Ungeborene beeinflussen, können wir die tiefen Segnungen des elterlichen Glaubens für das Kind um so besser abschätzen. Das anbetende Vertrauen auf die in ihrem Leib wunderbar wirkenden Schöpferkräfte Gottes, das Singen und Beten der Eltern, die ihr Kind schon in diesem Stadium Gott anbefehlen, kann nicht ohne Einfluß bleiben. Dürfen wir doch sogar darum bitten, daß unser Kind von Mutterleibe an mit Seinem guten Geist erfüllt werde (vgl. Lk 1, 15).

Dann liegt es in seinem Körbchen: Welch ein Aufruf zum staunenden Lob seines Schöpfers: „Ich danke dir dafür, daß dieses Kind wunderbar gemacht ist; wunderbar sind deine Werke, das erkennt meine Seele wohl“ (Ps 139, 14)! Dazu ist es in seiner Hilflosigkeit für die unerfahrenen Eltern ein ständiger Anlaß, um Weisheit zu bitten, damit sein leiblich-seelisches und geistliches Wohl nicht versäumt wird. Jedes Stillen, und sei es unter Schmerzen, ja oft gerade wegen der Schmerzen, ist Grund zu Dank für die wunderbar fließende Nahrung und zum Flehen um Kraft zum Ertragen der Schmerzen aus Liebe zu unserem Kind.

Wie bald schon kommt die Zeit, da wir dem Kleinen die Hände falten können zu einem „Danke für das gute Essen (den guten

Brei, die gute Milch). Amen!“ Nicht selten gehört das bekräftigende „Amen“ zu den ersten Worten der Kinder gläubiger Eltern.

Das Morgengebet, in dem wir unser Krabbelkind der Obhut des himmlischen Vaters anbefehlen – wie oft haben wir die Bewahrung durch Schutzengel an unseren Kindern erlebt! –, das Abendgebet, in dem wir mit dem Kind für den Tag danken und um die Vergebung unserer Schuld und um den Schutz in der Nacht beten, gehören zum frühesten Tagesrhythmus. Dazu fröhliche Tischlieder und Abendlieder, die den Schlaf unseres Kleinkindes im Frieden Gottes bergen.

Das staunenswerte Bilderbuch der Schöpfung

Bald kommt die wunderbare Zeit der ersten Ausgänge, eine goldene Gelegenheit, unserem Kind „unterwegs“ die Augen zu öffnen für das staunenswerte Bilderbuch der Schöpfung Gottes. Wieviel können wir unsere Kinder daraus lehren über das Sein und Wesen Gottes!

So reich ist Gott: Die bunten Blumen, die zwitschernden Vögel, die rauschenden Bäume und fruchtbaren Felder, alle Tiere unter dem Himmel gehören Ihm, denn Er hat sie alle geschaffen.

So groß ist Gott: der hohe Himmel mit all seinen Sternen, das weite Meer, die hohen Berge, sie sind wie Spielzeug für Ihn.

So gut ist Gott: Er läßt für uns Korn, Kartoffeln und Früchte wachsen und gibt jedem Tier seine Nahrung.

So weise und klug ist Gott: Er hat die schönsten Bilder gemalt: „Sieh nur, diese Blüte, den bunten Schmetterling, den Abendhimmel! Bedenke, die Sterne ziehen alle ihre Bahn, und keiner stößt den andern, keiner fällt herab! Und alles Wachsen ist so wunderbar, daß der klügste Mensch es nicht hervorbringen kann. Nur Gott kann wachsen lassen, den Grashalm und dich selbst.“

So lieb ist Gott: Halte einmal das flaumige Küken, das samtweiche Häschen, sind sie nicht wonnig zum Liebhaben? Gott hat sie alle lieb – und am meisten liebt er die kleinen Kinder.

„Das Fischlein in dem Wasser,
das Rehlein auf der Au,
das Vöglein in den Zweigen,
das Blümelein im Tau:

Sie alle liebt der Heiland sehr,
doch uns Kinder noch viel mehr."

Welch ein Vorrecht für Eltern, auf diese Weise die Grundlage zu Liebe und Vertrauen zum himmlischen Vater in die Herzen unserer Kinder zu pflanzen!

Gott ist kein Drohwort

Welch ein Mißbrauch des Namens Gottes ist es dagegen, wenn Eltern ihrem Kind den himmlischen Vater zuerst als Buhmann zeigen: „Paß auf, Gott sieht alles, was du tust! Er wird dich schon strafen, wenn du unartig bist!" Welches Kind sollte sich zu einem solchen Gott hingezogen fühlen, der nur als unpersönliche, unsichtbare Polizeigewalt alle seine Spiele belauert, um es zu bestrafen? Wie können sich solche Eltern dann auch noch wundern, daß ihre Kinder im Religions- und Konfirmandenunterrricht abschalten und, obwohl sie alle äußeren Rituale mitmachen mögen, nie zu einem persönlichen Glauben finden, sondern zu Lästerern werden? Man möchte in diesem Zusammenhang an den Ernst des 2. Gebotes erinnern: „Du sollst den Namen des Herrn, deines Gottes, nicht mißbrauchen; denn der Herr wird den nicht ungestraft lassen, der seinen Namen mißbraucht." Er ist aber nicht in erster Linie Rächer und Richter, sondern himmlischer Vater und Heiland. Und als solchen müssen wir Ihn zunächst und immer wieder unseren Kindern nahebringen.

Erste biblische Geschichten

Entsprechend wählen wir die ersten biblischen Geschichten für unsere Drei- bis Vierjährigen: die Geschichte vom guten Hirten, der das verlorene Schaf (war es übermütig oder ungehorsam gewesen?) mit großer Mühe sucht und das erschöpfte, vielleicht verletzte Schäfchen nicht schlägt, sondern auf Seinen Armen heimträgt.

Der Bericht davon, daß Jesus offene Arme für kleine Kinder hatte, obwohl die Erwachsenen (die Jünger) sie fortschicken wollten.

Die Geschichte von der Heilung des Töchterleins des Jairus

oder der Erweckung des Jünglings von Nain. Alle Erzählungen, die das liebevolle Herz Jesu gegenüber den Kleinen, den Kranken, den in Not Geratenen darstellen, dringen in diesem Alter tief ins Gemüt des Kindes ein. Immer und immer wieder wollen sie sie hören. Kindern in diesem Alter ist das Vertraute das Liebste, sie lieben sogar die wiederkehrenden Redewendungen. Ganz intensiv fühlen sie mit den Gestalten der Erzählung mit, erleben ihre Not, ihr Leid, als wäre es ihr eigenes und ebenso die wunderbare, liebevolle Hilfe des Heilandes.

So gewinnen sie das Zutrauen, auch mit ihren eigenen Ängsten und Nöten zu Ihm zu kommen, selbst mit ihrer Sünde: Er schlägt ja das dumme, unartige Lämmchen nicht, sondern hat es lieb.

Schon in diesem Alter können unsere Kleinen verstehen, daß der Heiland unsere Sünde vergibt, wenn sie uns leid tut und wir Ihn um Vergebung bitten: wegen des schlimmen Trotzkopfes, weil das Brüderchen geschlagen wurde, weil das Kind der Mutter nicht gehorchte ... Wir sollten es lehren, die Verfehlungen beim Namen zu nennen, am besten, bevor wir mit einem der bekannten Abendgebete schließen.

„Ich bin klein,
mein Herz mach rein.
Soll niemand drin wohnen
als Jesus allein."

Es ist dem Kind eine große Hilfe zum persönlichen Bekennen seiner Sünde, wenn die Eltern ihm mit ihrem Beispiel vorangehen, wenn auch sie ein ungeduldiges Anschreien, falsches Strafen oder ähnliche Verfehlungen vor dem Kind Gott bekennen und sowohl ihr Kind als auch Gott um Vergebung bitten.

Immer wieder schrecken Eltern davor zurück in der falschen Annahme, damit ihre Autorität zu untergraben. Das Gegenteil ist der Fall, denn unsere Kinder wollen keine unfehlbaren Eltern (daß sie es nicht sind, durchschauen sie früh genug!), sondern ehrliche Eltern. Und die gemeinsame Vergebungsbedürftigkeit stärkt nur das Vertrauen.

Schon früh sollten wir die Vergebungsbereitschaft Gottes mit dem Lesen Seiner Zusage unterstreichen: „Wenn wir aber unsre Sünden bekennen, so ist er treu und gerecht, daß er uns die Sünden vergibt und reinigt uns von aller Untugend" (1 Joh 1, 9).

Und wenn Eltern das Erzählen nicht liegt?

Nicht allen Eltern ist die Gabe des Erzählens geschenkt, obwohl sich da vieles lernen läßt, wenn wir uns von den Bitten unserer Kleinsten leiten lassen. Doch gibt es auch genügend hilfreiche Bücher, in denen biblische Geschichten kindgemäß nacherzählt werden. Bilderbuchreihen nach biblischen Geschichten helfen uns bei den Kleinsten. Anne de Vries' „Kinderbibel" kann man wiederholt vorlesen. Danach bieten sich Bibellesehilfen für verschiedene Altersstufen an, die das Kind zum selbständigen Bibellesen hinführen.

Eine festgesetzte Zeit

Unsere Aufgabe ist es, im Tagesablauf der Familie eine bestimmte Zeit einzuplanen, die dem ungestörten Lesen und Bedenken des täglichen Bibelwortes gewidmet ist.

Wir selbst sind nach mancherlei Versuchen und Praktizieren immer wieder darauf gestoßen, daß es keine bessere Zeit gibt als die frühe Morgenstunde, obwohl das eine feste Disziplin erfordert, angefangen vom zeitigen Schlafengehen bis zum pünktlichen Aufstehen und Sich-darauf-Einstellen: Die Erfahrung des Volkes Israel bei seinem vierzigjährigen Zug durch die Wüste, daß nämlich das Manna, das Himmelsbrot, mit dem Aufgehen der Sonne, die den Beginn der täglichen Arbeit ankündigte, dahinschmolz, scheint bis heute zu gelten.

Nach unserer Erfahrung benötigen wir morgens mindestens zwanzig Minuten bis zu einer halben Stunde zur Familienandacht, die von einem gemeinsamen Lied eingeleitet wird, Lesung und Betrachtung des Wortes enthält und mit einem Gebet schließt, das alle Mitglieder der Familie für den Tageslauf Gott anbefiehlt.

Abwechslung in der Methode

Um nicht in einen einschläfernden Trott zu geraten, ist es gut, von Zeit zu Zeit das Programm zu ändern.

Die Auswahl des Liedes zum Beginn kann reihum geschehen. Jedes Familienmitglied sollte ein Liederheft und später ein Gesangbuch besitzen. Das kann zum Beispiel ein wertvolles Geburtstagsgeschenk sein, sobald die Kinder lesen können! Zeitweise ist es auch gut, ein Wochenlied zu bestimmen, das sich durch tägliche Wiederholung besser einprägt.

Das biblische Wort kann nach kurzem, einleitendem Gebet um die Hilfe des Geistes Gottes beim Verstehen ganz verschieden dargeboten werden.

Im Kleinkindalter beginnt man mit kindgemäßem Erzählen ausgewählter biblischer Geschichten oder mit dem Vorlesen altersgemäßer Nacherzählungen. Je näher die Geschichte dem biblischen Text kommt, um so besser. Vom Schulalter der Kinder ab lesen die Eltern den Text nach der Bibel vor und geben Gelegenheit zum Fragen oder stellen selbst Fragen, die das Verstehen vertiefen.

Vom zweiten bis dritten Schuljahr an nehmen die Kinder, stolz über ihr neues Können, gern am Vorlesen des Bibeltextes teil. Bis dahin sollte ein jedes seine eigene Bibel besitzen. Wir können dann auch mit dem fortlaufenden Lesen einzelner biblischer Bücher beginnen.

Dann wird es Zeit, die Kinder zum selbständigen Bibellesen hinzuführen, wozu sich die verschiedenen altersgemäßen Bibellesehilfen anbieten. Dabei empfiehlt es sich, daß jedes Familienmitglied zunächst während eines dafür angesetzten Zeitraumes von zehn bis fünfzehn Minuten, mit seiner Bibel, Bibelleseplan, Schreibheft und Stift ausgerüstet, selbst den gemeinsamen Text liest und Notizen dazu macht.

Auch ohne Bibellesehilfe kann diese Methode sehr fruchtbar sein, wenn wir dem Kind bestimmte Fragen mitgeben (auf einer Karte abgeschrieben, die es in seiner Bibel liegen hat), die ihm den Text aufschlüsseln.

Hilfreiche Fragen sind diese:

1. Was lerne ich aus dem Text über Gott den Vater, Jesus Christus und/oder den Heiligen Geist?

2. Enthält der Text eine Mahnung, die ich zu Herzen nehmen muß?
3. Erinnert er mich an eine Sünde, die ich bekennen muß?
4. Wofür kann ich nach diesem Text Gott danken, loben und anbeten?
5. Worum soll oder möchte ich Ihn bitten?
6. Welcher Vers ist mir aus diesem Text besonders aufgefallen?

Die Antworten auf diese Fragen werden ins Heft geschrieben. Natürlich wird nicht jeder immer alle Fragen beantworten können. Das macht aber nichts.

Bei dieser Methode empfiehlt sich eine anschließende „Brokkenlese“, d. h. alle Familienglieder versammeln sich kurz, um ihren Fund einander vorzulesen. Dabei kommt oft aus dem Stückwerk der einzelnen ein großer Reichtum zusammen.

Im Glauben gründen

Unser Ziel für uns selbst und unsere Kinder soll es sein, durch das Vertrautwerden mit Gottes Wort „bereit zu sein zur Verantwortung vor jedermann, der von euch Grund fordert der Hoffnung, die in euch ist“ (1 Petr 3, 15). Deshalb ist es wichtig, daß wir auf Fragen gründlich eingehen. Gott gibt unseren Kindern das Recht, Sein Wort zu hinterfragen: „Wenn dich nun dein Sohn morgen fragen wird: Was sind das für Vermahnungen, Gebote und Rechte, die euch der Herr, unser Gott geboten hat . . .“ Und er macht es den Eltern zur Pflicht, Rede und Antwort zu stehen: „ – so sollst du deinem Sohn sagen: . . .“ (5 Mose 6, 20 + 21).

Vom Spielplatz und besonders aus der Schule werden unsere Kinder Einwände und Widerspruch gegen Gottes Wort heimbringen. Wir dürfen diese nicht einfach zurückweisen oder leicht darüber hinweggehen. Es sind oft genug mit Widerhaken versehene Pfeile, die im Herzen der Kinder festsitzen und letztlich aus dem Köcher dessen stammen, der als Widersacher der Seele ihren Glauben rauben will. Darum dürfen wir es uns nicht leichtmachen, sondern sollten mit der Bitte um Weisheit von Gott nach den Antworten forschen und suchen – auch wenn wir unsere Kinder zuweilen um Zeit bitten müssen, damit wir eine Frage beantworten können.

Ein besonderer Angriffspunkt ist immer noch der Widerspruch der angeblich „wissenschaftlichen" Evolutionslehre gegen den Schöpfungsbericht. Wie vielen Jugendlichen hat diese Irrlehre schon den Glauben an Gottes Wort untergraben! Da ist es unsere Elternpflicht, uns selbst zu informieren und den Jugendlichen einige der immer häufiger erscheinenden Bücher von gläubigen Naturwissenschaftlern zu besorgen, die die wissenschaftlichen Widersprüche gegen diese oft als Dogma gelehrte Theorie aufzeigen.

In unserem Zeitalter des Zweifelns, das alles in Frage stellt, ist es unbedingt wichtig, daß wir unser Kind lehren, dem Wort Gottes ohne Abstriche zu glauben. Welch ein Widersinn läge darin, wenn Gott, der sich auf die Inkarnation einließ, um Sich Seinen Menschen verständlich zu machen, dann zugelassen hätte, daß im Bericht darüber alles wieder verdunkelt worden wäre? Hätte Er sich auf die Stufe von einfachen Hirten und Fischern begeben, wenn die Nachricht davon nur von hochgelehrten Theologen entschlüsselt werden könnte?

„Lehre dein Kind, gläubig anzunehmen, was es nicht verstehen kann, auch was mysteriös und der Vernunft zuwider erscheint, denn es ist das Wort des großen, unendlich weisen Gottes. Wirklicher Glaube an Gott beginnt mit dem Glauben an Sein Wort" (Andrew Murray, How to raise children for Christ. Bethany Fellowship 1975).

Darum ist es wichtig, daß wir unseren Kindern das Wort Gottes vermitteln. Der Glaube hängt am Kennen und Verstehen des Wortes. Und es ist die Aufgabe der Eltern, den Kindern die großen Heilstatsachen Gottes zu erklären. Das muß uns immer wieder als Ziel unserer Familienandacht vor Augen stehen.

Gottes Wort auswendig lernen

Vor allem: Laßt die Kinder Bibelworte und -texte auswendig lernen. Sie lernen noch so leicht und spielend. Welchen Schatz können wir ihnen damit anhäufen und auf den Lebensweg mitgeben! Der Geist Gottes wird sich dieses Vorrates bedienen, um sie zu leiten, zu bewahren, zu stärken und zu trösten.

Unvergeßlich ist mir das Zeugnis eines Missionars, der in kommunistischer Gefangenschaft der Gehirnwäsche unterzogen wurde. Er sagte: „Die Bibelworte, die meine Eltern mich als Kind lehrten, haben mich davor bewahrt, meinen Glauben zu verlieren oder wahnsinnig zu werden, was vielen Kameraden widerfuhr. Diese Worte ließen sich nicht ausradieren, sie richteten mich immer wieder auf."

Wir sollten die „Gehirnwäsche" nicht unterschätzen, der unsere Kinder in einer antigöttlichen Umwelt und Schule ausgeliefert sind. Festigt sie dagegen mit dem Wort Gottes!

Schon Dreijährige können sich kurze Verse merken:

Joh 10, 11	Ich bin der gute Hirte. Der gute Hirte läßt sein Leben für die Schafe.
Mt 28, 28	Ich bin bei euch alle Tage bis an der Welt Ende.
Hebr 13, 6	Der Herr ist mein Helfer. Ich will mich nicht fürchten.
Jer 33, 8	Und will ihnen vergeben alle Missetaten, womit sie wider mich gesündigt und gefrevelt haben.
Joh 3, 16	So sehr hat Gott die Welt geliebt, daß er seinen eingeborenen Sohn gab.
Luk 24, 34	Der Herr ist auferstanden.
Joh 14, 2	In meines Vaters Hause sind viele Wohnungen ... Ich gehe hin, euch die Stätte zu bereiten.
Joh 16, 27	Denn er selbst, der Vater, hat euch lieb.
Apg 16, 31	Glaube an den Herrn Jesus, so wirst du und dein Haus selig.
Mk 10, 14b	Lasset die Kinder zu mir kommen und wehret ihnen nicht.
Ps 18, 2	Herzlich lieb habe ich dich, Herr, meine Stärke.
1 Joh 4, 7	Lasset uns einander lieb haben, denn die Liebe ist von Gott.
Ps 121, 2	Meine Hilfe kommt vom Herrn, der Himmel und Erde gemacht hat.
Ps 50, 15	Rufe mich an in der Not, so will ich dich erretten, und du sollst mich preisen.

Und so fort.

Aus dem beständigen gemeinsamen Bibellesen werden sich unsere Lernverse ergeben. Es ist wichtig, sie immer und immer wieder zu wiederholen – „du sollst sie deinen Kindern einschärfen!" –, damit sie sich tief einprägen. Und laßt uns darauf achten, daß mit jedem Vers auch die Stellenangabe mitgelernt wird, damit später jedes Wort auch nachgeschlagen und in seinem Zusammenhang gelesen werden kann. Es macht den Kindern Freude, sobald sie ihre eigenen Bibeln besitzen, die auswendig gelernten Verse aufzusuchen und zu unterstreichen. Das ist gut: So wird es ihre ganz persönliche, ihre eigene Bibel!

Vom Lernen einzelner Verse wird es uns bald zum Erlernen ganzer Abschnitte locken. Der 23. Psalm war der erste zusammenhängende Text, den wir mit unseren Kindern lernten. Ich entsinne mich noch lebhaft, wie ich ihn auf dem gemeinsamen Schulweg mit Erstklässlern, unserer Tochter und ihrer Freundin, im Chor aufsagte, indem wir jeden Tag ein Stückchen hinzufügten.

Einer unserer Söhne, der im Dunkeln besonders unter Angstanwandlungen litt, verriet mir, daß er jeden Abend im Bett die Furcht mit dem Aufsagen dieses Psalmes überwunden habe. Auch aus dem Munde eines Arztes hörte ich einmal, daß er das Beten dieses Psalmes für die beste Medizin halte gegen Angst, Sorgen und Depressionen.

Manchmal bedarf es einer besonderen Motivation, damit die Kinder den Sinn des Auswendiglernens einsehen. So wählten wir einmal Familienferien, um miteinander den 1. Psalm zu lernen. „... Wohl dem ... der Lust hat am Gesetz des Herrn und sinnt über seinem Gesetz Tag und Nacht! Der ist wie ein Baum, gepflanzt an den Wasserbächen ... Und was er macht, das gerät wohl." Spontan kam am Ende der Ferien der Vorschlag unserer Jungen, die morgendliche Bibellese um eine Viertelstunde auszudehnen, was für sie im indonesischen Kontext bedeutete, täglich um 4.45 Uhr aufzustehen.

Den furchterregenden Nachrichten in Presse und Funk setzten wir Psalm 46 entgegen. Psalm 100, Psalm 103, Offenbarung 7, 9–17, Philipper 2, 5–11, Johannes 14, 1–6, 1 Korinther 13 und 2 Mose 20, 1–17 gehören zum „eisernen Bestand".

Zum Teil wünschten wir sie uns von den Kindern als Geburtstagsgeschenk auswendig. – Wer weiß, wie lange es unseren Kindern noch vergönnt ist, Bibeln zu besitzen und sie in Freiheit zu lesen!

Die Zehn Gebote

Ich möchte noch darauf eingehen, wie wichtig es ist, unsere Kinder die Zehn Gebote zu lehren. Daß Schule oder Kirche es tun, ist heute nicht mehr sicher. Doch wohin uns die Loslösung der Ethik von Gottes Gesetz geführt hat, ist offenbar.

Zutiefst erschrocken über den Sittenverfall und alles damit verbundene Leid, begann ich eines Tages damit, unsere achtjährige Tochter und ihre Freundin die Zehn Gebote mit Luthers Erklärungen nach dem kleinen Katechismus zu lehren. Erstaunt und erfreut war ich über zweierlei, nämlich über die Empörung der großen Brüder, daß die kleinen Mädchen schon lernen durften, was wir ihnen erst in der Konfirmationsvorbereitung abverlangt hatten, zweitens über die Aufgeschlossenheit der Mädchen und die tiefen Gespräche, die sich aus der Erklärung der Gebote ergaben.

Gottes Gebote im Verruf

Das Lernen der Gebote ist deshalb ein kritischer Punkt, weil im üblichen „Christentum" Kinder in dem Glauben aufwachsen, daß Gottes Gebote eine schwere Last seien. Ich kann mich noch gut an meine tiefsitzende Abneigung gegen sie erinnern und an den Eindruck, daß sie nur den Zweck hätten, meine goldene Freiheit zu beschneiden und die Freude zu ersticken.

Wenn wir aber zuerst, wie ich eingangs erwähnte, unsere Kleinen zum Vertrauen an die Liebe und Vatergüte Gottes hingeführt haben, dann werden sie es uns auch abnehmen und begreifen, daß Seine Gesetze heilsame Ordnungen sind, Leuchtsignalen vergleichbar, die auf dunkler Straße das Auto vor dem Abkommen vom Weg und dem Absturz in Schluchten warnen.

Daß es eine „Lust am Gesetz des Herrn" (Ps 1, 2) gibt, ja daß „großen Frieden haben, die dein Gesetz lieben" (Ps 119, 165), das müssen unsere Kinder an ihren Eltern ablesen und erspüren, damit auch sie über das Lernen des Wortes zum Vertrauen darauf und zum willigen Gehorsam Ihm gegenüber gelangen. Gelebter Glaube hat ansteckende Kraft.

Ist die Aufgabe zu schwer?

Wenn es aber dennoch durch Zeiten der Lustlosigkeit, des mangelnden Interesses geht? – Hören wir auf, unseren Kindern Essen vorzusetzen, wenn es ihnen zeitweise am Appetit mangelt? Aber es braucht vielleicht besonders liebevoll zubereitete, den Bedürfnissen des Kindes entsprechende Kost. Und wir sollten dem Stoff der Familienandachten nicht weniger Sorgfalt widmen als dem Bereiten der übrigen Mahlzeiten.

Und wenn wir selbst als Eltern angefochten werden, ob wir der Größe dieser Aufgabe gewachsen sind? So laßt uns darum beten, ernstlich beten, daß Gott uns die nötige Weisheit dazu schenke – wie Er es versprochen hat (Jak 1,5). Er kann uns auf ein hilfreiches Buch aufmerksam machen, uns durch andere Eltern oder unseren Pastor weiterhelfen. Welch eine Aufgabe wäre das für Pastoren: Eltern zu diesem Dienst an den Kindern zu rüsten!

Doch darüber hinaus dürfen wir Gott vertrauen, daß Er dem ausgestreuten Samen Wachstum verleihen wird.

„Gewöhne einen Knaben an seinen Weg,
so läßt er auch nicht davon, wenn er alt ist."

Spr 22, 6

„Laß dein Boot über das Wasser fahren,
denn du wirst es finden nach langer Zeit."

Pred 11, 1

Unsere Aufgabe ist es, unsere Kinder beizeiten an einen geordneten und lebendigen Umgang mit Gottes Wort zu gewöhnen, damit es „Licht auf dem Weg" werden kann.

Dazu dürfen wir glauben, mit „gewisser Zuversicht des", das wir hoffen, und mit „Nichtzweifeln an dem", das wir – noch – nicht sehen (Hebr 11, 1), daß Gott Seine Verheißung erfüllt.

Lob und Dank sei, daß wir in dieser Zeit der Ungewißheiten unseren Kindern den Weg zum Leben zeigen können! Deswegen:

„Lasset das Wort Christi reichlich wohnen in euch."

Kol 3, 16

XIV. Ehe auf Lebenszeit – Zum Thema Ehescheidung

„Gebunden, solange der Ehepartner lebt.“

1 Kor 7, 39

Ehe ist ein Lebensprogramm. Sie hat Einmaligkeitscharakter. Mann, Frau und Kinder sind eine Gottesgabe und eine Lebensaufgabe. Gott hat die Ehe dreifach geschützt, hat sie wie eine Festung mit dreifacher Mauer umgeben, so wertvoll ist sie Ihm:

„Du sollst nicht begehren deines Nächsten Weib!“

(2 Mose 20, 17)

„Du sollst nicht ehebrechen!“

(2 Mose 20, 14)

„Was nun Gott zusammengefügt hat, das soll der Mensch nicht scheiden!“

(Mt 19, 6)

Wie bei der Erschaffung des Menschen, so ist bis heute die Frau Gottes Gabe an den Mann: von seinem Gebein und Fleisch genommen, für ihn geformt und zur Gehilfin gemacht – zu ihm passend und ihn ergänzend – und ihm zugeführt und zu einem Fleisch mit ihm vereint (vgl. 1 Mose 2, 18; 22.23). Eltern bereiten an Gottes Statt ihre Kinder zu „Fleisch und Gebein“ ihrer Ehepartner, denen sie später anhangen und mit denen sie eine neue Einheit, „ein Fleisch werden“ sollen (vgl. 1 Mose 2, 24). Was für eine verantwortungsvolle und zugleich schöpferische Aufgabe! Gott hat den Menschen ursprünglich zur Ehe geschaffen, als Mann und Frau (1 Mose 1, 27), zur Einheit in der Zweiheit. Die Ehe ist Gottes Werk. Deswegen verstößt Scheidung gegen Gott den Schöpfer.

Zum Thema Ehescheidung zu sprechen ist nicht einfach. Es rührt an viel tiefe Not und weckt Emotionen. Wir wollen versuchen, schrittweise und auf biblischer Grundlage an den Fragenkomplex heranzugehen, und dabei im Auge behalten, daß „Gerechtigkeit und Gericht“ und „Gnade und Treue“ nicht voneinander getrennt werden dürfen (vgl. Ps 89, 15). Beides gehört in Gottes Regierung zusammen. Wir wollen deswegen Scheidung zuerst im Erwählungszusammenhang betrachten, dann im Missionszusammenhang und schließlich im Vergebungszusammenhang.

1. Scheidung im alten und neuen Bundesvolk (Bund und Scheidung)

Von Seinen jüdischen Zeitgenossen nach legitimen Gründen zur Ehescheidung befragt, verharrt Jesus nicht bei dem Scheidebrief Moses aufgrund von 5 Mose 24, 1–4, sondern verweist zurück auf die Anfangsbestimmung der Ehe. „Von Anbeginn" war die Ehe unscheidbar (vgl. Mt 19, 3–8). Sie ist Gottes Schöpfung, von Ihm „zusammengefügt" und zusammengehalten. Der Scheidebrief war eine Zwischenlösung. Es handelte sich schon bei Mose weniger um eine Anwendungsvorschrift als um eine Präventiv-Regelung (vgl. 5 Mose 24, 1–4). Sie sollte den Mann vor leichtfertigen, unüberlegten Scheidungsmaßnahmen warnen, da er seine geschiedene Frau nicht wieder zur Frau nehmen durfte, wenn sie wieder geheiratet hatte (V. 4). Weiter wird betont, daß er an ihr schuldig geworden ist, da er sie „unrein" gemacht hat, indem er sie zum Ehebruch (ihrer Ehe mit ihm) veranlaßte. (Vgl. diese Deutung von „unrein" auch in Jesu Auslegung von 5 Mose 24, 4 in Mt 5, 31–32!) Entschieden weist Jesus damit die Mißdeutung von 5 Mose 24, 1–4 durch die liberale Hillel-Fraktion im Judentum zurück, die x-beliebige Scheidungsursachen gelten ließ (vgl. Mt 19, 3), u. a. schon, wenn einer Frau das Essen für ihren Mann mißraten war. Sowohl in Mt 5, 32 wie in Mt 19, 9 läßt Jesus keinen Scheidungsgrund gelten außer der einen Ausnahme: sexuelle Sünde (porneia). Wer sich also von seinem Ehepartner scheidet, um einen anderen zu heiraten, der ihm besser gefällt, macht sich nach Jesu Worten des Ehebruchs schuldig (vgl. Mt 19, 9; Lk 16, 18).

Jesus macht die Ehe unauflöslich

Damit ist 5 Mose 24, 1–4 wieder ins rechte Licht gerückt. Mit Jesu Kommen ist auch ein eventuell „Schändliches" an einem Ehepartner kein Scheidungsgrund mehr. Das Wort für „etwas Schändliches" weist im Hebräischen auf eine Blöße, die nicht mehr zudeckbar war und deswegen abstoßend wirkte. Mit Jesu Kommen heißt es: „Die Liebe *deckt* der Sünden Menge" (1 Petr 4, 8). In der aufopfernden Hingabe der Ehegatten aneinander vermag die Gottesliebe (agape) jede Blöße des andern zu erreichen und zuzudecken. Nun kann es nicht mehr heißen: „Ich gebe auf; mit dieser Sache, mit dieser Eigenschaft an dir werde ich nicht mehr fertig!" Die Herzensverhärtung ist überwindbar. Wo Jesus und Sein Kreuz in einer Ehe Raum finden, und sei es nur durch *einen* Ehepartner, da ist ein Ausweg geschaffen aus Verhärtung und Verbitterung, aus der „Herzenshärtigkeit" (Mt 19, 8) durch die Vergebung. „Wo Vergebung der Sünde ist, da ist Leben und Seligkeit" (M. Luther) – da ist Hoffnung für Leben aus dem Tode, auch in einer ausweglosen Ehesituation.

Scheidung tötet

Gott haßt Scheidung (so Mal 2, 16 in der hebräischen Fassung), weil Scheidung tötet. Scheidung ist zu teuer, ist immer mit Schuld am Leben und Blut anderer verbunden. Scheidung zerstört nicht nur den Bund und die Lebenseinheit des Ehepaares, sondern vor allem das Glück und Wohl der Kinder. Kinder werden innerlich und äußerlich gespalten. Das eine ergreift Partei für den Vater, das andere für die Mutter. Dabei braucht jedes den Vater und die Mutter.

Scheidungsurkunden sind in Wirklichkeit Todesurkunden, unterzeichnet von ins Blut der Ehe und Familie getauchter Feder. Im Staat mag die Ehe als ein Vertrag gelten, der wieder gelöst werden kann. Vor Gott ist die Ehe ein Bundesschluß, *ein Lebensbund,* der gültig ist, solange der Ehepartner lebt (vgl. Röm 7, 2–3; 1 Kor 7, 39). Nur der Tod vermag ihn zu scheiden. Wird er vorher zerrissen, führt er in Todeserfahrung.

In Mal 2, 13–16 lesen wir: „Ihr bedecket den Altar des Herrn mit Tränen und Weinen und Seufzen; aber er mag das Opfer nicht mehr ansehen noch etwas Angenehmes von euren Händen empfangen. Ihr aber sprecht: ‚Warum das?‘ Weil der Herr Zeuge war zwischen dir und dem Weib deiner Jugend, dem du treulos geworden bist, obwohl sie doch deine Gefährtin und die Frau ist, mit der du einen Bund geschlossen hast. Nicht einer hat das getan, in dem noch ein Rest von Geist war. *Denn er sucht Nachkommen, die Gott geheiligt sind.* Darum so seht euch vor in eurem Geist und werde keiner treulos dem Weib seiner Jugend. Wer ihr aber gram ist und sie verstößt, spricht der Herr, der Gott Israels, der bedeckt mit Frevel sein Kleid, spricht der Herr Zebaoth. Darum so seht euch vor in eurem Geist und brecht nicht die Treue!“

Wer das Treuegelöbnis bricht und den Ehebund auflöst, gerät unter den Frevel und gefährdet „den Rest des göttlichen Geistes“. Er berührt die Todesgrenze.

Warnung vor leichtfertiger Scheidung

Wir müssen diese Worte wieder ganz bewußt hören, da heute auch unter Christen viel mit Scheidung gespielt wird. Für einen Christen hört da das Christsein auf. Gott geht diesen Weg nicht mit. Gottesbund und Menschenbund, Gottes Erwählen und des Menschen Erwählen, Glaubenstreue und eheliche Treue gehören in der Bibel eng zusammen. Fällt das eine zu Boden, zerschellt auch das andere. Bevor es zur voreiligen Scheidung kommt, soll jeder wissen: Hier ist die Grenze. Hier geht es in den Tod. Ich erleichtere mir zwar jetzt mein Leben, doch sind die Kosten zu hoch. Deswegen vermahnt die Bibel an allen diesbezüglichen Stellen – selbst in der neuen Situation von 1 Kor 7, 12–16, auf die wir im 2. Punkt eingehen müssen –, es an keiner Mühe und Geduld fehlen zu lassen, um, *wenn nur irgend möglich,* die Ehe zusammenzuhalten. „Ist es möglich, *soviel an euch ist,* so habt mit allen Menschen Frieden“ (Röm 12, 18). Selbst wenn es zur Scheidung gekommen, Wiederversöhnung aber noch möglich ist, so ist diese der vor Gott bessere Weg und nicht Weiter- und Wiederheirat (vgl. 1 Kor 7, 10.11). So hoch achtet die Bibel die Ehe.

Wer durch sexuelle Sünde leichtfertig die Ehe bricht, der muß sich vergegenwärtigen, daß Ehebruch den Tod des geistlichen Lebens zur Folge hat, wie im Alten Testament den Tod des leiblichen Lebens. Vergl. 3 Mose 20, 10 und 5 Mose 22, 22 mit Sam 12, 5.7.13 und Ps 51, 13! siehe auch Joh 8, 5! Wer daher im Ehebruch verharrt und gar auf Scheidung drängt, um den neuen Partner zu heiraten, der verspielt sein Christsein. Nach Mt 18, 15–17 verläßt er den Grund des Glaubens und der Gemeinde und *wird wieder zum Heiden.*

Die Folgen leichtfertiger Scheidung

In diesem Zusammenhang sind Luthers klare Worte zu verstehen: „Wo es keine Christen gibt oder perverse und falsche Christen, tut der Staat gut daran, ihnen wie den Heiden die Genehmigung zu geben, ihre Frauen zu entlassen und andere zu nehmen, damit sie durch ihren mißratenen Lebenswandel nicht zwei Höllen erleben, eine hier und eine dort. Aber sie sollen wissen, daß sie durch ihre Scheidung *aufhören, Christen zu sein,* und *zu Heiden werden,* die sich in einem Zustand der Verdammung befinden" (Erlanger Ausgabe, Bd. 51, S. 37).

Ist das zu hart? Ist das unmenschlich? Wenn wir die Ehe nur menschlich verstehen wollen, werden solcherlei Gedanken aufkommen. Wenn wir die Ehe aber wieder in ihren göttlichen Dimensionen und Absichten sehen, wie man sie sehen muß, dann ist die Schärfe solcher Aussagen nur ein Beweis für die Kostbarkeit der Sache. Weil hier der Mensch geschützt wird, deswegen sind diese Sätze „menschlich", dem Leben verpflichtet.

Mit Gott als Verbündetem

Aus all diesem wird ersichtlich, daß es sich bei der Ehe um eine *fundamental geistliche Angelegenheit* handelt. Sie kann letztlich nur von Christen recht geführt werden. Bei Nichtchristen werden ihre göttlichen Linien auf Abwehr und Unverständnis stoßen. Als die Jünger Jesu entschiedene Ablehnung der Scheidung vernahmen, meinten sie: „Steht die Sache eines Mannes mit seiner Frau so, dann ist's nicht gut, ehelich zu werden" (Mt 19, 10). Jesus aber ließ ihren negativen Schluß nicht stehen, sondern betonte: Es geht nicht um Flucht vor der Ehe und der ehelichen Bindung, sondern um Gottes Ruf und Berufung. Mit Gott ist die Ehe positiv und beglückend zu meistern.

2. Scheidung in der Missionssituation (Scheidung wegen des Evangeliums)

In seiner gründlichen Studie zum Thema: Heirat, Scheidung und Wiederheirat hat Jay E. Adams überzeugend geltend gemacht, daß Paulus in 1 Kor 7, 12–16 einer neuen Situation gegenüberstand, die in dieser Weise von Jesus nicht erfahren worden war. Jesus sprach zu Juden, die in der geistigen Welt des Alten Bundes zu Hause waren. Als Bundesvolk war ihnen der Bundesgedanke vertraut. Die Treue und Beständigkeit des göttlichen Bundes sollte im Ehebund ihren Ausdruck finden, daher das scharfe Verdikt gegen die Treulosigkeit, wie wir es schon in Mal 2, 13–16 lasen.

Die neue Situation

Paulus sprach zu Griechen und Römern, zu Völkern, die bis dahin außerhalb des Bundes standen und deren Ehen sich nicht an dem göttlichen Bund orientieren konnten. Paulus befand sich in einer Missions- und Übergangssituation. Männer und Frauen aus zerrütteten Verhältnissen, ja aus pervertierter sexueller Vergangenheit traten dem Neuen Bund bei, nachdem sie „abgewaschen, geheiligt und durch Christus gerecht geworden“ waren (1 Kor 6, 9–11). Es geschah auch, daß ein Ehepartner sich dem Evangelium öffnete, während der andere sich verschloß (1 Kor 7, 12 ff). Hatte Paulus zunächst in 1 Kor 7, 10.11 zu Gläubigen aus dem Judentum gesprochen und auf sie die Worte Jesu aus Mt 5, 32 und Mt 19, 9 angewandt, so richten sich die folgenden Verse (1 Kor 7, 12–16) an die Gläubigen (Bekehrten) aus dem Heidentum; er geht auf ihre besondere Situation ein. Das Evangelium bewirkte Scheidung (vgl. Mt 10, 34–39). Es schied das Licht von der Finsternis. Auch die Ehen waren von diesem Läuterungsprozeß nicht ausgenommen. So kam es vor, daß ein Ehepartner sich dem Glauben zuwandte, der andere ihm aber entweder unberührt und indifferent gegenüberstand oder aber sich feindlich verschloß. Was sollte geschehen?

Deutschland in der Missionssituation

Ist das nicht weithin unsere Situation in Deutschland? Wir leben zwar nicht in einem vorchristlichen, wohl aber in einem nachchristlichen Zeitalter. Deutschland ist wieder Missionsland geworden. Es gilt – wie in Israel – „die Stämme Jakobs aufzurichten und die Zerstreuten Israels wiederzubringen“ (Jes 49, 5–6), die „Trümmer Jerusalems“ aufzubauen (Jes 52, 9), „verwüstete Städte neu zu bewohnen“ (Jes 54, 3) und die Gläubigen zur Gemeinde, zum „Bethaus“ aufzubauen (Jes 56, 7), damit es noch einmal heißen darf:

„Seid fröhlich und rühmt miteinander,
ihr Trümmer Jerusalems;
denn der Herr hat sein Volk getröstet
und Jerusalem erlöst.“

Jes 52, 9

Die Mehrzahl unseres Volkes hat die Orientierung an Gottes Bund für den Ehebund verloren und ist in heidnisch-sexuelle Praktiken zurückgefallen. Hier und da aber kommen immer mehr Menschen zur Besinnung, wollen aus notvoller Verirrung zurück und fragen nach dem Glauben. Dabei geschieht es, daß der eine „gläubig“ wird, der andere nicht. Was hat zu geschehen?

Die heiligende Kraft des Glaubens

Wer mehr empfangen hat, von dem wird auch mehr gefordert (Lk 12, 48). Wer zuerst zum Glauben gekommen ist, soll sich dem „ungläubigen“ Ehepartner nicht entziehen (1 Kor 7, 12–13). Gott übergibt ihm eine entscheidende Aufgabe an dem andern und besonders an den Kindern. Durch den Glauben „heiligt“ er Ehepartner und Kinder und bringt Gottes *heilenden Einfluß* in die

Ehe und Familie hinein (1 Kor 7, 14). Deswegen soll er alles tun, um die Ehe und Familie zusammenzuhalten. Doch dann kommt der einschränkende Satz: „Wenn aber *der Ungläubige* sich scheiden will, so laß ihn sich scheiden. Es ist der Bruder oder die Schwester in solchem Fall *nicht gebunden.* Zum Frieden hat euch Gott berufen“ (1 Kor 7, 15).

Scheidung um des Evangeliums willen

Hier haben wir die zweite Ausnahme des Scheidungsverbots. Die erste gab Jesus im Kontext des göttlichen Bundes aufgrund „sexueller Sünde“ (porneia) – vgl. Mt 5, 32 und 19, 9. Es handelte sich um eine „Kann-Vorschrift“, wie wir sahen. Es mußte auch dann nicht zur Scheidung kommen, wenn Versöhnung noch möglich und es noch nicht zur Wiederheirat gekommen war (vgl. 1 Kor 7, 10–11). Einen zweiten Grund zur Scheidung sieht Paulus nunmehr darin, daß sich der ungläubige Teil trennen will. Wenn er sich nicht halten läßt, soll er sich scheiden. Es soll ihm *„zugelassen“* werden, damit Ehe und Familie nicht wegen unklarer Verhältnisse „in der Luft hängen“ und es zu keinem Frieden kommt. In solchem Fall ist der andere Teil *„nicht gebunden“,* d. h. er ist nicht mehr an die Ehe gebunden; denn Gott hat uns zum Frieden berufen (1 Kor 7,15).

3. Scheidung, Schuld und Vergebung

Wir sahen im Vorhergegangenen, daß Scheidung wohl immer von Sünde verursacht ist, selbst aber nicht sündig sein muß (J. E. Adams). Nunmehr müssen wir auf die schuldige Scheidung zu sprechen kommen, die durch Ehebruch oder durch Ungeduld und Leidensscheu oder durch leichtfertige Gründe hervorgerufen wurde, die nicht zu rechtfertigen sind. Zeigt die Bibel einen Ausweg? Ja: durch Umkehr und Vergebung.

Umkehr und Vergebung

Es muß hier betont werden, daß in der Bibel nirgendwo Ehebruch und Scheidung aus dem Vergebungszusammenhang ausgeklammert sind. Wer vor Gott zur Einsicht gekommen ist, sich schuldig weiß und vor Gott und Menschen um Vergebung bittet, dem erläßt Gott die Schuld. Das Blut Jesu reinigt von *aller* Sünde und Ungerechtigkeit (1 Joh 1, 7.9); und wenn Gott vergibt, dann vergißt er und stellt wieder her (vgl. Jes 43, 25; Jer 31, 34). „Ich tilge deine Missetat *wie eine Wolke* und deine Sünde *wie den Nebel.* Kehre dich zu mir, denn ich erlöse dich!" (Jes 44, 22). Gott war nach Davids tiefer Selbsterniedrigung in Ps 51 bereit, seine Ehe mit Bathseba zu segnen und die Vergangenheit in solcher Weise zu bereinigen, daß aus dieser Ehe und diesem Stammbaum später der „Davidssohn" Jesus nach dem Fleisch hervorgegangen ist (vgl. Mt 1, 6 + 16; Röm 1, 3). Dabei hatten beide nicht nur die Ehe gebrochen, sondern es war sogar zum Mord, nicht nur zur Scheidung gekommen!

Vergebung und Wiederherstellung

So soll auch die Gemeinde der vergebenen Schuld nicht mehr gedenken. Auch wo einer schuldig geschieden wurde, ist er im Augenblick der Umkehr, des Sündenbekenntnisses und der Vergebung in Christus, nicht mehr schuldig. Wenn Christus vergibt, darf auch die Gemeinde vergessen. Ja, sie soll positiv an der Wiederherstellung des Umgekehrten arbeiten, „soll ihm desto mehr vergeben und ihn trösten und Liebe an ihm beweisen", wie es Paulus bei der Umkehr des Vaterschänders in 2 Kor 2, 6–8; vgl. 1 Kor 5, 1–5, nahelegt, „auf daß er nicht in allzu große Traurigkeit versinke". Auch von den schuldig Geschiedenen und den Ehebrechern heißt es: „Solche sind eurer etliche gewesen. Aber ihr seid abgewaschen, ihr seid geheiligt, ihr seid gerecht geworden durch den Namen des Herrn Jesus Christus und durch den Geist unseres Gottes" (1 Kor 6, 9–11). Besonders im Blick auf die kirchlichen Hochzeitszeremonien ist darauf zu achten, daß diese die Wiederherstellung unterstreichen – und nicht durchstreichen.

Ich übersetze J. E. Adams aus der erwähnten Studie über Heirat

– Scheidung – Wiederheirat: „Keiner darf unrein nennen, was Gott gereinigt hat. Christus ist größer als unsere Sünde – auch als unsere Sünde des Ehebruchs und der Scheidung. Wir vermindern Christus und Sein Werk, wenn wir so reden und handeln, als wäre dem nicht so. Diese Sünden sind wahrlich verabscheuungswürdig. Wir dürfen sie nicht herunterspielen. Aber Christus ist größer als die Sünde, als *alle* Sünde. Wir vermindern (minimize) die Sünde oder ihre Auswirkungen nicht. Wir setzen aber (maximize) Christus und die Macht Seines Kreuzes über die Sünde“ (S. 94).

Keine billige Vergebung

Diese Haltung macht die Vergebungsgnade nicht billig, öffnet auch nicht leichtfertiger Scheidung das Tor. Sünde verletzt immer, nicht nur Gott, sondern auch den Menschen. Sünde ist immer verabscheuungswürdig in ihren schrecklichen Konsequenzen. Sünde tötet. Wer aus der Sünde heimkommt, weiß um ihre bitteren Früchte und Folgen und ist nicht nur bereit, sondern es verlangt ihn, „rechtschaffene Früchte der Buße“ (Mt 3, 8) hervorzubringen und das Leben zu erlangen und zu bewahren.

J. E. Adams folgert deswegen: „Jede Diskussion um Scheidung und Wiederheirat sollte sorgfältig auf die Wahrung zweier biblischer Wahrheiten bedacht sein:

a. Sünde ist verabscheuungswürdig.
b. Die Gnade ist größer als die abscheulichste Sünde (Röm 5, 20).“ (S. 95)

So kann es auch auf der schuldigen Seite nach empfangener Vergebung und sorgfältiger Klärung aller Verpflichtungen zur Wiederheirat kommen, wenn sie „im Herrn“ geschieht (1 Kor 7, 39).

4. Ermutigungen

Zur Vertiefung des bisher Gesagten und zum Mut- und Freudemachen sollen die folgenden Betrachtungen und Lebensberichte zur Sprache kommen.

a. Ehe ist mehr als eine persönliche Angelegenheit

Dietrich Bonhoeffer hat in der Einsamkeit seiner Gefängniszelle wegweisende Formulierungen gefunden, als er die Hochzeitspredigt für seine Nichte schrieb: „Ehe ist mehr als eure Liebe zueinander. Sie hat höhere Würde und Gewalt; denn sie ist Gottes heilige Stiftung, durch die Er die Menschen bis ans Ende der Tage erhalten will. In eurer Liebe seht ihr euch beide nur allein auf der Welt, in der Ehe seid ihr ein Glied in der Kette der Geschlechter, die Gott zu Seiner Ehre kommen und gehen läßt und zu Seinem Reich ruft. In eurer Liebe seht ihr nur den Himmel eures eigenen Glücks, durch die Ehe seid ihr verantwortlich in die Welt und die Verantwortung der Menschen hineingestellt. Eure Liebe gehört euch allein und persönlich, die Ehe ist etwas Überpersönliches, sie ist ein Stand, ein Amt. Wie die Krone den König macht und nicht schon der Wille zu herrschen, so macht die Ehe und nicht schon eure Liebe zueinander euch zu einem Paar vor Gott und vor den Menschen ... *Nicht eure Liebe trägt die Ehe,* sondern *von nun an trägt die Ehe eure Liebe.*"

Und weiter: „Gott macht eure Ehe unauflöslich. Er schützt sie vor jeder Gefahr, die ihr von außen oder von innen droht. Gott will der Garant ihrer Unauflöslichkeit sein. Keine Macht der Welt, keine Versuchung, keine menschliche Schwachheit kann auflösen, was Gott zusammenhält. Wer das weiß, darf getrost sagen: was Gott zusammengefügt hat, das *kann* der Mensch nicht scheiden" (Aus „Widerstand und Ergebung", S. 42f.).

Die Ehe braucht diese Gewißheit, sonst ist sie ohne Fundament. Nur auf dem Fundament unverbrüchlicherTreue läßt sich Ehe aufbauen, gewinnt sie Dimension und gewährt Bergung und Ruhe. Nichts kann uns scheiden! Nur der Tod. Nur so bin ich sicher und geborgen.

Hat nicht auch der Apostel Paulus so die Gewißheit des Glaubens ausgedrückt?

> „Denn ich bin gewiß, daß weder Tod noch Leben ...
> kann uns scheiden von der Liebe Gottes."
>
> Röm 8, 38. 39

Der Glaube lebt von solcher Gewißheit – ebenso die Ehe. Alles andere ist nicht als Ehe zu bezeichnen. Gott möchte durch die Ehe etwas von der Realität des Himmels auf dieser Erde sichtbar machen.

b. Wir können ohne Gott nicht auskommen

Das erste Element, der Eckstein und gleichzeitig der Schlußstein des biblischen Konzepts der Ehe lautete: Vater und Mutter verlassen können, weil der Sohn und die Tochter zur Verläßlichkeit und Treue erzogen, weil sie verläßlich geworden sind. Das „Verlassen" und „Sich-verlassen-Können" zeigt nach oben. Es ist wie der Spitzbogen eines gotischen Gewölbes. Wir können ohne Gott nicht auskommen, nicht treu bleiben. Aber mit Ihm halten wir durch. Er gibt Kraft, auch Wüsten- und Durststrecken durchzustehen (Ps 84, 5–8; 18, 33–37). Weil die Ehe unscheidbar ist, ist sie gesichert. Wer sich vor Gott trauen läßt, weiß sich dem andern auf Gedeih und Verderb anvertraut. So ist die Ehe geschützt vor den Gefühlen der Menschen in dem Ja vor Gott und zueinander, in dem Willen Gottes. Wer wortbrüchig wird, bricht nicht nur gegenüber Menschen, sondern auch gegenüber Gott das Wort.

Die Ehe braucht diesen Schutz, denn unsere Gefühle sind veränderlich, und selbst die Liebe kann ins Schwanken kommen. An dem Entschluß zur Treue jedoch und vor allem an dem göttlichen Ratschluß über uns richten sich unsere Gefühle wieder auf, findet auch die erste Liebe ihren Halt. Denn nicht Liebe ist es, die die Ehe trägt, sondern die Ehe trägt die Liebe (Bonhoeffer). Einem verzweifelten Ehepaar, das gar nichts mehr füreinander empfand und seinem Seelsorger bekannte, daß sie einander nicht mehr liebten, sagte dieser erfahrene Mann: „Dann lernt ihr es eben!" Diese erstaunlich einfache Lebensweisheit hat schon vielen Ehepaaren geholfen und ihnen die göttliche Dimension ihrer Ehe eröffnet.

c. . . . und die unglücklichen Ehen?

Ehenot hat nicht wenige Menschen zum Glauben geführt. Wenn nur ein Partner durch Eheleid zu Jesus findet, besteht Hoffnung für die Ehe und die ganze Familie. Denn dadurch tritt das Licht und die Wärme Jesu in die Familie ein und erreicht alle Glieder. „Der ungläubige Mann ist geheiligt (ist aufgefangen) durch die gläubige Frau, und die ungläubige Frau ist geheiligt durch den gläubigen Mann. Sonst wären eure Kinder unrein; nun aber sind sie heilig", sagt die Bibel (1 Kor 7, 14). Die Kraft des Heiligen Geistes, der durch einen gläubigen Teil in der Familie und Ehe Einfluß gewinnt, ist immer überlegen und stärker als die Kraft des

Bösen. So wird die Ehe aus ihrem kritischen Stadium herausfinden. Gott mutet uns Leiden zu. Er hat auch Seinem Volk immer wieder durch Leiden geholfen und es geläutert. Leid hat bei Gott einen positiven Sinn. Es bewahrt uns vor dem Abrutschen und dem Sturz in den Abgrund.

Deswegen sollten wir nicht aufgeben! Das Darunterbleiben und Warten auf das Eingreifen Gottes ist besser! Lieber sollten wir das Leid in einer unglücklichen Ehe ertragen, aber Gott bei uns haben, als dem Leide entfliehen und Gott verlieren. Was wissen wir schon von den wahren Ursachen einer unglücklichen Ehe! Wo es Gott gestattet wird, in die Gründe und Abgründe des Unglücklichseins hinabzuleuchten und uns aus dem Schacht unserer Selbsteinkerkerung zu befreien (vgl. Jer 17, 9–10), da wird – wenn auch in mühsamer Kleinarbeit – Leben aus dem Tode geschenkt. Und wie sehr brauchen wir gerade dann einander, um uns gegenseitig anzunehmen (Röm 15, 7) und zu tragen (Pred 4, 9–12). So manches Eheschicksal steht vor meinem Auge, dem in dunkelster Nacht Licht geschenkt wurde. Ein besonders eindrückliches soll hier zur Sprache kommen; es handelt sich um ein christliches Ehepaar, dem wir seelsorgerlich zur Seite standen.

d. Frau mit vier Kindern auf die Straße gesetzt

Ich darf dieses Zeugnis nicht schuldig bleiben, weil ich weiß, wie akut die Not der Scheidungen heute in Deutschland ist und wie oft Menschen aufgeben –, zu schnell aufgeben –, weil sie nicht an Gottes Ordnung im Glauben festhalten. Ich denke an ein Erlebnis in Indonesien: Vor einigen Jahren kam eine Frau zu mir zur Aussprache. Sie lebte mit ihrem Mann in so hoffnungslosen Verhältnissen, daß ein Fortbestehen dieser Ehe aussichtslos erschien. Ihr Mann lebte mit einer anderen Frau zusammen und hatte die Scheidungsklage eingereicht. Der Richter war sein Freund und bedrängte diese Frau, einzuwilligen. Ihr Ehegatte wollte unter keinen Umständen wieder zu ihr zurückkehren. Als die Frau trotzdem an der Ehe festhielt, versuchte der Mann, sie mürbe zu machen. Er warf sie mit vier Kindern aus dem Haus, das zur Hälfte von ihrem Geld erbaut war. Sie stand nun auf der Straße und wußte nicht, wo sie mit den Kindern hin sollte. Nachts stieg sie heimlich über den Zaun und wurde dabei von der Polizei erwischt. In dieser Not fand sie zu Jesus und suchte dann Rückenstärkung in christlicher Umgebung, in Bibelgruppe und Gebetskreis. Ihr Mann verfolgte sie bis dorthin, schlug sie, diffamierte sie, sogar vor den Kindern ... es war furchtbar. Als sie mir davon erzählte, war sie schon so mürbe geworden, daß sie sagte: „Ist es nicht wirklich besser – auch für meine Kinder, die miterleben müssen, wie die Mutter vor ihren Augen geschlagen und herabgewürdigt wird –, wenn ich in die Scheidung einwillige?" Wir lasen zusammen Gottes Wort zur Frage der Scheidung: Gott haßt die Ehescheidung. Mir kamen die Tränen, als ich sie auf biblischer Grundlage beriet. Ich hatte kaum das Herz, ihr Gottes klare Worte so mitzuteilen, wie sie dastehen. Doch der Herr tat das Wunder, daß sie Glauben faßte und gehorsam werden wollte und sagte: „Wenn Gott es nicht will, dann werde ich nicht einwilligen." Ich betete im stillen: „Herr, was soll ich dieser Frau mit auf den Weg geben?" Und dann kam mir vom Herrn eine ganz unglaubliche Antwort, ich konnte sie dieser Frau kaum sagen. Es war die Stelle aus 1 Thess 5, 18: „Seid dankbar in allen Dingen" und Eph 5, 20: „Saget Dank allezeit für alles." Aber ich mußte es weitergeben. Der Herr zeigte es mir so deutlich.

Und dann konnte ich nur staunend zusehen, wie diese Frau niederkniete und anfing zu beten: „Herr Jesus, ich danke Dir, daß mein Mann mich verlassen hat. Ich danke Dir, daß mein Mann mich so furchtbar behandelte. Ich danke Dir dafür. Und ich vertraue ihn jetzt Dir an, und mich und meine Kinder auch." Da gab der Herr mir noch ein Wort für sie: „Trachtet am ersten nach dem Reich Gottes und nach seiner Gerechtigkeit, so wird euch solches alles zufallen" (Mt 6, 33). Auch dieses Wort befolgte diese Frau in ihrer schlichten Art. Sie war noch nicht sehr lange gläubig und fragte daher den Herrn: „Wie kann ich Dir in Deinem Reich dienen?" Als sie von Kranken in ihrer Verwandtschaft und Bekanntschaft hörte, ging sie hin und betete mit ihnen. Freunde, die sich scheiden lassen wollten, suchte sie auf und sagte ihnen: „Der Herr haßt die Scheidung." Der Herr segnete ihr Tun so, daß Ehepaare wieder zueinanderfanden und ihre schon beschlossene Scheidung zurückzogen. Doch trat auch der Feind auf und sagte ihr durch Menschen: „Und was ist mit dir? Andere Ehen kannst du heilen und wieder in Ordnung bringen. Wie ist es aber mit deiner Ehe?" Der Herr stand in Treue zu ihr und schenkte ihr eine Antwort: „Ja, das haben die Menschen auch zu Jesus gesagt, als er am

Kreuz hing: Anderen hat er geholfen. Nun hilf dir selbst!" Sie blieb bei dem einmal eingeschlagenen Weg und folgte dem Herrn auch weiterhin. Nach einem Jahr saßen sie und ihr Mann im gleichen Zimmer, in dem wir zusammen geweint hatten und wo ich staunend gesehen hatte, wie Gottes Geist in ihr Glauben wirkte. Der Mann hatte die andere verlassen und war zum Glauben gekommen und zu seiner Frau zurückgekehrt. Heute sind sie eines von den Ehepaaren, die Gott als Werkzeuge in Djakarta benutzt, in dieser Großstadt, die unter genau denselben Ehenöten leidet, wie wir sie in Europa haben.

Ich möchte das weitergeben, damit wir Mut fassen, auch da, wo wir in unserem Bekannten- oder Freundeskreis Menschen treffen, die diese schwere Entscheidung treffen wollen, daß wir sie lehren, auf Gott zu vertrauen. Gott haßt Scheidungen. Gott will die Scheidung nicht. Gott wird dem Partner beistehen, der seinen Willen tun will und der sich dann von ihm führen läßt.

e. *Zur Selbstprüfung*

In vielen Gesangbüchern findet sich im Anhang ein sogenannter „Beichtspiegel", eine Hilfe zur Selbstprüfung auf der Grundlage der Zehn Gebote. Da heißt es z. B. zum 6. Gebot:

„Ist mir der Leib ein Tempel des Heiligen Geistes? Habe ich Gott an meinem Leibe und in meinem Geiste gepriesen? Habe ich unreinen Gedanken und Begierden Raum gegeben und unkeusche Dinge getan? Habe ich meine Sinne in Zucht gehalten oder Lust gehabt zu unzüchtigen Gedanken, Büchern, Bildern und zu unsauberen Gesprächen? Habe ich die Unschuld geschützt oder Anstoß und Ärgernis gegeben und andere gar zur Sünde verführt? Ist mir die Ehe heilig als Gottes Ordnung? Habe ich meinen Gatten lieb als mir von Gott gegeben? Halte ich das Gelöbnis der ehelichen Treue? Habe ich ihn gekränkt oder verletzt oder gegen andere zurückgesetzt und bloßgestellt? Habe ich meine Freude mit ihm geteilt und seine Last mit ihm getragen? Habe ich mit seinen Fehlern Geduld gehabt? Habe ich seine Fürsorge dankbar erwidert? Suche ich mit ihm zusammen die Gemeinschaft in Gott, und lasse ich meine eheliche Liebe in der Liebe geheiligt sein, mit der Christus die Gemeinde geliebt und sich selbst für sie gegeben hat?" (EKG, Anhang S. 40.)

f. Das Netz – Kurzerzählung von W. Bergengruen

„In einem italienischen Fischerdorf auf einer Insel gilt das ungeschriebene Gesetz: Eine Frau, die des Ehebruchs überführt ist, wird von einem hohen, schwarzen Felsen in den Tod gestürzt. Wieder einmal haben Männer des Dorfes eine Frau beim Ehebruch ertappt. Der beschuldigten Frau wird eine knappe Frist gewährt, in der sie ihren Mann ein letztes Mal sprechen darf. Aber der Mann ist nicht zu Hause und kommt auch bis zum Ablauf der Frist nicht zurück. So wird das Urteil erbarmungslos vollstreckt. Am anderen Tag sehen die Richter die Frau unversehrt am Herd ihres Hauses arbeiten. Staunen packt die Dorfbewohner, als der Mann der Geretteten erzählt, er habe um die Tat seiner Frau gewußt, sei deswegen hingegangen und habe tief unter dem Felsen ein Netz gespannt; dieses habe seine Frau sicher aufgefangen. In der allgemeinen Unschlüssigkeit wird die Markgräfin zur Entscheidung herbeigerufen. Ihr Urteil: Die Frau darf weiterleben. Zum bleibenden Andenken der Rettung schenkt sie der schuldigen Frau ihr Haarnetz" (Zitiert nach H. Arens, F. Richard, J. Schulte, Kreativität und Predigtarbeit. München 1974, S. 112 und 113.).

Wie in dieser Kurzerzählung, so hat Gott unter jede Ehe, ja jeden Menschen ein Rettungsnetz gespannt durch die Ermöglichung „der Vergebung der Sünden" (Lk 1, 77). Es heißt im Lobpreis des Zacharias:

> „Durch die herzliche Barmherzigkeit unseres Gottes,
> durch welche uns besucht hat der Aufgang aus der Höhe,
> auf daß er erscheine denen,
> die da sitzen in Finsternis und Schatten des Todes,
> und richte unsre Füße auf den Weg des Friedens."
>
> Lk 1, 78–79

g. An Frau Rebecca

Eines der schönsten und reifsten Beispiele erfüllter, vor Gott geführter Ehe finden wir bei M. Claudius. Es war dem „Wandsbecker Boten" gegeben, in Worte und Verse zu fassen, was so manches Ehepaar erfahren und empfunden hat, und was es aus tiefstem Herzen bestätigen kann. Es handelt sich um das Lied an seine Frau Rebecca aus Anlaß ihrer Silbernen Hochzeit am 15. März 1797.

„An Frau Rebecca

Ich habe Dich geliebet und ich will Dich lieben,
Solang' Du goldner Engel bist;
In diesem wüsten Land hier, und drüben
Im Lande, wo es besser ist.

Ich will nicht von Dir sagen, will nicht von Dir singen;
Was soll uns Loblied und Gedicht?
Doch muß ich heut' der Wahrheit Zeugnis bringen,
Denn unerkenntlich bin ich nicht.

Ich danke Dir mein Wohl, mein Glück in diesem Leben.
Ich war wohl klug, daß ich Dich fand;
Doch ich fand nicht. Gott hat Dich mir gegeben;
So segnet keine andre Hand.

Sein Tun ist je und je großmütig und verborgen.
Und darum hoff' ich, fromm und blind,
Er werde auch für unsre Kinder sorgen,
Die unser Schatz und Reichtum sind.

Und werde sie regieren, werde für sie wachen,
Sie an sich halten Tag und Nacht,
Daß sie wert werden und auch glücklich machen,
Wie ihre Mutter glücklich macht.

Uns hat gewogt die Freude, wie es wogt und flutet
Im Meer, so weit und breit und hoch! –
Doch manchmal auch hat uns das Herz geblutet,
Geblutet . . . ach, und blutet noch.

Es gibt in dieser Welt nicht lauter gute Tage,
Wir kommen hier zu leiden her;
Und jeder Mensch hat seine eigne Plage,
Und noch sein heimlich Crève-coeur.

Heut' aber schlag' ich aus dem Sinn mir alles Trübe,
Vergesse allen meinen Schmerz.
Und drücke fröhlich Dich, mit voller Liebe,
Vor Gottes Antlitz an mein Herz."

XV. Ohne Ehe leben

„Stetig und unverhindert dem Herrn dienen."

1 Kor 7, 35

Wie zur Ehe, so gehört zur Ehelosigkeit eine göttliche Berufung und Führung, denn beides, Ehe und Ehelosigkeit, ist ohne Gott nicht positiv zu meistern. Ehe und Ehelosigkeit sind geradezu ein Charisma, eine Gnadengabe. Die Bibel erlaubt uns keine Flucht vor der Ehe aus Gründen der Bequemlichkeit und Leidensscheu. Ehe wie Ehelosigkeit fordern unseren ganzen Einsatz, und für beide gilt: Nur wer gibt, empfängt, denn „Geben ist seliger als Nehmen" (Apg 20, 35). Die Richtung des Einsatzes allerdings wird verschieden sein.

Als Jesus von denen sprach, die sich der Ehe enthalten, nannte Er drei Gruppen von Menschen: solche, die von Geburt an anlagemäßig zur Ehe unfähig sind, solche, die aufgrund falscher oder gar keiner Erziehung oder infolge tiefgreifender, innerer Verwundungen zur Ehe untauglich gemacht wurden – für die beiden ersten Gruppen finden wir in Jes 56, 3 b–5 eine aufrichtende Verheißung – und solche, die willentlich und bewußt „um des Himmelreichs willen auf die Ehe verzichten" (Mt 19, 12). Jesus wußte, daß Er von einem Geheimnis sprach, das nicht alle zu fassen vermögen (V. 11). Die Zielvorstellung „um des Himmelreichs willen" gibt uns den Schlüssel an die Hand.

Leibliche und geistliche Elternschaft

Jes 54, 1–8

Die Bibel kennt leibliche und geistliche Vaterschaft und leibliche und geistliche Mutterschaft (Jes 54, 1–8). Nicht alle leiblichen Kinder werden auch geistliche Kinder. Wie sehr ringen Eltern oft darum, daß ihre Kinder als Erdenbürger auch Himmelsbürger, daß alle Mitglieder ihrer Familien auch Mitglieder der Christus-Familie werden! Wahrlich, geistliche Vaterschaft und Mutterschaft fordern mehr, ist schwerer, beansprucht mehr Einsatz und Hingabe, als leibliche Elternschaft schon von uns verlangt.

Deswegen beruft Gott Menschen, die hier einspringen, die auf eine eigene Ehe verzichten, um für das Himmelreich Kinder zu zeugen und großzuziehen in stellvertretender Elternschaft Gottes. Weil sie ledig sind, können sie sich ganz „um die Sache des Herrn sorgen“, dem Herrn „zu Gefallen leben“ und Ihm „ungeteilten Herzens, stetig und unverhindert dienen“ (vgl. 1 Kor 7, 32–35). So nutzen sie die Zeit, die uns noch bleibt, am wirksamsten aus (1 Kor 7, 29). Sie leben in einem „ehelichen Fasten“, das sie frei macht für Aufgaben, in die ihnen Verheiratete nicht folgen können. Dafür gibt es unzählige Beispiele aus Mission und Diakonie. Und ist nicht gerade in unseren Tagen unter den vielen elternlosen und familienlosen Kindern und Jugendlichen missionarische Diakonie ganz neu gefragt und gefordert? Sie muß von Verheirateten und Unverheirateten gemeinsam angefaßt werden.

Ehe und Familie – zeitlich begrenzt

Ehe und Familie sind zeitlich begrenzt. Sie gelten nur für diese Welt. Bei aller Schönheit sind sie ein irdenes Gefäß, kein ewiges. „Das Wesen dieser Welt vergeht“ (1 Kor 7, 31) – auch die Ehe und Familie. In der neuen Welt wird es nicht mehr Mann und Frau, kein Heiraten und Verheiratetwerden geben. In der Auferstehung bekommen wir einen neuen Leib, „gleichwie die Engel im Himmel“ (Mt 22, 30).

Schon jetzt werden wir darauf vorbereitet. Jesus Christus ist das Haupt eines Leibes, Seiner Gemeinde, in der die Unterschiede von Mann und Frau einer höheren Bestimmung, nämlich Glieder des Leibes Christi zu sein, dienen müssen. Alle, „die Christus angezogen haben“, sind ein neuer Organismus in ihm (vgl. Gal 3, 27–28). In dem Ausdruck „Christus anziehen“ wird Christus als Kleid und Schutz verstanden. Beide, Verheiratete und Unverheiratete, genießen unter dem Mantel der rechtfertigenden Liebe Christi ewigen und damit mehr als ehelichen Schutz, wenn sie Mitglieder Seiner Gemeinde, wenn sie getauft sind und Christum angezogen haben (vgl. auch Jes 61, 10). So werden beide, Verheiratete und Unverheiratete, darauf vorbereitet, die „Braut Christi“ zu werden, die auf Seine Ankunft harrt (vgl. Mt 25, 1–13 und Offb 19, 6–9). Selig sind, die sich zum Abendmahl des Lammes rufen lassen.

Und die Witwen und Waisen?

Witwen und Waisen stehen nach der Bibel unter einem besonderen Rechtsschutz Gottes. Gott selbst will ihr Vater und Helfer sein, „ein Vater der Waisen und ein Helfer der Witwen" wird Er in Ps 68, 6 genannt. Ja, Er ist der Gott, der den Einsamen ein Heim bereitet (Ps 68, 7), seien es Ledige, Verwitwete oder Elternlose. Gott hat nicht selten Witwen zum Bau Seines Reiches gebraucht und sie in besonderer Weise Seine Herrlichkeit sehen lassen (vgl. 1 Kön 17, 7–24; 2 Kön 4, 1–7). Er, der Allmächtige, nennt sich der Mann der Witwen und Alleinstehenden (vgl. Jes 54, 1–5). Kann es je einen höheren Bund und herrlicheren Bündnispartner geben? Deswegen heißt es:

„Er heißt Herr. Freuet euch vor ihm!
Ein *Vater* der Waisen und ein *Helfer* der Witwen
ist Gott in seiner heiligen *Wohnung,*
ein Gott, der *die Einsamen nach Hause bringt,*
der die *Gefangenen* herausführt, daß es ihnen wohlgehe.
Aber die Abtrünnigen läßt er bleiben in dürrem Lande.

Der Herr gibt ein Wort –
der *Freudenbotinnen* ist eine große Schar.
Die Könige der Heerscharen fliehen, sie fliehen
und *die Frauen* teilen die Beute aus.

Gelobt sei der Herr *täglich!*
Gott legt uns eine *Last* auf, aber er hilft uns auch.
Wir haben einen Gott, der da *hilft,*
und den Herrn, der *vom Tode errettet."*

Aus Ps 68

Paul Gerhardt gedenkt der Witwen und Verlassenen in seinem Neujahrslied und bittet:

„Sei der Verlassnen Vater,
der Irrenden Berater,
der Unversorgten Gabe,
der Armen Gut und Habe.

Hilf gnädig allen Kranken,
gib fröhliche Gedanken

den hochbetrübten Seelen,
die sich mit Schwermut quälen.

Gelobt sei deine Treue,
die alle Morgen neue.
Lob sei den starken Händen,
die alles Herzleid wenden!“

EKG 42

Ja, der Gott, der auf die Sperlinge, die Lilien und auf das Gras achtet, der alle meine Haare auf dem Haupte gezählt hat (Mt 10, 29–31), Er ist der rechte Vater und Halt, selbst wenn mich alle anderen Menschen verlassen. „Er nimmt mich auf“ (Ps 27, 10).

XVI. Weiterführende Gedanken

„Kommt, laßt uns hinauf *zum Berge des Herrn* gehen und *zum Hause* des Gottes Jakobs!"

Mi 4, 2

Gott beachtet die Einsamen und Verlassenen (Ps 68, 7). Er bereitet den Unbehausten ein Haus. Dieses „Haus Gottes, ein Pfeiler und eine Grundfeste der Wahrheit", ist die Gemeinde (1 Tim 3, 15). Wer aus der Wahrheit ist, der hört Jesu Stimme (Joh 18, 37). Wer die Wahrheit verläßt (Joh 14, 6), sie ummodelt, vermenschlicht, verpsychologisiert, verliert das Wohnrecht im Hause und gerät in die Fremde, ist ausgeschlossen vom Bürgerrecht in Israel, ein Fremder für Bund und Verheißung und lebt ohne Hoffnung, ohne Gott in der Welt (vgl. Eph 2, 12).

Jesus Christus hat den Entfremdeten das Wohnrecht wiedererworben. Gewaltig ist dieses Geheimnis der Gemeinde und des Glaubens und wahrlich wert, bekannt und bekanntgemacht zu werden (vgl. 1 Tim 3, 16)! Dazu mußte Jesus in unsere Entfremdung und Ausweglosigkeit hineinkommen („offenbart im Fleisch"). Dazu mußte Er „den Engeln erscheinen", um Satan und seinen Engeln und Dämonen (Mt 25, 41) Halt zu gebieten und ihre Werke zu zerstören (1 Joh 3, 8). Dazu mußte Jesus „den Völkern verkündigt" werden und darum wurde Ihm „geglaubt in der Welt", wurde Er „gerechtfertigt vom Geist", nicht von Menschen – damit wir wie Er heimkommen dürfen und „aufgenommen werden in die Herrlichkeit" (1 Tim 3, 16), in „die ewigen Hütten" (vgl. Lk 16, 9). Nur wer das Wohnrecht im Vaterhaus wiedererlangt hat, ist in der Lage, Ehe und Familie zu einem Zuhause zu machen. Wie Mose belehrt wurde über den Bau der Stiftshütte, so lernen auch wir nur unser Heim zu bauen, wenn wir Gott wieder reden hören.

In welche Weite führt uns Jesus hinein! Sein Haus umfaßt nicht nur die sichtbare Welt. Er führt uns ein in die Welt des Geistes und der Geister, in die unsichtbare Welt, in der das Entscheidende all dessen geschieht, was uns berührt, bewegt und bedrängt. Jesus ist das Haupt beider Welten, der sichtbaren wie der unsichtbaren. Er gibt Seiner Gemeinde teil an Seiner Macht – auch über die Geister (vgl. Eph 1, 20–23) –, soweit sie sich an die Wahrheit gebunden weiß, wie sie in der Bibel, der „von Gott eingegebenen Schrift", niedergelegt ist (vgl. 2 Tim 3, 16).

Wahrlich gewaltig ist das Geheimnis der Anbetung und des Glaubens! Gottes Haus wird auch unser Haus, wenn unser Haus wieder zu Gottes Haus wird. So dürfen Ehepaare einander, so dürfen Eltern ihre Kinder und Kinder ihre Eltern als göttliches Erbteil empfangen und mit dem Psalm bekennen: „Das Los ist mir gefallen auf liebliches Land, mir ist ein schönes Erbteil geworden" (Ps 16, 6). Denn: „Er erwählt uns unser Erbteil" (Ps 47, 5).

Die Bibel sagt, daß erst „in den letzten Tagen der Berg, darauf *des Herrn Haus* ist", seine Erhabenheit über alle Berge und Hügel beweisen wird (Mi 4, 1). Wir haben den vernichtenden Einfluß anderer Berge und Hügel erfahren, der Anbetungsstätten des Animismus und Okkultismus auf den Bergen und Hügeln dieser Welt, vor allem aber der Anbetung des griechischen und römischen Geistes auf Kapitol und Akropolis, den Hügeln und Gedenkstätten des prometheischen, des rebellierenden, des dämonisierten Menschengeistes, der Gottes Geist nicht untertan ist (Röm 8, 7–9). Die Verstümmelung des Menschen durch die Zerschlagung der Ehe und Familie in unseren Tagen muß als eine Spätgeburt dieses Geistes bezeichnet werden, der sich besonders in den unbiblischen und bewußt widergöttlichen Konzepten der Human- und Erziehungswissenschaft niedergeschlagen hat. Wir haben an unserem Teil die Prophetie von Micha 2, 1–10 erfüllt, da die Einflußreichen ihre Macht mißbraucht und zu „Feinden" des Volkes geworden sind (V. 8), es seiner *„Häuser"* beraubten (V. 2) und Frauen und Kinder auf die Gasse trieben: „Ihr treibt *die Frauen* meines Volkes *aus den Häusern,* dem Ort ihrer Lust und Freude (so wörtlich), und *beraubt ihre Kinder* der Pracht und des Glanzes auf immer" (V. 9). „Ihr solltet die sein, die das Recht kennen! Aber ihr hasset das Gute und liebet das Arge. Ihr schindet ihnen die Haut ab und fresset das Fleisch *meines* Volkes" (Mi 3, 1.2).

Wir leben „in einer bösen Zeit", und nicht wenige bekennen mit dem Propheten: „Es ist aus. Wir sind vernichtet" (Mi 2, 3–4).

Die Werte des Menschen und „alle seine Herrlichkeit" haben sich als Gras und Blume erwiesen, die abgefallen und verdorrt sind (1 Petr 1, 24.25). Von Gras und Unkraut kann der Mensch nicht leben (vgl. Mk 4, 1–9). Korn findet sich nur in dem „Wort des Herrn, das in Ewigkeit bleibt" (1 Petr 1, 25), „in dem Wort, das aus dem Munde Gottes geht" (Mt 4, 4).

Dieses Wort hat Gott der Gemeinde anvertraut, die wie Joseph in Ägypten das Korn sammeln, verwalten und weiterreichen soll. Und wenn wir auch nicht über Kornkammern verfügen, so können doch die „fünf Brote und zwei Fische" in unserer Hand unter dem Segen Jesu vielen zum Segen werden. Nur so können wir der weltweiten geistlichen Hungersnot entgegentreten, von der der Prophet sagt:

„Siehe, es kommt die Zeit, spricht Gott der Herr,
daß ich einen *Hunger* ins Land schicken werde,
nicht einen Hunger nach Brot oder Durst nach Wasser,
sondern *nach dem Wort des Herrn,* es zu hören,
daß sie hin und her von einem Meer zum andern,
von Norden nach Osten laufen und des Herrn Wort suchen
und doch nicht finden werden.
Zu der Zeit werden die schönen Jungfrauen und die Jünglinge
verschmachten vor Durst . . .
Sie sollen so fallen, daß sie nicht wieder aufstehen können."

Am 8, 11–14

Bevor dieses Gotteswort sich als Gerichtswort vollzieht – ja mitten im Gericht – ist es der Gemeinde als geistlichem Israel aufgetragen, das *Haus des Herrn auf dem Berge* (vgl. Mt 5, 14) so sichtbar und überzeugend leuchten zu lassen, daß aus den Völkern immer mehr Einsichtige sagen:

„Kommt, laßt uns hinauf zum Berge des Herrn gehen,
und zum Hause des Gottes Jakob,
daß er uns lehre seine Wege
und wir in seinen Pfaden wandeln.
Denn von Zion wird Weisung ausgehen
und des Herrn Wort von Jerusalem."

Mi 4, 2.3.

Und viele aus den Völkern werden kommen von den Enden der Erde und bekennen:

„Nur Lüge haben unsere Väter gehabt,
nichtige Götter, die nicht helfen können.
Wie kann ein Mensch sich Götter machen?
Das sind doch keine Götter!"

Jer 16, 19.20

Nicht die bekannten Hügel dieser Welt, sondern der Berg Golgatha wird in den letzten Tagen erhaben sein über alle Hügel (Mi 4, 1). Mit dem einsamen, zum Kreuz geformten Holz begann Gott den Bau des Gotteshauses, der Gottesstadt. Dort ist der Stein zu finden, der, von den Baumeistern dieser Welt verworfen, von Gott zum Eckstein gemacht worden ist. Jesus ist „die Wurzel und das Geschlecht Davids" (Offb 22, 16), die Wurzel, die den Ölbaum heiligt (Röm 11, 16). Wurden Zweige „wegen ihres Unglaubens ausgebrochen" und andere, wilde, eingepfropft, so kann Gott die ursprünglichen Zweige, „wenn sie nicht im Unglauben verharren, wieder einpfropfen" (Röm 11, 20–24). Hier ist Licht und Hoffnung, auch für ein Volk, das einmal die Reformation erlebt hat:

„Gott kann sie *wieder* einpfropfen."

Röm 11, 23

„Christus ist „der helle Morgenstern."

Offb 22, 16

A. E. und B. Wilder-Smith

Kunst und Wissenschaft der Ehe

Pb., 188 S., Nr. 72 117

Humor und Herzlichkeit prägen dieses Buch. Lebenserfahrung und Kenntnisse aus dem wissenschaftlichen Bereich werden so angenehm und interessant zusammengebracht, daß Sie den Menschen nach Leib, Seele und Geist neu sehen lernen. Sie können es lesen als Verliebte, Verlobte oder Verheiratete – Sie haben in jedem Fall Gewinn davon.

Leseprobe aus „Kunst und Wissenschaft der Ehe“ von Arthur E. und Beate Wilder-Smith

---

5) Der Anfang und die Weiterführung einer echten Ehe.

Das Zusammenleben in einer Ehe ist sicher eine Kunst und auch eine hohe Wissenschaft. Es gibt Paare, die in dieser Kunst und in dieser Wissenschaft begabter sind als andere. In jeder Kunst und in jeder Wissenschaft gibt es Regeln und Gesetze, die man zuerst kennenlernen muß. Nachher kann man sie dann anwenden lernen. Die Kunst und die Wissenschaft der Ehe stellen keine Ausnahme da. Auch der Eheveteran kann fast immer noch etwas zu seiner Ehekunst dazulernen. Selbst Ehestümper (und Ehestümperinnen – beide Sorten gibt es) können hinzulernen. Denn das Eheverhältnis verlangt viel Wissen, und dazu ständig neues Wissen. Diese Tatsache erfordert ständig neues Wachstum und neue Erkenntnisse in der Ehe. Aber nicht nur das: in beiden Ehepartnern muß die Charakterstärke vorhanden sein, immer wieder neuen Erkenntnissen gemäß zu handeln und zu leben. Nur so kann eine Ehe mit Glück und mit ständig neuem Erfolg gekrönt werden.

Wenn wir bedenken, wie normalerweise eine Ehe anfängt, werden wir besser verstehen, wie sie im richtigen Geist weitergeführt werden kann. Ein junges Mädchen begegnet einem jungen Mann. Auf einmal wird beiden klar, daß sie sich gegenseitig anziehen. Diese Zuneigung kann plötzlich oder auch langsam realisiert werden, je nach den Charaktereigenschaften des Paares. Dazu kann man diesen Zustand des Verliebtseins mit Worten sehr schlecht beschreiben.

Das Verliebtsein ist deshalb schwer zu beschreiben, weil es u. a. eine Sinneserfahrung ist. Der Geschmack von Erdbeeren stellt eine Sinneserfahrung da. Dieser Geschmack ist den meisten von uns wohl bekannt, doch kann ihn niemand mit Worten in irgendeiner Sprache beschreiben. Der Geschmack von Wiener Schnitzel ist den meisten von uns ebenfalls bekannt und doch schlecht beschreibbar – ebensowenig wie man eine rote Farbe einem Blindgeborenen mit Worten beschreiben könnte. Wir kennen

Fliederduft, doch könnte man diese Sinneserfahrung mit Worten in keiner Sprache beschreiben. Die Sinneserfahrung des Verliebtseins kann ebensowenig mit Worten beschrieben werden, sie ist ein Geheimnis derer, die sie erlebt haben. Das Herzklopfen bei der Erscheinung der Geliebten, das Glücksgefühl, die strahlenden Gesichter und die große Geduld und Nachsicht, die zwischen den Verliebten herrschen, sind Nebenerscheinungen des Verliebtseins, aber nicht das Verliebtsein selber. Auch wenn vorübergehendes Gereiztsein, ja Zank zwischen Verliebten vorkommen, charakterisiert Geduld und Nachsicht den Zustand des Verliebtseins.

Wenn die beiden Verliebten zusammen sind, ist es, als ob ein geheimer Appetit zwischen den beiden gestillt wird. Ihre gegenseitige Gegenwart befriedigt sie gegenseitig. Kurz, das Verliebtsein bedeutet ein Paradies für ihn, wenn sie bei ihm ist – und natürlich auch umgekehrt.

In den meisten Fällen hält aber leider dieser Zustand, dieses Paradies, nicht an. Persönlich glauben wir, daß es anhalten soll und kann, und zwar unter ganz bestimmten Umständen, die wir jetzt beschreiben möchten. Die Statistiken zeigen, daß das Geheimnis dieses Dauerzustandes den meisten Menschen nicht bekannt ist. Denn die Großstadtbehörden Amerikas und Europas zeigen, daß mehr Ehen geschieden als geschlossen werden. Also, in über 50% der Ehen endet das Paradies des Verlobt- und Verliebtseins in einem Ehescheidungsverfahren vor einem Richter. Verliebte zanken sich vor der Eheschließung – hier geht es um die sogenannten „Lovers' Quarrels" –, und Eheleute, die das Verliebtsein und dessen Paradies gemeinsam kannten, erleiden in der Ehescheidung Eheschiffbruch. Wie kommt das? Wie könnte man diese Katastrophe vermeiden?

Die Tatsache besteht, daß Menschen sich auf dem Tanzboden oder im Büro verstellen können. Während der Verlobung und später in der Ehe kann man sich nicht permanent verstellen, so daß ernsthafte Auseinandersetzungen vorkommen können. Im Büro oder auf dem Tanzboden kann er galant und höflich sein, zu Hause kann er aber auf die Dauer alles andere als ein Gentleman sein. Wenn die Mutter der angehenden Braut letztere bittet, das Haus zu fegen oder bei dem riesengroßen Aufwasch zu helfen, kann ihr Verehrer schnell ihren wirklichen Charakter erkennen.

Wie der junge Mann mit seiner Mutter zu Hause umgeht, wird der jungen Dame klarmachen, wie er mit ihr später umgehen könnte. All diese Dinge, die mit dem besseren Kennenlernen zusammenhängen, können zu Zank und zu Ernüchterung führen, wobei das Verliebtsein schnell abkühlen kann.

Diese Seite menschlichen Charakters zeigt uns eine große Grundwahrheit der zwischenmenschlichen Beziehungen ... vor und speziell in der Ehe: Die Basis aller zwischenmenschlichen Beziehungen muß in der gegenseitigen Vergebung verankert sein. Liebe ist stark. Schuld ist aber meist stärker. Deshalb muß man im Zusammenleben einen Weg finden, um die Schuldfrage zu lösen. Jede Frau kann andere Frauen und Männer ärgern und ihnen gegenüber gehässig sein. Die meisten Männer können grob und unfeinfühlig sein. Mann und Frau, beide können anderen gegenüber schuldig sein – besonders aber dem Ehepartner gegenüber. Wenn Mann und Frau nun in der nächsten Nähe der Ehe zusammengejocht sind, müssen beide einen Weg kennen, diese Frage der gegenseitigen Schuld zu lösen. Das große Problem also der zwischenmenschlichen Beziehungen in und außerhalb der Ehe bleibt das Problem der Vergebung der Schuld. Und diese Schuld muß nicht nur Vergebung erfahren, getilgt werden, sie muß *vergessen* werden. Gott kann vergessen. Wir müssen es auch lernen, sonst bleibt die Narbe der Schuld, auch wenn die Schuld Vergebung erfahren hat.

Ohne diese gründliche Vergebung gibt es keine glückliche Ehe, denn beide Ehepartner sündigen, tragen Schuld. Liebende tragen Schuld, die auch getilgt werden muß. Schon aus diesem Grund kann kein verständiges gläubiges Mädchen einen Mann heiraten wollen, der die Kunst und Wissenschaft der Vergebung noch nicht ernst nimmt. Wenn er an den Herrn Jesus nicht glaubt und Ihn in der Vergebung seiner Sünden noch nicht erlebt hat, wird er die Vergebung in der Ehe weniger gut praktizieren können. *Denn Vergeben ist praktisches Christentum.* Ein Christ, der nicht vergeben kann, hat die Praxis des Christentums noch nicht verstanden. Ein gläubiger junger Mann, der ein ungläubiges Mädchen heiraten will, weiß kaum, was er tut. Denn eine Braut, die die Vergebung in Christus nicht erfahren hat, wird auch in der Ehe weniger gut und gründlich vergeben können. Mann und Frau lernen in der christlichen Wiedergeburt und Bekehrung zu Christus diese Art Vergebung, und zwar bei Gott selber. Denn Gott versöhnte die Welt mit sich selbst am Kreuz (Röm. 5:10, 2. Kor. 5:10-20, Kol. 1:20). Wenn wir Christen sind, haben wir also angefangen zu lernen, was Versöhnung und Vergebung bedeuten, denn Christus hat uns gezeigt, was das Wesen der Versöhnung und Vergebung ist. So besitzt speziell eine christliche Ehe die Basis der Permanenz in der Versöhnung und Vergebung. Nichtchristliche Ehen und gemischte Ehen besitzen diesen notwendigen Bestandteil einer Ehe weniger oder gar nicht. Deshalb besteht die Bibel darauf, daß eine Ehe im Herrn geschehen muß. Denn wenn sie außerhalb Christi ist, ist sie meist außerhalb dieser Vergebung.

Diese Erkenntnis ist für eine Ehe absolut grundlegend. Denn ohne sie kann man keine wirkliche Ehe zwischen sündigen Menschen führen. Und deshalb müssen beide Ehepartner „im Herrn" sein, wenn sie die Freude – die göttliche Freude – der Vergebung und des Vergessens in der Ehe erleben möchten. Nur im Herrn lernen sie gründlich vergeben und vergessen. Nur unter dieser Bedingung der regelmäßigen, gründlichen Vergebung kann das in der Verlobung begonnene Paradies weitergeführt werden. Das Himmelreich wird von Menschen bevölkert werden, die Vergebung erfahren haben. Das Eheleben darf ein Vorgeschmack dieser Gesinnung des Paradieses sein. Wenn zwei Menschen, zwei Ehepartner, wirklich ein Organismus, d. h. ein Leib (denn das ist die Bedeutung des Ausdruckes „ein Leib") sein wollen, dann müssen sie in der Vergebung leben, denn beide sind Sünder und Sünde trennt – innerhalb wie auch außerhalb der Ehe. Sünde trennt auch einen Organismus, der ein Leib ist. Vergebung schafft die trennende Sünde wieder weg, so daß die beiden wirklich eins werden nach Leib, Seele und Geist. Die Praxis des christlichen Glaubens in der Vergebung erlaubt gerade dieses Einssein.

Unsere Mutter und Schwiegermutter pflegte zu sagen, daß jede Ehefrau ihren Mann mindestens zweimal bewußt heiraten muß: einmal am Hochzeitstag und dann noch einmal, nachdem sie ihm und er ihr in der Ehe vergeben habe. Jede Frau kommt zu dem Punkt, an dem sie ihren Mann als hoffnungslos aufgibt. An diesem Punkt macht sie einen neuen Entschluß, zu ihm noch einmal „ja" zu sagen, obwohl sie jetzt erfahren hat, daß er ein hoffnungsloser Fall ist. Die Kraft zu diesem erneuten „Ja" erhält sie vom Herrn Jesus Christus, der seine Feinde liebte und für sie starb. Außerhalb dieser Gesinnung des Christseins wird keine Frau die Kraft auftreiben, bewußt und in Liebe ihrem Mann treu zu sein. Die gleiche Praxis muß auch der Mann seiner Frau gegenüber ausüben, dann wird eine Ehe ein Paradies sein. Denn Gottes Paradies und Himmelreich wird von Menschen bevölkert werden, die gerade diese Praxis auf Erden gelernt haben. Nur so kann man ein Paradies auf Erden erleben; und deshalb muß jedes Ehepaar immer wieder „ja“ zueinander sagen, auch wenn jeder Partner weiß, daß der andere hoffnungslos ist. Denn jeder, der erkannt hat, daß er ein Sünder ist, weiß, daß er persönlich ebenso hoffnungslos ist. Ein Paradies herrscht dort, wo Menschen leben, die Vergebung erfahren haben und deren Schuld getilgt ist.

7) Wahl, Unzucht und Petting

Man muß bedenken, daß in einer Ehe ein Partner dem anderen für das Leben total ausgeliefert ist. Es gibt Geheimnisse in der Ehe, die ein Außenseiter nicht verstehen kann noch soll. Aus diesem Grund hat es wenig Sinn, wenn ein Partner sich bei Außenseitern über den anderen Partner beklagt. Das sich bei anderen in Ehestreitigkeiten Beklagen, kann sich leicht zu einer Art „Ehebruch“ entwickeln, denn es vertieft – oder kann vertiefen – eine schon bestehende Kluft zwischen den beiden. So wird die Lage in der Ehe verschlimmert – wenn der Mann erfährt, daß seine Frau zu Dritten läuft, um sich über ihn zu beklagen, was beweist, daß sie ihm gegenüber nicht mehr volle Treue erweist. Dies schließt Seelsorge bei den Eheleuten keineswegs aus.

Wenn man verheiratet ist, ist man dem Wesen einer richtigen Ehe nach einander vollständig ausgeliefert. Das sich bei Dritten Beklagen bedeutet in Wirklichkeit, daß man sich von diesem Total-Ausgeliefertsein in der Liebe zurückziehen möchte. So wird das intimste Verhältnis beschädigt oder verletzt. Aus diesem Grund darf man keinen Partner wählen, zu dem man nicht unbedingtes, völliges Vertrauen haben kann. Nur hundertprozentige rückhaltlose Liebe und Treue zueinander können ein solches Vertrauen zueinander entwickeln.

Zu einer Ehewahl gehört heute leider sehr oft das sich gegenseitig „Ausprobieren“ (sexuell gesehen). Wie wir bereits erwähnten, bezeichnet die Bibel eine solche Art „Ausprobierung“ als „Unzucht“. Abgesehen davon ist eine derartige Praxis, eine Frau oder einen Mann zu wählen, nicht viel besser als ein Kuhhandel. Soll man wirklich meinen, daß man einen Partner auf der Basis einer solchen Handlung aussuchen kann? Wenn eine Frau meint, daß sie eine solche „Prüfung“ bestehen muß, ehe der Mann sie nimmt, wird sie, um sich mild auszudrücken, in jeder Hinsicht entwürdigt. Die Bibel nennt eine solche Praxis „Unzucht“ und zählt sie zu den Sünden, die Menschen vom Reich Gottes ausschließen. (Gal. 5:19-21, 1. Kor. 6:13,18, 1. Kor. 10:8, 1. Kor. 7:2, Eph. 3:3, 1. Thess. 4:3). Die Tatsache bleibt, daß sexueller Verkehr nur und ausschließlich für die gedacht ist, die sich innerlich und äußerlich fürs Leben total und exklusiv ausliefern wollen. Unzucht stellt also eine Art Prostituierung der Gedanken Gottes über die passenden Begleiterscheinungen (körperliches, geistiges und geistliches Glück, die höchsten „Satori“) zu der Zeugung (Erschaffung mit menschlicher Teilnahme) neuer Menschen durch Menschen dar. Sie sind für Paare reserviert, die fürs Leben „paaren“. Gott hat die Erzeugung neuer Menschen mit großem Glück auf körperlicher, geistiger und geistlicher Ebene verbunden. Der Mißbrauch vom körperlichen Glück und seine Trennung von anderen Ebenen des Glückes stellt Unzucht dar. Einen so tiefgreifenden Verstoß gegen Gottes Ordnung im Glück der Schöpfung klassifiziert Gott als „Porneia“ („Pornographie“) = Unzucht.

Die gleichen Überlegungen gelten natürlich auch für Petting, das dort praktiziert wird, wo verliebte Paare sich gegenseitig oft bis zum sexuellen Höhepunkt reizen. Weil solche Intimitäten direkt zu weiterer Unzucht mit ihren Folgen reizen, soll man sie vermeiden. Denn solcher Verkehr ist meist kasual und keineswegs der Ausdruck einer exklusiven Harmonie zwischen dem Paar auf allen drei Ebenen. Man will körperliches Glück, ohne geistige oder geistliche Harmonie in Betracht zu ziehen . . . oder die erste Ebene von den beiden anderen Ebenen trennen. Wie kann man Petting rechtfertigen, wenn man zur gleichen Zeit den Herrn um die Gnade bittet, nicht in Versuchung gebracht zu werden? „Führe uns nicht in Versuchung“ kann man nur dann von Herzen beten, wenn man sich selber nicht in Versuchung begibt.

In gewissen sogenannten „progressiven“ Kreisen Deutschlands empfiehlt man, daß die Schulkinder kopulative Körperbewegungen – mit und ohne Partner – einüben. Diese Übungen sollen sie auf eine spätere erfolgreiche Ehe vorbereiten. Auch diese Idee muß als pornographisch abgelehnt werden, und zwar aus folgenden Gründen:

1) Eheglück ist oft von *ursprünglicher Unwissenheit* (Nicht-Wissen) auf diesem Gebiet abhängig. Bei Unwissenheit begreifen beide Partner, daß sie keinen vorehelichen Sex getrieben haben. 2) Ein Teil des Glücks einer Ehe ist von vorhergehender Reinheit auf diesem Gebiet abhängig. Kein Partner will einen Mann oder eine Frau haben, die „vorher" mit allen Wassern gewaschen wurden. 3) Kinder sind für solche sexuellen Erfahrungen, wie man sie bei Bewegungen dieser Art einübt, noch nicht reif. Triebe aufzuwecken, die noch schlummern, hindert die gesunde spätere Entwicklung derselben. Information und Übung auf diesem Gebiet sollen ausschließlich in der Ehe selber gesammelt werden. Das gemeinsame Lernen auf diesem Gebiet in der Ehe schafft Geheimnisse in der Erfahrung der beiden Ehepartner, was den beiden zusätzliche Ehegemeinschaft schenkt. Diese geheime Exploration in einer geheiligten Ehe ist ein wichtiger Punkt, der durch die vielen, trivialen und oft unverschämten Veröffentlichungen (auch in christlichen Kreisen) vernichtet wird. Man beschreibt, mit welchen körperlichen Bewegungen ein Mann den sexuellen Akt durchführt, was absolut überflüssig ist und nur als pornographisch bezeichnet werden kann. Bücher werden so verkauft, das ist klar. Ob dadurch Eheleuten und anderen geholfen wird, ist eine ganz andere Frage.